3 CONTEMPORARY BRAZILIAN PLAYS

D1546910

edited by
Elzbieta Szoka & Joe W. Bratcher, III

HOST PUBLICATIONS
AUSTIN, TX

Host Publications, Inc. 1000 East 7th, Suite 201, Austin, TX 78702

Layout and Design: Joe Bratcher & Anand Ramaswamy
Cover Art: Anne Witte
Cover Design: Anand Ramaswamy

Library of Congress Catalog Number: 2005937090

ISBN 10: 0-924047-29-1 (hardcover)
          0-924047-30-5 (softcover)

ISBN 13: 978-0-9240-4729-9 (hardcover)
          978-0-9240-4730-5 (softcover)

Second Edition

3 CONTEMPORARY BRAZILIAN PLAYS

Plínio Marcos

Leilah Assumpção

Consuelo de Castro

dedicated to
Adrian Waters

TABLE OF CONTENTS

PREFACE

This second bilingual edition of *3 Contemporary Brazilian Plays* should perhaps be called *3 Brazilian Plays from the Late 1900's*. The collection gathers plays by Plínio Marcos, Leilah Assumpção and Consuelo de Castro in Portuguese and in English translation that were written in the 1960's, 1970's and 1980's. While Brazilian theater has seen many changes since these plays were written the three authors are still influential and their most recent work reflects some of the new trends in Brazilian drama.

In 1988, when the anthology was first published, the intention was to introduce English speaking readers and producers to three Brazilian playwrights representing different styles and thematic concerns characteristic of the trends dominating each decade. Besides showing changes in style and perspectives representative of the 60's, 70's and 80's the editors also hoped to show the changes within Brazilian society during those decades.

Some of the changes are best represented by Leilah Assumpção's *Moist Lips Quiet Passion* (1979) and Consuelo de Castro's *Walking Papers* (1987). Both plays deal with existential crises and everyday struggles of Brazilian middle class couples. The couple from Assumpção's play can be considered a younger version of the couple from de Castro's play. They are trying to find a balance between idealism and conformism in a country shaken by revolutionary upheavals. On the other hand, de Castro's couple can be considered an older version of the couple from Assumpção's play. They are facing their demons in the materialistic society of the 1980's. The change of time from Brazil recovering from 15 years of military dictatorship (Assumpção) and Brazil of the stagnating 1980's (de Castro) is accompanied by the characters' aging and their perceptions of themselves and the world around them. In both cases the characters have to deal with their own failure and the failure of the society they live in. *Moist Lips Quiet Passion* is the funeral for idealism, spontaeity and passion. *Walking Papers* is the funeral for

i

hope of a better future and an embracing of death, metaphorically and literally. The authors' humorous and ironic approach to these depressing themes gives their work a grotesque touch.

On the other hand, *Two Lost in the Filthy Night* (1967) by the late Plínio Marcos, dealing with the lives of two Brazilian underdogs, is painfully up to date with what happens to the Brazilian poor, a group that composes well over half of that country's population. To the dismay of the middle class couples from Assumpção's and de Castro's plays, nothing has changed in the lives of the Brazilian poor since the 1960's. They are as destitute as they have been and violence is the only way out for them today as it was yesterday. Besides dealing with subject matter that remains the same today as it was when the play was written, Marcos also achieved in this work a masterpiece of what today is called *O estilo Pliniano* (the Marcos style), in his gritty portrayal of street life, which until then had been romanticized by other authors. And, as is the case of Assumpção's and de Castro's work, Marcos' *Two Lost in the Filthy Night* deals with a dead end situation in an ironic way and can be read as absurdist.

The universality of the three plays presented in this anthology is the reason they still appeal to audiences today. While each of them was inspired by a particular moment in Brazilian history, the military dictatorship in *Moist Lips, Quiet Passion*, the economic collapse in *Walking Papers*, and the eternal misery of Brazil's underdogs in *Two Lost in the Filthy Night*, the authors' use of the grotesque, the absurd and the erotic has greatly influenced more recent dramaturgy. Therefore, *3 Contemporary Brazilian Plays*, intended in 1988 as an introduction to Brazilian dramaturgy, still servers the purpose it did nearly 20 years ago.

Elzbieta Szoka

A SHORT INTRODUCTION TO MODERN BRAZILIAN THEATER

Brazilian theater, like American or European theater, communicates with its audience through powerful words, actions, scenery, and stage properties. In its most complete form it is the transformation of the written word, the script, into a theatrical event, the performance, that is shared by a group of people gathered together to watch the event, the audience. Unfortunately, not everyone can or will attend theatrical performances, especially when they are given on another continent, in this case South America, and/or when they are written in an unfamiliar language, such as Portuguese. As a result, most theater is regarded as a literary text and is read, often in translation, in the peace and quiet of the library or the living room. So it is that this printed volume presents the words of the plays and leaves the rest of the performance to the reader's imagination. To understand these modern plays, let us turn to a quick overview of the Brazilian theater that preceded them.

Although historical records state that Brazilian theater began with the arrival of the Jesuit priests in the 1500's, most of the popular plays that are still performed and read today began to appear in the late 1800's. As the capital of Brazil until the 1960's, Rio de Janeiro was home to most of the playhouses and companies of importance from the 1800's onward. The plays that were performed during these early years in Brazilian theatrical history can be described as vaudeville musical reviews, or as comedies of manners. They functioned primarily as light entertainment for the local elites and for tourists. By the early 1900's a few dramatists began to write serious plays that addressed social or personal problems, but oftentimes in a somewhat romanticized manner. The traditional company of those early years was run by an actor/producer who was more concerned about demonstrating his own talent than with remaining faithful to the script. Many of the characteristic elements that we associate with the theater, such as director, or costume and scenery designers, did not yet exist.

Modern Brazilian theater began in 1943 with the staging of *Vestido de Noiva* (*Wedding Dress*) written by Nelson Rodrigues. The play's content, its staging and performance, and its method of production introduced innovations to a fairly stagnant theatrical environment. The impetus for renovation came from foreign directors, in this case a Pole named Ziembinski, who found a haven from war and economic disaster in Brazil, and from a growing body of amateur actresses and actors who were receptive to performing in a new kind of play.

By the late 1940's, São Paulo had become the second theatrical city in Brazil and, in that capacity, it played an important part in the expansion and development of the theater. The city's financial wealth generated interest and better attendance at theatrical events but, similarly to Rio de Janeiro, it was also put to use to create companies and to build or renovate playhouses. O Teatro Brasileiro de Comédia (The Brazilian Theater of Comedy), Brazil's first major theatrical company, was founded in São Paulo in 1948 where it operated its own playhouse until 1964. During that time it established a record of performing high quality plays and of spawning other companies whose members received their professional training at TBC and hoped to find opportunities on their own. By the early sixties, both São Paulo and Rio de Janeiro housed numerous companies and experimental groups offering European and national plays to ever growing audiences.

In spite of the military coup of 1964, theatrical activity in São Paulo and Rio de Janeiro kept up its usual pace and in some instances grew. However, following the enactment of harsh censorship laws in 1968, Brazilian theater entered a very difficult period. For approximately ten years the censors in the Brazilian capital of Brasília scrutinized all works of public performances for signs of objectionable behavior or vocabulary that might seem to threaten the "safety and security" of the Brazilian state. The censors drastically reduced the number of plays being performed each year and controlled the content of those that did appear on stage. Recently, With the move toward democratic government in the mid-1980s, the climate for artistic activity improved. Freedom was more disorienting for mature dramatists who had weathered the hardships of government intervention than for the younger generation. Some dramatists found that their works had lost their immediacy and meaning. In spite of difficult economic conditions and unpredictable financial support from the government, the theater managed to stage a slow and steady comeback. While it was common in the post-dictatorship years to hear the lament that the theater was dying or dead, this assumption has proven to be incorrect.

The favorite topics of Brazilian playwrights of the 20th century were shaped by political and social conditions in the developing nation. Brazilian dramatists and theater groups have always been critical of their society and have documented the struggles of individuals in conflict with customs, laws, values, and institutions. During the 1950s and 1960s, plays portrayed the dynamic interplay of society and individuals in contexts that represented the changing economic and political climate in Brazil. During the years of the dictatorship from the 1970s-1980s, the themes of political protest were communicated through metaphoric and historical disguises. At the same time, younger writers addressed social repression, violence, and injustice in conflicts of identity, sexuality, gender roles, and social class. From the 1980s until the end of the century, the landscape included innovations in comedy, the increased role of director-designers or director-playwrights, and a renewed appreciation for Nelson Rodrigues.

The three dramatists chosen for this bilingual anthology have left their mark on Brazilian theater in their powerful and realistic portrayals of those marginalized by society. The late Plínio Marcos is known for his harsh, brutal representation of life as experienced by Brazil's social outcasts. His plays stage the ugly side of Brazilian life with characters who are confined to degraded conditions that dehumanize their lives. Marcos' works spoke forcefully to his audiences when they were first performed and they continue to exercise that power on stage and in film. Consuelo de Castro and Leilah Assumpção began their careers during the dictatorship and with the mentoring of elder playwrights like Plínio Marcos. They have written for the stage and for television soap operas. Castro's plays also champion the underdogs, such as student revolutionaries, union workers, political activists, and those with little social or political capital. She also has written plays in a more abstract and symbolic style. Leilah Assunção (or Assumpção) was one of the first dramatists to focus on the marginal status of women. Her wit, sense of humor, and use of parody allow her to make a feminist critique of gender roles, sexuality, and aging. Her plays, like those of Castro and Marcos, have brought new material and insights to theater audiences.

The scholarship on Brazilian theater has made great strides since this bi-lingual edition was first published. The following bibliography provides key sources published in English that treat major playwrights, theater groups, and themes. One contribution of recent scholarship has been attention to play production and performance. This information enriches the experience of those readers who will gain access to Brazilian theater from an arm chair rather than an auditorium seat.

Margo Milleret
Spanish and Portuguese
University of New Mexico

BIBLIOGRAPHY

Albuquerque, Severino João. Violent Acts: A Study of Contemporary Latin American Theatre. Detroit: Wayne State Univ. Press, 1991.

"The Brazilian Theatre in the Twentieth Century." The Cambridge History of Latin American Literature. Eds. Roberto González Echevarría and Enrique Pupo-Walker. Vol. 3. Cambridge: Cambridge Univ. Press, 1996. 269-313.

Current Bibliography: Brazilian Theater. Luso-Brazilian Review 8.1 (1971): 122-125.

Damasceno, Leslie H. Cultural Space and Theatrical Conventions in the Works of Oduvaldo Vianna Filho. Detroit: Wayne State University Press, 1996.

Flash and Crash Days: Brazilian Theater in the Post-Dictatorship Period. New York: Garland Press, 2000.

George, David. The Modern Brazilian Stage. Austin: Univ. of Texas Press, 1992.

Latin American Theater Review published by the Center of Latin American Studies at the University of Kansas.

Levi, Clovis. "Introduction." Teatro Brasileiro: Um Panorama do Século XX. Rio de Janeiro: Funarte, 1997. 98-131.

Luzuriaga, Gerardo, ed. Popular Theater for Social change in Latin America: Essays in Spanish and English. Los Angeles, California: UCLA Latin American Studies #41. University of California Press, 1978.

Lyday, Leon F. and George W. Woodyard, eds. <u>A Bibliography of Latin American Theater Criticism 1940-1974</u>. Austin, Texas: Institute of Latin American Studies, Universtiy of Texas at Austin, 1976.

Lyday, Leon F. and George W. Woodyard, eds. <u>Dramatists in Revolt: The New Latin American Theater</u>. Austin, Texas: Universtiy of Texas Press, 1976.

Milleret, Margo. <u>Latin American Women On/In Stages</u>. Albany: State Univ. of New York Press, 2004.

Szoka, Elzbieta. <u>A Semiotic Study of Three Plays by Plínio Marcos</u>. New York: Peter Lang, 1995.

<u>Tentative Transgressions: Homosexuality, AIDS, and the Theater in Brazil</u>. Madison: Univ. of Wisconsin Press, 2003.

Plínio Marcos

PLÍNIO MARCOS

Plínio Marcos de Barros was born in Santos, near São Paulo. After getting a diploma from primary school he spent his teenage years among shipyard workers and flim flam people hanging around the port area. At the age of fifteen he started his career as a clown. He also tried other jobs: he was a football player, worked at the port, acted in several mini series and wrote articles for various journals.

The first stage of Marcos' work, to which *Two Lost in the Filthy Night* belongs, tends to be categorized by critics as realistic stylewise, and social as far as the message is concerned. Besides the social concern however, there is a visible attempt on Marcos' side to portray the individuals dealing with extreme situations within the existential perspective. The author's favorite themes are: the search for individual freedom and spiritual knowledge, the inability of comunicating between individuals and the rebellion against tied social rules.

In some of his later plays, there is a slight feminist accent due to the crucial role of the woman. In *Abajur Lilás* the three prostitutes represent three different attitudes towards life that are analogous to three possible political approaches: rebelious, moderate and alienated. They have to solve a problem with their pimp who exploits them. None of the attitudes seems efficient enough. If in Marcos' earlier plays women have to be protected by men, in his most recent plays the author presents the man and the woman in the same perspective (*Madame Blavatsky*) or negates the role of sex by presenting it metaphorically (*Balada de um Palhaço*).

In *Two Lost in the Filthy Night*, claimed to be Marcos' major dramatic achievement, the crucial problem lies in the lack of understanding between two individuals that represent two different social classes: low class and marginals. Besides being unable to communicate with each other on the human and social level, they are also unable to communicate with the outside world. Their intense interaction can be seen as one of victim/oppressor with a surprising switch of roles in the end. The subjacent homosexual motif is very significant as well in this struggle for power.

After the publication of the first edition of this volume in 1988 Plínio Marcos's career took a well deserved turn from the marginalized, censored playwright who published, performed and sold his works solely on his own with no support from established publishers or theater companies. This turn began with a production, in 1987, by Fausi Arap in the Teatro de Arena in São Paulo of *Two Lost in the Filthy Night* where it was received as a national masterpiece. Marcos's work has gone from being cult fare for anarchists and left-wing intellectuals to being part of the Brazilian theatrical legacy. Indeed, before his death in 1999 Marcos was invited to Brasíla by the President of the Republic to receive a lifetime achievement award from the Brazilian government. Today his work is subject to international academic inquiries and film adaptations. His plays are translated, published and performed internationally.

Plays by the author:

Barrela (1957); *Reportagem de um tempo mau* (1965); *Jornada de um Imbecil até o Entendimento* (1965), *Dois Perdidos numa Noite Suja* (1967); *Navalha na Carne* (1967); *Homens de Papel* (1968); *Abajur Lilás* (1969); *Balbina de Iansã* (1970); *Oração Para o Pé de Chinelo* (1971); *Quando as Máquinas Param* (1972); *Poeta da Vila* (1977); *Feira Livre* (1979); *Signo da Discoteca* (1979); *Jesus Homem* (1981); *Madame Blavatsky* (1985); *Balada de um Palhaço* (1986); *A Mancha Roxa* (1988), *A Dança Final* (1993), *O Assassinato do Anão do Caralho Grande* (1995), *O Homem do Caminho* (1996), *O Bote da Loba* (1997), *Chico Viola* (incomplete, 1997).

CRITICAL COMMENTARY

Sábato Magaldi: Jornal de Tarde, May 15, 1979:

Reporter of Bad Times, as he himself likes to be titled, Plínio is very successful when he focuses in a direct and realistic style on topics that seem to have a grasp of a life experience. In his vast literary production his best plays follow this line: *Dois Perdidos, Navalha na Carne, Barrela, Abajur LiLas* (the last two haven't been staged until now). The powerful dialogue, the sharpness of observation, the diving into the intimate world of the marginalized creatures assure an intense theatricalism of a work that does not leave an audience indifferent.

Décio Almeida Prado: Exercício Findo, Editora Perspectiva, São Paulo 1987:

In *Dois Perdidos*, Plínio Marcos exploits the typical source of modern theater, starting with *Waiting for Godot*: two human wrecks whose complex relationship is based on companionship and hostility, visible hate and perhaps subconscious affection. Together they can never be friends. Separately though, they would have to dive into loneliness, which could be even worse.

The dialogue between them is a constant exploitation of mutual weaknesses, an exchange of little sadisms. The more intelligent, the more sensitive, the more physically courageous, the more balanced of these two, is at the same time the weaker and the more susceptible, due to the understandable dialectics. The sympathy he eventually feels for the other, the ties of solidarity that still unite him with other people, make him give up every time he has to face the stupidity of his partner pretending to be sly, his total insensitivity and incomprehension. The exploitation of the better by the worse, the stronger by the weaker, is the theme developed in the play until the final explosion.

We deal with two dramatic characters - which is proved by the conclusion - but seen through a comic angle, for the type of wickedness presented is primary, childish, ignoring the existence of any moral standards.

The language of the play is as filthy as the night that involves the characters. According to the title, this language is the most unrestrained from what we have experienced so far in the national theater...But we could not imagine this language softened because the mental level and the expression are mixed together. The slang and the curse words in cases like this become a form of thinking itself...

Director Benjamin Cattan worked tenaciously with two actors. Plínio Marcos manages to present his neurotic and egocentric character (Paco) with verisimilitude while Ademir Rocha's interpretation remains somehow exterior and declamatory. He knows the lesson, but his words and gestures do not seem spontaneous enough.

The play is performed in Teatro Arena, depending on its success, initially performed only three days a week, but now extended.

Alberto Guzik: <u>Jornal da Tarde</u>, August 14, 1987:

Dois Perdidos by Plínio Marcos is back to the place from where it jumped out in 1966 to conquer the world, rendering the young ex-clown transformed into an actor, a respectable name as a playwright...The play was initially performed in a bar of the gallery Metropole on Avenida Sao Luis from where it has been transferred to the Arena Theater. It was followed by the enthusiastic applause of the critics and the audience. The former seemed fascinated, but also intimidated by the straight realism, that unrestrained anger which gave rise to Plínio Marcos being one of the most censored playwrights in the history of Brazilian theater.

What strikes one in the restaging of *Dois Perdidos*, now in the Eugenio Kunset Theater (old Arena) produced by Nucleo Pessoal do Victor, is the contemporaneity of the text...Besides the incontrovertible fact that the social reality which generated *Dois*

Perdidos remains the same, if not worse, one has to consider that the play is a masterpiece of the highest quality.

The conflict is between Paco and Tonio, the former a flute player without a flute, the latter a young man that got some basic education, left his family in the country and came to take a chance in the big city. The conflict develops through a series of dialogues where only the essential is communicated. Paco and Tonio live from different kinds of gigs working together at the Central Market. They also share a miserable room in a run down hotel. A pair of shoes is the central element in a story that reveals two miserable human beings, obliged to lower themselves to the level of animals in order to survive. Violence is the only way for the desperate characters. In the end, Tonio, whose dreams have been destroyed once and for all, makes use of violence as well and starts wandering on a long road from which there is no turning back.

The director Fauzi Arap gave the staging a discreet poetic touch, subtle, but impossible to confuse...Fauzi illuminates the characters in *Dois Perdidos* with a flare of Dostoievskian love for the miserables. And he immerses them in an almost lyrical setting, expressed by the lights and the sound, without losing the impact and the density resulting from the interaction between the marginals. The scene designer Marcio Tadeu captures the miserable milieu where the action takes place. The actors Adilson Barros and D'artagnan Junior contributed to the staging by true devotion to the types portrayed. The former, as Paco, presents a dishonest mocker with a heartless personality. Adilson Barros puts on an unconfident look of Paco with a special ability. His superficial way of a sly dog covers a vindictive and petty personality. D'Artagnan Junior devotes himself to and organic interpretation of the ingenuous Tonio whose basic argument is the primary education he completed in his home town. The actor captures the total vulnerability and helplessness of his character...

Plinio Marcos about his theater - <u>Folha de Sao Paulo</u>, June 4, 1977:

Anyway, the play I like best is *Dois Perdidos* which helped me to get out of the drag and made me visible...I played Crazy Paco. The critics and the audience liked it. But I don't like to work as an actor. If I do it it's because I really have to. In that case nobody wanted the role. Ademir Rocha agreed to play Tonio, so I had to go for Paco. But before we had invited many people who rejected the role...Nobody believed in a new author. Also, I was connected with Teatro Arena, but they would only stage plays by Guarnieri and Boal. People would say they wouldn't stage my plays because they were bad.... So I decided to make it by myself. Nidia Licia loaned me fifty crs., Andre Bucka another fifty. Not for staging. It was for me to survive until opening night. The rest I begged out. Pelagio who did the lights for Channel Four leant me the reflectors...One morning we took the stuff in a truck borrowed from Channel Tupi to the Ponto de Encontro, a bar in the gallery Metropole. It was there that the world premier took place. This play has a lot of history. Some of it beautiful, about solidarity, like the guys from Channel Four...risking their jobs because we "borrowed" the stuff from TV not quite legally and other stories...sort of tragicomical...Our opening night in the bar was crazy. There were only five people: Walderez, my wife, Cidinha, Ademir's wife, Roberto Freire, Carlos Murtinho and a drunkard who didn't want to leave the bar and paid to be allowed to sleep on the table. We decided to give the show...In the end Roberto Faria said that this was the new step in Brazilian theater and that we should not stop by any means performing that show. And he made a big-to-do for us. Later Daversa, the Italian wrote about us and gave us strength.

TWO LOST
IN THE
FILTHY NIGHT

by Plínio Marcos

translated by
Elzbieta Szoka
with Linda Fabricatore

CHARACTERS:

TONIO
PACO

SETTING:

A room in a flea-bag type hotel. Two old beds, boxes that serve as chairs, clothes all over the place, etc. Pictures of soccer teams and naked women on the walls.

ACT ONE

FIRST SCENE

Paco is lying on one of the two beds. He plays a harmonica very badly. From time to time he looks at his feet complete with nice shoes, contrasting with the rest of his clothes. He polishes his shoes with a sleeve of his jacket. Paco is playing while Tonio enters and goes straight to his bed without paying any attention to Paco. Tonio sits down on his bed and checks it with his hands.

TONIO: Hey you, stop playing that crap.

Paco pretends he does not hear him.

TONIO: *(screaming)* Didn't you hear what I said? Stop that noise.

Paco continues playing.

TONIO: Are you deaf you bastard?

Tonio approaches Paco and shakes him by the shoulders.

TONIO: Don't you hear me?

PACO: *(calm)* Hi, are you here?

TONIO: I am here and I want to sleep.

PACO: So what? Do you want me to play you a lullaby or something?

TONIO:	I want you to be quiet.
PACO:	Why! What's up with you?
TONIO:	I want to crash.
PACO:	It's still early.
TONIO:	But I already want to crash.
PACO:	And I want to play.
TONIO:	I paid to crash here.
PACO:	But it's not gonna happen.
TONIO:	Who says so?
PACO:	The fleas. This stable is full of fleas.
TONIO:	I know that, and now I want you to leave me alone.
PACO:	Man! What in hell do you want?
TONIO:	I just want to crash.
PACO:	Well, then stop yappin' and crash already.
TONIO:	All right, but don't start making that noise again.

Tonio gets back in his bed. Paco starts playing again.

TONIO:	Stop that stupid music. Don't you understand that I want quiet?
PACO:	So what? Don't boss me around.

TONIO: Do you want a problem? You'll have one if you blow on that piece of shit again. I'll fuckin' destroy it.

PACO: You're scaring me to death.

TONIO: If you don't believe me, play that shit again.

           Paco plays the harmonica. Tonio jumps on Paco. They fight violently. Tonio takes Paco's harmonica away.

PACO: Son of a bitch!

TONIO: I told you. You didn't listen and that's what you get.

PACO: Give it back to me.

TONIO: Come and pick it up yourself.

PACO: Shit! Stop making a big deal and give that thing back to me.

TONIO: Come on. Don't be a pussy. Come and get it.

PACO: Why bother? You'll crash anyway.

TONIO: But before that I'll throw this piece of shit in the toilet and flush it.

PACO: If you do that, I'll fuck you up, man.

TONIO: Go ahead and try it.

PACO: If you don't believe me, throw it.

TONIO:	I'll throw it. So what?
PACO:	Go ahead. Throw it.
TONIO:	You're an asshole!
PACO:	You better give that shit back to me.
TONIO:	Don't get on my last nerve.
PACO:	Come on man, give it to me.
TONIO:	No way, asshole.

Paco jumps on Tonio. Tonio wins again. He throws Paco violently.

TONIO:	See, asshole? You really fucked it up now.
PACO:	I want my harmonica.
TONIO:	If you're a good boy, tomorrow morning I'll give it back to you.
PACO:	I want it now.
TONIO:	No way, asshole.

Pause. Tonio lies down. Paco remains still, watching Tonio.

TONIO:	Are you going to just stay there hassling me?
PACO:	I've been hasslin' you for a while.
TONIO:	Damn it! Why don't you get lost?

PACO: Gimme back my harmonica.

TONIO: You won't play it?

PACO: I won't play it.

TONIO: No joke?

PACO: I swear.

TONIO: All right. Here you are. *(Tonio throws the harmonica on Paco's bed.)* And if you play it you know what happens. I take it and fuck it up.

               Paco cleans the harmonica and hides it. He looks at his shoe, cleans it up with the sleeve of his coat.

PACO: You scratched my shoe. *(He wets his finger and presses it on the shoe.)* These kicks are a beaut. *(looks at his shoes)* Don't you think they're cool?

TONIO: Where did you boost them?

PACO: Boost what?

TONIO: The shoes.

PACO: I haven't boosted.

TONIO: Don't lie.

PACO: I'm not a crook.

TONIO: Don't play me.

PACO: I've never boosted anything.

TONIO: Do you think I'm stupid or something?

PACO: You're takin' me wrong.

TONIO: Stop playin' me and come out with it.

PACO: With what, man?

TONIO: Are you playin' stupid? I want to know where you boosted those kicks.

PACO: These?

TONIO: Right.

PACO: I haven't.

TONIO: You got yourself a five finger discount.

PACO: That's not my style.

TONIO: Come on, tell me. Where did you boost them, man?

PACO: I haven't boosted them, I'm serious as a heart attack.

TONIO: Asshole! It's all lies, man.

PACO: Don't get on my last nerve, damn it!

TONIO: Be straight then.

PACO: What do you want? I haven't boosted anything. Case closed.

TONIO: Liar! Thief! Kick thief!

PACO: Shut the fuck up, man!

TONIO: Fucking thief!

PACO: I didn't do nothin'.

TONIO: Lying thief!

PACO: I didn't boost 'em! I didn't boost 'em!

TONIO: Come on, clean up your name, asshole!

PACO: *(nervous)* I didn't boost I swear I didn't! I didn't boost! *(starts crying)* I didn't boost! I've never been a thief, shit! Never boosted anything. I swear! I swear! I swear I didn't! I swear!

TONIO: *(screaming)* Stop it!

PACO: I didn't!

TONIO: All right, all right. Don't ball your eyes out.

           Paco stops crying and starts laughing.

PACO: You know I've never boosted anything.

TONIO: How should I know?

PACO: These kicks are a beaut, but I didn't boost 'em, man.

TONIO: Where did you find them?

PACO: I didn't find them.

TONIO: So where did you get them?

PACO: Working.

TONIO: You think I'm a sucker?

PACO: I bet. *(laughs)*

TONIO: Idiot!

Paco laughs.

TONIO: We're both in the same business. We have a gig at the market. I've got more brain and work a lot more than you and I never get more than just enough to get some junk food and crash in this joint. So tell me, how did you manage to buy those kicks?

PACO: I didn't buy them.

TONIO: So you boosted them.

PACO: I just got them.

TONIO: From who?

PACO: Some dude.

TONIO: What dude?

PACO: You don't get it.

TONIO: Neither do you.

PACO: Maybe not, but he gave me the kicks, man.

TONIO: Why should somebody give kicks like this to an asshole like you?

PACO: I knew it, so you think my kicks are cool.

TONIO: Maybe I do. So what?

PACO: I get your point, man.

TONIO: What do you mean?

PACO: All your bitchin'.

TONIO: What bitching, man?

PACO: You sweat in my kicks.

TONIO: You're crazy.

PACO: Bullshit! Now I know why you always get on my last nerve.

TONIO: You are an asshole.

PACO: Your kicks are played out, so you're after my kicks that are fucking gorgeous.

TONIO: I am not.

PACO: You are too, man.

TONIO: Shut the fuck up!

PACO: In the morning when I break of here wearing my new kicks and you stick around stuffing old newspapers in the shit you wear you must be pissed off as hell.

TONIO: Turkey!

PACO: *(giggling)* That's why you're so sore. Poor thing. You must be pissed off when you step on a lit cigarette. *(He does a pantomime.)* Here comes a loony sucker. *(He continues.)* Suddenly, some guy throws down a butt and the sucker doesn't see it and steps on it. The dickhead's shoe is all shot to hell, he burns his foot and freaks out. *(He picks up his foot and blows on it.)* Ai! Ai! Ai! *(Paco starts laughing and falls in bed giggling.)*

TONIO: *(mad)* Stop the bullshit!

Paco points at Tonio's face and explodes with laughter.

TONIO: Cut it, Paco.

Paco continues laughing. Tonio jumps on him and hits him violently on the face. Paco still laughs. Then he loses strength and stops. Tonio keeps hitting him. Finally, tired, Tonio stops. Out of breath he goes to his bed. He lies down. After a while he raises his head and sees that Paco does not move. He becomes preoccupied. He approaches Paco and shakes him.

TONIO: Paco! Paco!

Paco doesn't show any sign of life.

TONIO: Shit! Is he dead?

He fills a cup with water from the pitcher and pours it on Paco's face.

PACO: Ai! Ai!

TONIO: Thank God he didn't die.

PACO: You hurt me, man.

TONIO: I do shit for real.

PACO: You're gonna pay for that.

TONIO: You want more of this?

PACO: Can't you take a joke, asshole?

TONIO: I wasn't joking.

PACO: We're gonna have to make it straight.

TONIO: You're good for nothing.

PACO: You don't lose by waiting.

TONIO: Forget it, it's straight.

PACO: It's not straight, because you weren't the one who got fucked up.

             Tonio laughs.

PACO: But it ain't gonna stay like this.

TONIO: Hell no, you'll blow up real good. *(He laughs.)*

PACO: Real funny, ain't it?

TONIO: Man, you just don't like to have fun.

PACO: We'll who laughs last, shithead.

TONIO: And now shut up. I got tired fuckin' you up. I wanna crash.

PACO: Go ahead if you ain't no pussy.

TONIO: What do you mean?

PACO: Nothing. Crash...

TONIO: You wanna get me sleeping?

PACO: I ain't sayin' nothin'.

TONIO: Don't you think about jumpin' me. Don't forget about the asswhipin' I gave you.

PACO: I don't forget easy, man.

TONIO: Good. And I want you to know that I can give you another one any time I get ready.

PACO: Oh yeah?

TONIO: Shut the fuck up!

PACO: I talk when I wanna.

TONIO: All you can do is talk shit.

PACO: You know it all.

TONIO: More than you do.

PACO: You're a smartass. Why don't you become president of the republic instead of luggin' boxes at the market?

TONIO: Who do you think I am, a jerk-off like you? I went to school. I've only been here a little while and I'm gonna get a good job soon.

PACO: You're gonna be a garbageman?

TONIO: No way, you jackass. I'm gonna be a civil servant or something like that. I'll show you. I went to school.

PACO: Bullshit! Went to school to lug boxes.

TONIO: All I need is to make some money to clean my act. I can't go to interviews dressed like this and with these kicks.

PACO: If I'd gone to school, I'd never end up like this, always out of work.

TONIO: I ended up like this because I'm from the country. I didn't know a soul here. It ain't easy, but it won't be long.

PACO: It's gonna be hard. You're a pussy.

TONIO: That's what you think. I even went to high school. I know how to type and all that shit. If only I had the right threads, you'd see. I really don't need so much. Good kicks would be enough...like yours. You know, sometimes I think that if I had your kicks I could get out of this life. I bet. Those kicks make all the difference. How can I go anywhere with kicks like these? The first thing everybody does is look at your damn feet. The other day I went for an interview in a bank that needed a clerk. There were a bunch of people applying for the job. We stepped into the room to take a test. The guy who looked like the boss eyeballed me. He looked me over from top to bottom. When he saw my kicks he started laughing and that drove me up the wall. I got nervous as hell. If not for that

I'm sure I'd have been hired. But, damn, this way I only got confused and fucked it all up. And the test ended up being a snap. I knew the answers to all those questions. The only thing was that because of my kicks I got rattled and fucked it all up. *(pause)* Now what do you say Paco?

PACO: I say that every time you start talking you put me to sleep, man.

TONIO: It's impossible to be serious with you.

PACO: All you know how to do is complain, man.

TONIO: I was being straight with you, like a friend.

PACO: Only bitches from the red light district have friends.

TONIO: Well…

Long pause. Paco takes the harmonica from his pocket and plays with it.

TONIO: If you want to play go ahead.

PACO: Can I play?

TONIO: Do whatever floats your boat, man.

PACO: I won't mess with your sleep?

TONIO: No. Go ahead. Play on.

PACO: I'll play in your honor.

Paco starts playing. Tonio lights a cigarette and inhales deeply.

The light goes off.

End of first scene.

SECOND SCENE

Paco is lying in bed. Tonio enters. Paco stops playing.

TONIO: Keep playing, man.

PACO: I play when I want to.

TONIO: I thought you stopped because of me.

PACO: I only stop when I want to. Nobody bosses me around.

TONIO: You forgot yesterday?

PACO: I don't forget nothin'.

TONIO: So you should know that whenever you get on my last nerve I'll stop you no matter what.

PACO: Do you think every single day is a blessed day? Yesterday was yesterday.

TONIO: And today is the same.

PACO: If I wanna play, I will. You can't do nothin'.

TONIO: You're real brave, but why did you stop when I came? Get scared?

PACO: Get scared of a man? Me? The day I get scared of a man I ain't gonna wear pants with a fly. And I won't go out on the street.

TONIO: So why did you stop playing when I came?

PACO: I wanna warn you.

TONIO: Warn me?

PACO: No, your grandmother.

TONIO: What do you want to warn me about?

PACO: About what Spade asked me to warn you about, damn it.

TONIO: Who the hell is Spade?

PACO: Who's Spade! The big black dude from the market.

TONIO: How the hell should I know which one? There are a lot of black guys over there.

PACO: This is one you should know. The one that uses dew rag to smooth down his hair.

TONIO: What does he want from me?

PACO: He asked me to tip you off that he's gonna beat the shit out of you.

TONIO: What's his problem?

PACO: How should I know? All I know is that he said you're a pussy and that he's gonna stop the bullshit. That you're a dude no one can even fart around and that he's gonna school you not to get in other people's way.

TONIO: When did he tell you that?

PACO: Today in the bar he called me over and told me everything. He said that I was cool, but that you pushed him too far.

pause

TONIO: You must have talked shit or something.

PACO: Fuck you! What are you talking about? That's not my style.

TONIO: Why should Spade sweat me? I ain't done nothin to him.

PACO: If you don't know, how should I?

TONIO: Somebody set me up.

PACO: Too bad. Spade ain't no joke in a fight.

TONIO: I just want to know why he got mad at me.

PACO: All I know is that he went off his rocker because of you. *(pause)* Now you can't go to the market anymore.

TONIO: Why not?

PACO: You wanna tell me you can face Spade? He'll eat you for breakfast, you don't know him. Spade can pull a fast one. He's a damn good fighter. Once he picked up a driver who was ten times as big as you. He almost killed the son of a bitch. *(pause)* Are you scared of Spade?

TONIO: *(not convinced)* Not really.

PACO: That's a good one, Tonio. That's the way it should be. A real man shouldn't be afraid of just any man. Spade's hudge, but he ain't two men. *(pause)* Will you face him?

TONIO: I don't know. He didn't do anything to me and I didn't do anything to him.

PACO: Shit man, he said you were a pussy. Go ahead and fight. That's what he wants.

TONIO: All you talk about is fighting.

PACO: Bullshit! But if some guy tells everybody I'm a pussy and all, I fuck the bastard up. That's what I do, man. Doesn't matter who it is, I let him have it. *(pause)* So? Will you do the same or will you punk out?

TONIO: You could help to make it straight with Spade

PACO: No way, man. I don't stick my nose in nobody's fight.

TONIO: You could just find out what I did to him.

PACO: Oh, shit! What truck did you work on today?

TONIO: The fish truck.

PACO: That was Spade's truck, man. He always works there.

TONIO: But he wasn't even there.

PACO: Big shit? Just because he wasn't there you had to stick your nose in?

TONIO: The driver asked me to.

PACO: He could've asked, but you shouldn't have listened.

TONIO: They wouldn't wait till D-Day to unload.

PACO: It's none of your business.

TONIO: If it wasn't me somebody else would do it.

PACO: Then somebody else would piss off Spade.

pause

PACO: What are you gonna do?

TONIO: I'll talk to him.

PACO: But just know he's gonna fuck you up. It's not like him to make up.

TONIO: So what should I do?

PACO: I don't know, man. When Spade gets pissed he ain't no joke, man.

pause

TONIO: The only way is to talk to Spade.

PACO: That ain't gonna fly.

TONIO: Well then there's nothin' to be done.

PACO: When you see him, beat the shit out of him before you start talking.

TONIO: And he'll ice me.

PACO: Ice him first. Are you a real man?

TONIO: But I don't want to ice anybody.

PACO: Shit! You're a pussy, man. Spade ain't top dog.

TONIO: I know that.

PACO: Well then, why don't you take him out? *(pause)* You want me to tell him you'll be ready to throw down?

TONIO: What for? You don't have to tell him nothin'.

PACO: Come on, man, clear your name. The Spade may even think that you're good for somethin'. I don't really think so, but sometimes he may wanna make a deal.

TONIO: The only way is to talk to him

PACO: I get it. You don't wanna throw down.

TONIO: No, I don't.

PACO: You're an asshole. That's what you are.

TONIO: Just because I don't want to take on Spade.

PACO: Shit man, he keeps sayin' you're a pussy. Go ahead, play it safe. Keep playin'. One day the crowd's gonna roll you and you're gonna scream, but it'll be too late. Nobody's gonna respect you no more.

pause

TONIO: I can't fight Spade. Don't you get the message? He's down and out, he's broke. He doesn't give a damn. He doesn't worry about luck, get it?

PACO: You're savin' your ass, that's all.

TONIO: I ain't scared. It's just that I can dodge the problem. I talk to Spade and we come to terms. Man, if I do something crazy my mother'll suffer. She balled her eyes out already the day I left home.

PACO: You gonna tell me you got a home?

TONIO: Of course I do. Like everybody else.

PACO: So what are you doing here, man? Getting' on other people's nerves? Go back home, damn it.

TONIO: I wish I could go, but in my town there's no job for me. Anybody who wants to become something in life has to leave there. That's what I did. After the military I came here. My dad can't help me.

PACO: Only faggots have a daddy.

TONIO: I bet you don't have a dad?

PACO: Sure do, man. And I ain't a son of no loser. I just don't know who he is. Everybody can be a father. The only one you know is your mother, man.

TONIO: I know who my father is.

PACO: Who's your father, man?

TONIO: What do you want? My father is my father.

PACO: I'm not so sure. Your old lady can fool around with anybody she wants.

TONIO: Shut the fuck up, you bastard. My mother's a saint and I'm not gonna let you talk bad about her.

PACO: Save your yellin' for Spade, man.

TONIO: I'm not gonna throw down with Spade.

PACO: So go back under your mother's skirt, pussy.

TONIO: I will when I get myself straight.

PACO: Well, then you'll never see your old lady, man.

TONIO: Why not?

PACO: Don't play yourself, man. You'll never be nobody.

TONIO: All I need is kicks. Good looks open up doors. If I had a chance to clean myself up right after I got here, I'd be far away by now. But it's bad luck. My shoes are worn out. I don't have the guts to go ahead and look for a job wearing this shit. I've got to keep what I've got at the market. I write home and tell them everything's just fine, to keep them cool. I know they can't help me. I keep holding on. One day I'll make it.

PACO: I'll give you a tip. Go back home, man. Here you're gonna get all fucked up, that's it in a nutshell, man.

TONIO: I wish I could go back.

PACO: Go back then, it's getting' late.

TONIO: No, I've got stuff to do here.

PACO: Shit man, don't you understand that you ain't gonna make it here?

TONIO: I don't see why.

PACO: You're real shaky, man. You're afraid of asking for a job because of those damn kicks. You're scared shitless of facing Spade. Bein' that way you're gonna fall flat on your mug.

TONIO: You could help me.

PACO: Ain't nobody helpin' me. Why should I help you?

TONIO: If you would only lend me your kicks. I'd get a job then. If there's anything I could do for you I will.

PACO: Me lend you my kicks? You're too big to be my son.

TONIO: Only for one day.

PACO: Forget it. Get by some other way.

TONIO: Damn it, Paco! Bail me out! Tomorrow at the very latest I was going to look for a job. I wouldn't have to go back to that fuckin' market.

PACO: Spade really likes you, you know. He's gonna be really sad if you don't go to the market.

TONIO: Sometimes it's like you want me dead.

PACO: I want you to grab Spade. That's all I wanna see. *(pause)* If Spade grabs you, calling your mommy ain't gonna do you any good. He's gonna blow you away.

TONIO: We'll see tomorrow.

PACO: I'm gonna laugh so hard I'll shit in my pants.

TONIO: Nothing's gonna happen.

PACO: You're gonna run away?

TONIO: Not at all.

PACO: Holy shit! The guy is a all man.

TONIO: I'm no braver than anybody else.

PACO: If you think you can play Spade, you're wrong. He's one cool dude, man. He's gonna fuck you up big time.

Both remain silent. The light goes off.

End of second scene.

THIRD SCENE

Tonio is lying in bed. Paco enters. He sits down on the bed and looks at Tonio. After a long while he speaks.

PACO: You're a sucker, man.

TONIO: My life is none of your business.

PACO: You played it like a fuckin' faggot. Man, what an
             asshole!

TONIO: No way. I shot the bull with Spade and now
             everything's cool.

PACO: That's what you think.

TONIO: Everything's cool between Spade and me. We even
             did some shots together.

PACO: That's your style. The guy's pimping you and you
             still buy his drinks. You're a sucker, man. You gave
             him your fish money. Only a faggot or a time clock
             work for another man. After you left he got his rocks
             off at your expense. Everybody split a gut laughing.

TONIO: Spade said I gave him money?

PACO: Of course! You're an easy shot. Everybody knows it
             now.

TONIO: I only gave him half, to avoid a fight. I went to
             school. I don't need to be in a fix.

PACO: And you think you saved your bread and butter?

TONIO: What do you mean? Everything's OK now.

PACO: The only thing is that he's gonna sweat you
             everyday now.

TONIO: I don't see why.

PACO: Because you're an easy shot. He said he ain't gonna work hard anymore. If he sees you working on a truck he's gonna show up and tell you, without making any trouble, that it was his truck. And he's gonna play you. If you have a problem he's gonna twist your arm and take all the dibits. If you're a good boy it's only gonna be half-half. *(pause)* Spade's real lucky. He's found a new bitch all to his own. Now they call Spade "Rotten Luck". He puts out his bitches to make their living while he's having a good time getting wasted with rum. *(pause)* You're in trouble now and you're underpaid. Easy shots always get ripped off.

pause

TONIO: Spade's got me all wrong.

PACO: Why? He's slick and he knows his babes.

TONIO: If he thinks I'm gonna work for him, he's crazy.

PACO: You already did one day.

TONIO: I only wanted to avoid problems.

PACO: And you fucked it up. That's why I told you to face it head on. You didn't listen and now you're fucked. You punked out big time. A real man doesn't run away from threats.

TONIO: I don't want any of that mess. I went to school, Paco. Tomorrow or later I'll buy some shoes, get myself a decent job and forget about the market once and for all.

PACO: Don't be so a nerd. It wasn't right to work for
               another man before and now it just ain't gonna pan
               out at all for you, man.

TONIO: Spade can't play me like this. It's not right.

PACO: Who told you to punk out, man? Now you're
               gonna have a hard time making the dudes think
               you're somebody. At the market they call you
               Spade's Bitch.

TONIO: They call me Black Man's Doll? Mother fuckers!

PACO: *(approaching)* Mother of who?

TONIO: I don't know. Mother of whoever said that.

PACO: Watch out, Spade's Bitch. You better back off. I'm
               already mad at you because you crawl after my
               shoes. If you keep getting on my nerves, I'm gonna
               beat the shit out of you. And it ain't gonna do any
               good for you to tell anything to your man because
               I ain't afraid of no Spade.

TONIO: Shut up.

PACO: Good luck, Spade's Bitch.

TONIO: I don't wanna talk to you anymore.

PACO: Now the Bitch only wants to talk to Spade. That's
               a good pussy, now Spade can help himself to his
               boy toy.

TONIO: Damn it, Paco. Cut me a break.

               Pause. Tonio turns his back on Paco.

PACO:	Go back to your daddy's house, pussy. Spade ain'tgonna get you there. *(pause)* At the market you're just a bad joke. If I were you I wouldn't go there anymore. *(pause)* Tomorrow it's gonna be bad for you at the market. Everybody's gonna be on your case, man.
TONIO:	I'm not going to the market tomorrow.
PACO:	You're gonna look for a job in those sorry kicks?
TONIO:	No. I've got something to tell you. I'm gonna look around. If I get lucky I'm gonna make a lot of dough.
PACO:	What's up?
TONIO:	Something the driver asked me to sell for him.
PACO:	So what is this something?
TONIO:	It's none of your business.
PACO:	You can come clean with, damn it.
TONIO:	What for? So you can bring bad luck?
PACO:	I'm not like you. I don't have my eye on somebody else's kicks.
TONIO:	I don't have my eye on anything.
PACO:	You keep sweatin' after my kicks. That's all you do.
TONIO:	No way. I only wanted to borrow your shoes for a couple of days. That's not sweatin' after.

PACO:	The hell it ain't! Why do you hassle me all day long? Because you sweatin' after my kicks.
TONIO:	I hassle you cause you get on my last nerve all the time.
PACO:	Trying to open your eyes means getting' on your nerves. All right, from now on I ain't gonna warn you about nothin'.
TONIO:	You make a fuckin' case out of it just to warn me.
PACO:	No case at all. It's you who's havin' the hard time getting the message.
TONIO:	You really lay it on thick. You're makin' a mountain out of the mole hill.
PACO:	I'll lay it thick, alright. Come to the market tomorrow and you're gonna see. Everybody's gonna call you Spade's Bitch.
TONIO:	Let them call me whatever they want.
PACO:	You're gonna take it?
TONIO:	Of course not.
PACO:	So what in hell are you gonna do?
TONIO:	I'll pretend I have nothing to do with it.
PACO:	That's playin' safe! It ain't gonna work.
TONIO:	So what do you think I should do?
PACO:	I don't think nothin'.

TONIO: You have nothin' to say?

PACO: I can say you should throw down with Spade.

TONIO: I've told you already that I won't.

PACO: Only because he's a huge dude? The bigger the dude the harder they fall, man.

TONIO: Shit! That's not it, man! I went to school. A fight with Spade won't be the end. If I get him today, he's gonna meet up with a blade tomorrow. If I break out tomorrow, he's gonna catch me sooner or later. Death is all it can end up with.

PACO: Why don't you waste him, man?

TONIO: I went to school, bro. I don't feel like rottin' in jail because of some bastard.

PACO: Go back to daddy's.

TONIO: I can't do that either. I have to fix up my life here. In my home town there's nothin' I can do. All the jobs are already taken or they pay less than at the market. I have to clean up my act so I can help my family. They've already worked their fingers to the bone so that I could go to school. I don't know how I ended up in this rat trap.

PACO: That's it. You got lost your way, man and you live far away, man.

TONIO: I want you to know, I ain't got it easy. That's why I lose it with you sometimes.

PACO: Don't hand me that shit. You already told me the other day what your problem was. You lose it because of my kicks that you think are so fuckin' cool. You even told me I stole them!

TONIO: That's not it.

PACO: It's the green monster. That's why you lose it when I play the harmonica.

TONIO: Stop this shit, Paco.

PACO: Shit? Jealousy's a thing that bothers everybody's life, man.

TONIO: I have another problem, man. I keep thinkin' about my house, my folks.

PACO: Cut the bullshit, man! These stories of yours put me to sleep. All you do is talk about mommy and daddy. It's hot air, that's all it is. And then you get mad cause the guys think you're a pussy.

TONIO: Yeah...Maybe you're right...*(pause)* That may be it. I give you a hard way to go because of your kicks.

PACO: That's right, man, it's because of me. I felt it all the time, man.

TONIO: It's not just because of you, sucker. It's because of my old shoes. I'm ashamed of them.

PACO: My kicks are brand new and look bad as hell, man.

TONIO: A bit too big for you.

PACO: I can put a little newspaper in them and they'll fit like a glove, man.

TONIO: Since I'm taller than you they should fit me like a glove.

PACO: But they're mine, man.

TONIO: I know... I know...

Long pause. Paco starts playing the harmonica.
Tonio smokes. Then he picks up from his coat,
under the pillow, a revolver.

TONIO: You know what, Paco? Sometimes I think you're a good pal.

PACO: Are you tryin' to make up, chump?

TONIO: I'm really serious about getting' some kicks like yours.

PACO: Ask your lover Spade. *(laughs)*

Paco notices the revolver in Tonio's hand, he stops laughing.

PACO: What's goin' on? Man, don't give me shit... What's goin' down? You wanna steal my kicks?

TONIO: You don't have to be scared. I'm not gonna steal them. The piece ain't got no bullets.

PACO: So what's it for, man?

TONIO: This is what the guy from the market asked me to sell.

PACO: Shit man, I thought...You're a cool dude, damn it...You scared the shit out of me, man. I thought you were gonna swipe my kicks.

TONIO: I haven't thought about it, but it sounds like a good idea.

PACO: The piece ain't got no bullets, remember? You said so.

TONIO: That's right, no bullets.

PACO: That's good to remember. Without a piece nobody can swipe my kicks.

TONIO: Stay cool. I'm not even gonna try it.

PACO: *(picks up pliers)* And I want you to know one thing. If you start actin' stupid, you're gonna fuck everythin' up.

TONIO: You're really full of yourself.

PACO: I ain't got no Spade to take care of my cash.

TONIO: Cut the bullshit!

PACO: Don't fuck with me, man.

           pause

TONIO: I only wanted to know where you got those shoes.

PACO: I told you. Some dude gave them to me.

TONIO: Just like that?

PACO: He saw me playin', he liked it and he gave them to me.

TONIO: Come on, don't lie to me.

PACO: I'm not lyin'.

TONIO: You want me to swallow that?

PACO: If you don't want to believe me, fuck you.

TONIO: My God, you play so fuckin' bad.

PACO: I play the harmonica bad, asshole, it's because
          I'm tryin' to learn by myself, but I'm cool on the
          flute.

TONIO: You play flute?

PACO: I can play all kinds of sweet tunes.

          *Long pause. Tonio picks up a pack of cigarettes
          and lights one.*

TONIO: You wanna smoke?

PACO: You're gonna give me one?

TONIO: There. *(He throws a cigarette.)*

PACO: Wow! It's a fucking miracle!

          They smoke in silence.

TONIO: Where did you learn to play flute?

PACO: In the orphanage. They taught me there.

TONIO: What happened to your flute?

PACO: Somebody stole it, man.

TONIO: And the poor bastard didn't do a thing. What happened to your pliers?

PACO: I was fucking wasted. I passed out on the sidewalk. When I woke up: where's the flute? Some son of a bitch swiped it. And I got all fucked up.

TONIO: Why don't you buy a new one?

PACO: How? I would make enough playing flute in bars. Without it I went down the tubes. Now at the market I'm lost and underpaid.

TONIO: That's it...

PACO: But once I learn to play harmonica, the hell with the market, man. I'm gonna break out. I'm gonna take life sweet way. I'm a lazy bum, don't need much. I wanna get wasted in the bars and make the losers pay for me. You should see me, man. I'd pack them bars. I'd sit at the table with those moneybags. I'd drink and drink and drink. I would just play a little bit and I'd take a scope at the babe's thigh. It was too much to take. Man, I had the easy life, man.

TONIO: If you wanna practice the harmonica, go ahead.

PACO: Now you're talkin', man.

Paco starts playing.

TONIO: I only want a pair of shoes. Sometimes on the street I feel put low when I look at other people's feet. Everybody wears cool kicks. Only I have this fuckin' trash. It makes me depressed...I even think about doing myself in.

> *Paco plays a terrifying sound on the harmonica.*
> *Paco stops playing and stares at Tonio. Then he*
> *starts laughing.*

TONIO: What's so funny?

PACO: Man, you're funny.

TONIO: You're an asshole.

PACO: I may be an asshole, but I've got fuckin' gorgeous kicks.

TONIO: You better play that piece of shit. At least that way you won't be talkin' bullshit.

> *Paco laughs and starts playing, swinging his foot*
> *provokingly.*

TONIO: Stop that!

PACO: *(laughing)* As you wish, boss.

> *pause*

TONIO: *(Excusing himself.)* I keep gettin' mad. It's because of these shoes.

> *Paco plays again.*

TONIO: If I had nice shoes everything would be easy. I'd get a good job. *(pause)* You know, Paco, I was thinking that you could lend me your shoes.

PACO: You gone crazy?

TONIO: 'Till I find a job.

PACO:	Look at me. Do I look like a fool?
TONIO:	Just to help me out. Once I get a job I'll help you buy a flute.
PACO:	Look at yourself. *(He makes a gesture.)*
TONIO:	Shit! You don't understand anything.
PACO:	I get your point, shithead. I lend you my kicks and you break out and I'm stuck high and dry.
TONIO:	Not at all. I just thought...
PACO:	Jackass died from so much thinking.
TONIO:	I should be your father.
PACO:	That slept with your mother.
TONIO:	Cool it, damn it.
PACO:	Cool it, my ass.
TONIO:	You better shut up.
PACO:	You shut up first.
TONIO:	All right.
PACO:	Shit! You have it bad for my kicks man, that's it in a nutshell.
TONIO:	That's enough, damn it.
PACO:	That's it. Every night the same bullshit. I'm scared to take off my shoes. I'm afraid that you are gonna rip them off.

TONIO: I'm not a thief.

PACO: How should I know?!

TONIO: It's better to drop this topic.

PACO: You started it.

TONIO: But cool it now.

PACO: That's it, man.

          Both remain silent.

TONIO: I only need shoes. I went to school, damn it. I could be somebody. I could have a chance. I don't have to live in this dump like some kind of shit. I even take put-downs from you.

PACO: You're quite a talker.

TONIO: A pair of shoes is all I need.

PACO: So what? All I need is a flute.

          Tonio lights a cigarette. He's nervous.

TONIO: I'm thinking...

PACO: You think too much. You're gonna crack up.

          pause

TONIO: Are you asleep, Paco?

PACO: No.

TONIO: What are you thinkin' about?

PACO: If I had my flute, I'd break out right now. I
           wouldn't have to put up with your ass no more.
           You put me to sleep, man.

TONIO: You think I'm crazy about you or somethin'? If I
           had the shoes, I'd have split a long time ago.

Paco starts playing.

TONIO: Man, you really need a flute. You're a disaster
           playin' the harmonica.

PACO: You ain't gonna get far without kicks, man. You
           ain't gonna run away from Spade. You're gonna get
           fucked up, that's all.

TONIO: *(screaming)* I NEED SHOES! I NEED SHOES!

PACO: Good night, tough dude. Blowin' hot air won't do
           you much good.

TONIO: You're right, I don't know what to do.

PACO: You're fucked up. Ain't got no kicks, can't show
           your face at the market, don't wanna go back to
           your daddy's.

TONIO: I don't wanna go back, don't wanna show up like
           this back home.

PACO: There's one more thing you could do.

TONIO: What?

PACO: You ain't gonna put yourself out there, never, man.

49

TONIO: What is it?

PACO: Buy some bullets and waste Spade.

TONIO: You're crazy. I'm not a murderer. I went to school...

PACO: I know, I know. You've got a family and you'd rather be Spade's Bitch.

TONIO: That's not it.

PACO: So put yourself out there man.

pause

TONIO: The crime won't do any good.

PACO: At least Spade wouldn't get on your last nerve anymore, man.

TONIO: I don't wanna waste anybody. I just wanna get out of this life.

PACO: Shoot his ear.

TONIO: Bullshit!

PACO: Everything I say is wrong for you, damn it.

TONIO: There has to be a right way for me to make things right.

pause

PACO: Dude...

TONIO: What?

pause

PACO: You know what you could do?

TONIO: What?

PACO: You've got a piece, the other's have shoes.

TONIO: So what?

PACO: You may have the upper-hand, damn it!

TONIO: You don't make sense. Lay it out straight.

PACO: You're a fool, man. You don't get nothin'. You're gonna die as Spade's Bitch. You've got a knife and a piece of cheese in your hand and you don't know how to cut. Shit, I've seen a lot of crazy guys, but you could be the king. FUCK YOU!

Paco turns over to sleep. Tonio keeps thinking, lights a cigarette and smokes. The light goes out.

End of third scene.

FOURTH SCENE

Tonio is lying in bed. Paco enters.

PACO: Man, you did the right thing not comin' to the market. Everybody was looking for the Spade's Bitch. *(He laughs.)* Spade got fuckin' mad. He didn't even start a lick of work countin' on the blood money he could get from you and he got fucked. He didn't even make enough dough for one shot. The guys snapped at him all day, man. Everybody got his kicks. They'd say, "Gee, Black Man, where's your Rocks Off? Gone dry? She walk out on you?" Spade wouldn't say nothin', but you could see he was getting' pretty pissed off.

pause

PACO: What's up? Sold the piece?

TONIO: No. I didn't leave here all day.

PACO: Not even for a bite?

TONIO: I'm not hungry.

PACO: You're gonna loose it this way, man.

TONIO: Fuck it.

PACO: Shit, didn't you have to go out to sell the piece?

TONIO: I gave up.

PACO: Why?

TONIO: With this mug, wearing these fucking shoes, it's crazy to go around trying to sell the gun. Nobody would wanna buy it and besides, I might get busted.

PACO: Busted?

TONIO: They might think I'm a crook that stole the gun in some heist. They always think the worst about a guy like this.

PACO: They sure do…

TONIO: You'll see.

PACO: You have to see because you're the one who's lost
           and underpaid. *(pause)* The way it looks now you're
           gonna have to go back to your old man's.

TONIO: I've thought about it a lot today. The only reason I
           didn't take off is that I don't have the dough for
           the ticket.

PACO: And it ain't gonna be easy to get it. Spade's gonna
           take whatever you make at the market, especially
           now when the guys call you Spade's Bitch. So he
           thinks it's his fucking right to do it.

TONIO: I ain't gonna show up at the market anymore. If I
           go there, I might do something mad stupid.

PACO: You should go and do it. A real man loses his cool
           for a lot less and it's right. Either he keeps his cool
           or he gets set up by some jerk-offs. If I was you I'd
           go there today and I'd lay it on. I'd start with
           Spade. I'd go there and tell him, I wanna shoot the
           breeze with you, but nobody can listen. I'd take
           him for a ride with bullshit and when he fell for it
           I'd tell him to go to hell. And if anybody else
           messed around I'd give them the same shit. *(pause)*
           But that's me. I would set it straight because I'm
           no Bitch to a dude like Spade, man. I ain't sure
           about you though. The guys asked me what I
           thought about you. I told them I didn't know, that
           you never fucked with me. I told them that you
           probably stayed on the downlow around me
           because you know I only go for the babes, man.

TONIO: Is that what you told them? You're disgusting!

PACO: You're disgustin' yourself, Spade's Bitch.

TONIO: How could you possibly say something like that about me?

PACO: I say what the hell I want to say. I ain't gonna stick up for nobody.

TONIO: Life sucks! It's gotta be like this all the time. Everybody minds his own business and fuck the rest. Nobody helps anybody. If some dude gets shit on he's not gonna find a helpin' hand. And there are always some jerk-offs ready to step on your head. And then if a dude like this gets all screwed up, everybody thinks it's wrong. What a fuckin' life.

PACO: Shit man, that's the way it is, man. What do you want, somebody makin' it for you? If that's what you want, you must be crazy. You're gonna end up beatin' your head against the wall. You think I'm gonna go around tellin' everybody you're not a faggot? Fuck you! If you're not Spade's Bitch, go ahead and clear your name.

TONIO: That's the way it is. *(pause)* Paco, once in your life you could do something decent. You could help a dude who's really all fucked up.

PACO: I ain't gonna fix things up, man. Even if I could, I ain't gonna cool it for any panzy. Nobody ever gave me nothin'.

TONIO: What about the dude who gave you the shoes? Didn't he help you out?

PACO: What are you talkin' about? He gave me the kicks cause he wanted me to go around playin' the flute. If it wasn't for that, I'd still be goin' barefoot, man. Do you think somebody's gonna give shit for free? Just you, givin' dough to Spade.

TONIO: You must have had a pretty shitty life and that's why you don't believe anybody.

PACO: Shit, man, what kind of cock and bull is this? You're the one with a shitty life. My life's always been terrific. Nobody ever made fun of me. You're life's miserable. You ain't got no kicks, you are an easy shot so you don't stand up to Spade, you're a panzy and all that. And don't get on my nerves tellin' me about my life. It's fine, OK? And it can be even better. All I need to do is learn to play the harmonica.

pause

TONIO: I've been thinking about a lot of shit today.

PACO: Yeah? Like what?

TONIO: I know how you could get a flute.

PACO: Why don't you think about yourself, man?

TONIO: I do. And I can get the shoes the same way you can get the flute.

PACO: How?

TONIO: With cash.

PACO: Man you're a fuckin' good guesser, bitch.

TONIO:	I just happen to know where the cash is.
PACO:	So do I, in the Bank of Brazil.
TONIO:	Easy cash.
PACO:	Why don't you tell Spade?
TONIO:	I'm serious as a heart attack, man.

pause

PACO:	Stop holdin' in. Where's the dough?
TONIO:	In the park.
PACO:	It grows on trees, right, bitch?
TONIO:	No, you idiot, in suckers' pockets.
PACO:	All you have to do is ask them and they're gonna give it to you.

Tonio shows the revolver. Both remain silent.

PACO:	A robbery?
TONIO:	Yeah, a robbery.

Pause. They stare at each other.

PACO:	That might be your ticket, man.
TONIO:	Yours too.
PACO:	I'm not a babe lost in the woods.

TONIO: You don't need a flute?

PACO: Yeah…that's right.

          pause

TONIO: So?

PACO: So what do you mean?

TONIO: You go for it?

PACO: I do. *(pause)* Are you makin' fun of me, or what?

TONIO: No, I'm serious as a heart attack.

PACO: Sounds like a plan, man.

TONIO: It's my way out.

PACO: You should've thought of it before.

TONIO: I don't like it. I'm only gonna take it cause I don't see any other way to get by. If it wasn't for that fuckin' Spade, I'd make it workin' hard at the market. And there's one more thing. If this works out, I'm not gonna do another one, believe me.

PACO: I've had enough of this panzy shit, man. Let's go and do in some sucker.

TONIO: Take a chill pill, man.

PACO: I ain't gonna take any chill pill, man. Let's do this, hot shot.

TONIO: We've got to cook up a plan.

PACO: What for? We ain't got time to lose on no bullshit. We do it the way it comes down, man.

TONIO: Wait, wait, don't rush.

PACO: Man, you're a pussy.

TONIO: I ain't no pussy, man. I don't wanna rush it, that's all.

PACO: All right, all right, go ahead and spell out your big picture mad quick.

TONIO: We're gonna roll a couple.

PACO: So far, so good.

TONIO: That's the easiest. We hide in a dark place, the couple comes to make out and we roll'em.

PACO: Man, you're really a big timer. I swear, I'd never think that such a smart thing could break of your brain. I swear to God, damn it. This plan of yours is far out, man.

TONIO: Did you get the drift?

PACO: I'm with you. We wipe out the dude, scare him off and have our way with the chickie.

TONIO: Hey! What in hell are you talkin' about?

PACO: What are you talkin' about?

TONIO: No messin' with the girl.

PACO: What kind of messin' are you talkin' about, bro?

TONIO: Scarin' the guy away and roughin' up the chick.

PACO: That's not your plan, man?

TONIO: Sure ain't! All I wanna do is get some dough.

PACO: So what? If we can have some fun, why not, man?

TONIO: That's the way to fuck up a job.

PACO: The bitch's so lame, man.

TONIO: The bitch your ass. Watch your mouth, dude. You've been gettin' on my last nerve with that shit for too long.

PACO: Chill out, man. You're a bitch, end of story. You just proved it to me. The last straw was not goin' for the babe.

TONIO: I'm not that hard up.

PACO: You're a fag.

TONIO: I'll never make a pass at a woman by force.

PACO: You ain't gonna make a pass at all. You're a fag.

TONIO: Cut the shit.

PACO: Are you gonna be a pansy ass?

TONIO: I'm not gonna set up anythin' with some horny asshole.

PACO: I ain't gonna set up nothin' with no Spade's Bitch.

TONIO: OK then, shut the fuck up, end of story.

PACO: I talk when I want. No flamin' fag like you is gonna boss me around.

TONIO: Talk to yourself.

PACO: If I get it in my head, I'm gonna talk.

                pause

PACO: So? What's up, dude?

TONIO: No dice, man.

PACO: Damn, it's the only way, dude.

TONIO: Well, it ain't gonna work out, I guess.

PACO: Don't be such a pansy ass, man.

TONIO: There's no use, I can feel it in my bones.

PACO: You can feel what, man?

TONIO: It ain't gonna work out with you.

PACO: With me? I don't see why, man.

TONIO: You're hard up, man. I only want some kicks. I ain't gonna rough up anybody.

PACO: You don't wanna chick, man?

TONIO: Not by force.

PACO: Can you get one any other way?

TONIO: Sure, I always did. In my home town I had a girl
                friend that was really somethin'.

PACO: In your home town everybody's a pussy like you. I
                never saw you with a chic here.

TONIO: Damn straight! Who's gonna fall for a dude like
                this? With these fucking kicks?

PACO: It's a good excuse, but I ain't buyin' it. I know you
                like a book, man.

TONIO: You talk a lot of shit, but I've never seen you with
                a chic neither.

PACO: Well...*(gets confused and then angry)* I always get a
                babe. When I used to play the flute I'd always get
                my way. Ask anybody you want.

TONIO: Bullshit.

PACO: At least I'm not Spade's Bitch.

TONIO: Don't change the subject.

PACO: I wanna know about this gig. That's what I wanna
                know.

TONIO: There ain't gonna be no gig, shithead.

PACO: Fuck you then.

TONIO: OK, it's my problem, but I'm positive you never
                had a chick.

PACO: I swear I did.

TONIO: You are full of it.

PACO: Son of a bitch!

TONIO: The dudes at the market gotta know about it.

PACO: You're gonna have the balls to show your mug there? You thinks, Spade's Bitch?

TONIO: I wanna tell you somethin'. Don't you ever call me names. If you keep doin' it I'll teach you a lesson, you'll see.

PACO: Don't fuck with me, man.

TONIO: If you get on my nerves, I'm gonna get on yours.

pause

PACO: You forget about the job?

TONIO: Do it yourself, you horny bastard.

PACO: You don't want the kicks?

TONIO: Forget it. I can take care of myself.

PACO: You can take care of yourself all right, but you can't show your mug at the market. *(laughs.)*

End of fourth scene.

FIFTH SCENE

Paco is lying in bed playing the harmonica.
Tonio enters.

PACO: Where have you been, man?

TONIO: None of your business.

PACO: You didn't show up at the market. I came here and couldn't find you either. I had to talk to you.

TONIO: What did you want?

PACO: We've gotta talk straight about this gig, man.

TONIO: No dice.

PACO: We can make it work, man.

TONIO: Or fuck it up once and for all.

PACO: You can't be more fucked up than you already are.

TONIO: If you're on the down and out, everythin' goes wrong.

PACO: What are you talking about, man? Everything works out right.

TONIO: Don't count on me.

PACO: You're full of hang-ups, man. It'll be a piece of cake, man.

TONIO: Go by yourself then.

PACO: But you're the one in danger. Spade ain't gonna forget his bitch. Today he wanted to come over here to get you. I had to play with his head. I told him you were a straight up dude. I told him about the job and shit. He thought it was a good idea. He's gonna do one, too.

TONIO:	Go with him then.
PACO:	He played me for a jerk-off. He's gonna take Carocinho instead. Shit, that fuckin' Spade is a rip off. He made me miss out.
TONIO:	Holy shit, isn't he a friend of yours?
PACO:	Friend my ass! I'm not no man's friend.
TONIO:	Let's hope the cops bust him.
PACO:	No way! Spade always comes first, man. He always finds an easy shot to play it smooth for him. He's got you for pimpin'...And today the son of a bitch took me for a ride. I gave him the low-down about the job and he didn't let me go with him. He's gonna take this jerk-off Carocinho, a good for nothin' asshole to boot.
TONIO:	Good lesson for you. Why the hell didn't they letyou go with them?
PACO:	It's Spade, man. He said I was a fuckin' nut job.
TONIO:	He's right about that.
PACO:	He's right about what? He's a jackass and I'm gonna roll that Carocinho. He shouldn't have stuck his nose in that game.
TONIO:	You're playin' a bad dude, but everybody can play you.
PACO:	Let's do our job, damn it. That's somethin' cool we can do.

TONIO: Go by yourself.

PACO: It ain't gonna play out right if I'm by myself, man. If the dude decides to stand up it's gonna be one to one and shit gets heavy. Why don't you go with me? We'd be a lot more dangerous than Spade and this ass Carocinho. And Spade's gonna have to respect you again.

TONIO: I don't wanna hear about Spade.

PACO: But how do you think you're gonna get him off your case, man? The only way is to fuck him up.

TONIO: Well...I don't know...That Spade is one big pain in the ass.

PACO: You could blow him away. If you want I can take care of Carocinho.

TONIO: No, that's not my business.

PACO: So it's gonna be the job?

TONIO: No it ain't.

PACO: You wanna go back to your daddy's like a flamin' fag?

TONIO: What bullshit!

            Tonio walks nervously from one side of the stage to the other.

PACO: The job's gotta be your way out, man. You can get the kicks you need. You can even make the dude undress and take his clothes. That's your only chance, damn it.

TONIO: Listen, Paco, my suit can still make it, if I send it to the cleaners. I only need the shoes, really. You could lend me yours.

PACO: Hell no! Don't even go there in your head.

TONIO: Only for a couple of hours.

PACO: No, man. Your way out is the job. You clear your name, nobody's gonna call you Spade's Bitch or diss you no more.

long pause

PACO: Shit man, it's you who cooked it all up. *(pause)* You don't need the kicks?

TONIO: And you need the flute.

PACO: So let's go for broke, man.

TONIO: I could go. If I was sure you weren't gonna act horny.

PACO: Me? What are you talking about, man? *(pause)* You're sweatin' me for nothing. *(pause)* The hell with the babe. *(pause)* I swear I ain't gonna mess with the babe.

TONIO: You swear?

PACO: I swear to God.

TONIO: Swear that your gonna do only what I tell you to do?

PACO: On my mother's soul. May she rollover in her grave, man, if I try to play you.

pause

PACO: Let's cut the shit and let's go.

TONIO: I don't know if I'm goin' yet.

PACO: Come on, man. Shit or get off the pot.

TONIO: It may be a downer.

PACO: Let's do it, man. Spade and Carocinho might be there already.

TONIO: That's not my problem. Fuck them.

PACO: That's right. Fuck Carocinho even more so he's not snoopin' around anymore.

TONIO: All right, let's go for it no matter what.

PACO: That's a good one, Tonio. Let's go for it.

TONIO: But there's a little catch...

PACO: Spit it out.

TONIO: I'm the boss.

PACO: That's cool with me. I told you, man.

TONIO: And if you make an asshole of yourself, I'm gonna pull one on you.

PACO: OK, pull.

TONIO: We mug the couple and that's it. I point the piece, they freak out, we clean out the dude and break out.

PACO: But the piece ain't got no ammo. You said so.

TONIO: Who knows that? Only if we tell them.

PACO: And what if the guy doesn't come clean? It may be one of those rough dudes and he may decide to throw down. And the babe may put up a fucking hassle.

TONIO: She ain't gonna. I take care of that.

PACO: If they make mad noise I'm gonna smash the jerk-off's head.

TONIO: No, you ain't.

PACO: If he makes a hassle I'm gonna put a hurtin' on him...

TONIO: You only do what I tell you.

PACO: And what if the fuckin' babe spills her guts? You want everybody to catch us red-handed? I just put a hurtin' on the dude's noggin and it'll be cool. They'll shut up right away.

TONIO: You don't need to.

PACO: If they make to much of a hassle, I do.

TONIO: All right, if I tell you to do it, you will.

PACO: If they yell, they get knocked the fuck out.

TONIO: Only if they scream.

PACO: Hell yeah, if they're cool you don't need to fuck them up.

TONIO: Make sure you don't fuck it all up.

PACO: Cut the bullshit and let's do this, man.

Paco wants to leave. Tonio remains seated.

PACO: What the hell? You gettin' cold feet man?

Tonio hesitates.

TONIO: No way, let's do this.

PACO: All right! Now you're talkin'! Let's go for broke!

Paco wants to leave. Tonio stops him.

PACO: What's up now?

TONIO: I'm the boss, understand? You only do what I tell you to do, got it? I'm the boss.

PACO: Sure, boss. You're the boss. Let's do this, boss.

They leave.

Curtain

SECOND ACT

The curtain opens. Tonio and Paco enter. The first carries a pair of shoes in his hands, stolen odds and ends in his pockets. He's quite nervous. Paco carries a club in his hands. He's in a good humor.

PACO: Good job!

TONIO: You're a jerk!

PACO: Cut me a break, will you?

TONIO: You didn't have to beat the guy.

PACO: But I did.

TONIO: The cops are gonna get on your case now.

PACO: The cops ain't gonna know who it was.

TONIO: The dude that got punched out is gonna know.

PACO: He's knocked cold.

TONIO: He'll get straight and he's gonna have you busted.

PACO: Bullshit, he's finished, once and for all.

TONIO: God willin' he's not.

PACO: Bless my heart, bro! Even God can't fix that one. I did the son of a bitch in.

TONIO: And the woman, what about the woman?

PACO: What about her?

TONIO: She saw your mug too.

PACO: So what? I saw hers, too.

TONIO: She's gonna hand you over to the cops.

PACO: Fuck her! She don't know my address.

TONIO: She's gonna I.D. you and the police are gonna find you.

PACO: Shit, man! The pigs ain't know it alls. They ain't gonna find nobody.

TONIO: Oh yeah? I wanna see it when they catch up with your ass.

PACO: Don't piss me off, bro. The babe looked like a bird to me. She must be a loser. She could kinda get away with her body, but her face was a turn off. She ain't gonna I.D. nobody.

TONIO: You're the only one who knows.

PACO: That's right.

TONIO: We'll see. You'll go straight to the joint.

PACO: If I go to the joint you're gonna get fucked.

TONIO: The one who fucked the dude up is gonna get fucked.

PACO: It was a fucking rush. Man…The dude fell flat like a busted balloon.

TONIO: It could've been easy. You didn't have to play the tough guy.

PACO: Playing tough, my ass! It was for real. I am a fucking bad dude and to me no one's any good. You saw in the park. The dude made a fool of himself and he got what he had comin' to him.

TONIO: The dude didn't do anythin'. We took what we wanted and we should've taken off right away. You didn't have to knock him out.

PACO: Well, I did. So what? Feel sorry for him?

TONIO: I don't, but the cops will.

PACO: You get on my last nerve with this cop line.

TONIO: Sure.

PACO: Sure what? You're scared shitless.

TONIO: Sure, I don't wanna get busted.

PACO: The joint was made for people.

TONIO: I went to school.

PACO: Hot shit! For a sad ass like you it doesn't matter if you rot in jail or on the outside. *(pause)* And there's more. If a pussy ass like you gets in the joint, he's lost and underpaid. Everybody can make it with you. And your gonna be everybody's bitch. But I think you'll probably like it cause you're a damn faggot, right?

TONIO: I hope the cops get you soon.

PACO: I told you, if they get me, it's gonna be bad luck for you, man.

TONIO: I'm cool. You used violence. You're dangerous and need to be locked up.

PACO: You're the chief.

TONIO: Only Indians have chiefs.

PACO: You were the head honcho of the job in the park.

TONIO: I wasn't the head honcho of anythin'.

PACO: You sure were, damn it! You kept fuckin' yellin' for a while, *(imitating Tonio)* "I'm the boss. I'm the boss. In my home town the boss's the boss."

TONIO: Fuck you!

PACO: Fuck your mother!

TONIO: Jerk-off.

PACO: You're a jerk-off. You just wanna cover your ass.

TONIO: I hope to God you didn't hurt the dude too bad.

PACO: Don't freak out, man. That one's history. End of story, man.

TONIO: You want the dude to die?

PACO: Of course, damn it. I meant to fuckin' waste him.

TONIO: You're an animal.

PACO: Fuck you!

TONIO: I'm gonna cut out. Now that I've got my kicks, I can fix myself up. Not only I can, I will. I'm gonna get a decent job and straighten out my life.

PACO: What about me?

TONIO: I don't give a damn!

PACO: You get cleaned up and I'm out in the cold?

TONIO: That's your problem.

PACO: Fuck it! You ain't gonna clean yourself up at my cost.

TONIO: Cut it out. I don't ever want to hear from you. I can't take your cryin' anymore.

PACO: But you're gonna have to swallow it. You're gonna hear lot's of talk about me, man.

TONIO: Yeah, right.

PACO: Right. You're gonna see. You don't know me. I'mmore than bad. I am Paco, fucked up dude, badas hell. Now I'm gonna be even more. If the poor asshole from the park passed out, it's even better. My mug will come out in all kinds of newspapers. Everybody's gonna be scared shitless to know that Paco, the bad ass, is on the loose.

TONIO: You're crazy.

PACO: That's a good one, Crazy Paco, the Bad Ass. That's what I want the newspapers to write about me. It's gonna be hot! The lovebirds in the park ain't gonna have a break and the cops ain't never gonna bust me. You can spread it around that Crazy Paco, the Bad Ass said that there's no pig born who can bust him. From now on it's gonna be the real deal. As a boss you were a pain in the ass; full of yellin' and hot air, but good for nothin'. But there's a little somethin', just to stop you from spillin' it that I'm a tricky asshole, I'm gonna make you second boss. You're gonna help run the dudes.

TONIO: What are you talkin' about, loony tune?

PACO: Watch your mouth, son of a bitch. Your mother's a loony. You've gotta play it cool now with Crazy Paco, the Bad Ass. Either that or you're gonna fall flat on your face. I can school you, but you gotta open your eyes. If you can't keep up you're gonna lose out. You're gonna be the second boss to help run the dudes I'm gonna put in our gang.Crazy Paco, the Bad Ass wants to be the boss of a bunch of dudes.

TONIO: Are you finished?

PACO: No, there's more. From now on our jobs ain't gonna be just for money. I want a babe, too. It's gonna be lots of fun. I'm gonna have a blade, a piece, and my pliers. I clean out the guy and make him stand naked in front of the babe. And then I'm gonna ask him, "What do you prefer, a shot, a knife or a nibble?" The guy's scared shitless and gonna choose the nibble. So I pick up the pliers and squeeze the sucker's balls until he snaps. Then, Crazy Paco, the Bad Ass, is gonna talk sweet to the babe. "It's your turn now sweetie." I start to make it with the slut, I kiss her all fuckin' over, I make her real hard up and fuck her right there in the park. Party time, man!

TONIO: Are you finished, now?

PACO: Want some more?

TONIO:	Listen carefully, Crazy Paco, the Asshole. You're a jerk-off. And don't think that I'm the dude from the park. If you play me for a fool, I'm gonna get even with you. And, just for the record, I'm not gonna take it from you anymore. And before I forget, I'm never gonna get into a mess like that, ever.
PACO:	You gonna be a pussy? I knew it. Fags are just like that.
TONIO:	I told you.
PACO:	What? You're gonna get nasty now? What for? You're a fag, that's all.
TONIO:	You better cut that bullshit when you talk to me.
PACO:	You better cut it yourself, faggot.
TONIO:	*(approaches Paco)* Son of a bitch!
PACO:	*(picks up the club)* Come on! Go for it, bitch!
	Tonio stops.
PACO:	What's the matter? Punked out?
TONIO:	*(restraining himself)* Let's split haul. I wanna leave.
PACO:	You're gonna breakout?
TONIO:	It's time. I'm tired of puttin' up with you. *(puts the odds and ends on Paco's bed)* Here. Let's split it right away.
PACO:	Turn out your pockets.

TONIO: Everything's here. Let's split it right now.

PACO: Turn out your pockets and don't run your mouth.
            Don't try to fast talk me. You ain't gonna make it,
            I've been around for a while.

TONIO: *(turns out his pockets)* Are you happy, now?

PACO: Don't try anythin' else, asshole.

TONIO: Everythin's gonna be half-and-half.

PACO: That's it.

TONIO: We'll split the dough fifty-fifty. *(counts the money
            and gives part of it to Paco)* The watch for you, the
            wallet for me. *(they take what's theirs)* The ring for
            me, the lighter for you. *(They take what's theirs.)*
            The brooch for me, the bracelet for you. *(They take
            what's theirs.)* The earrings for you, the pen for me.
            (Tonio picks it up. Paco holds his hand.) What?

PACO: The pen's more expensive.

TONIO: So what? The watch you're keepin' is more
            expensive than the wallet.

PACO: It's the same.

TONIO: No it's not. The watch's more expensive.

PACO: The pen's mine. The earrings are yours.

TONIO: What are you gonna do with the pen Paco? You
            don't know how to write.

PACO: I'm gonna sell it.

TONIO:	Sell the earrings.
PACO:	To who?
TONIO:	I don't know!
PACO:	Only if I find a faggot.
TONIO:	Well? Sell them then.
PACO:	You're the only fag I know, so why don't you keep the earrings and I'll keep the pen.
TONIO:	Don't make a big thing out of it, asshole.
PACO:	There's no big thing and there's no deal.
TONIO:	I'll go for it just to keep everythin' cool.
PACO:	Good idea.
TONIO:	You keep the belt, I keep the shoes.
PACO:	Why don't you fuck yourself!
TONIO:	What's wrong now?
PACO:	You think you're gonna run that line on me, man?
TONIO:	I don't think anythin'. I just want the shoes.
PACO:	Keep wantin'.
TONIO:	I only did the job because of the shoes.
PACO:	And I only did it because of the flute.

TONIO: You didn't expect the guy to be makin' out with a flute in his hand, now did you?

PACO: From way off I thought the babe was holding the dude's flute. *(laughs)* When I came closer I saw it wasn't a flute. *(laughs)*

TONIO: Very funny.

PACO: So, what's up now?

TONIO: I don't know!

PACO: You think I'm an asshole? You get your kicks and I'm left without a flute? No way.

TONIO: Man, why don't you sell everythin' and buy a flute?

PACO: That sounds good, man.

TONIO: See, a little talk can help.

PACO: That's what I always say, but it seems like I talk gringo and you got a hard time gettin' my point, man.

TONIO: OK, everything's straight now.

Paco starts picking up everything.

TONIO: You're taking my stash.

PACO: What stash, man?

TONIO: My wallet and my brooch.

PACO: Yours my ass.

TONIO: Didn't we fix it?

PACO: We sure did.

TONIO: So why don't you leave my stash alone?

PACO: Only the kicks are yours. The rest is mine.

TONIO: Don't be an idiot.

PACO: Isn't that what you wanted?

TONIO: Not me.

PACO: How come? You said, "Sell everythin' and buy the flute."

TONIO: Everythin' that's yours.

PACO: You're a real rip-off, man, but don't play that with me. I heard what you said, I'm not deaf.

TONIO: Come on, gimme back my stuff.

PACO: You outta wack, man!

TONIO: Don't get on my last nerve.

PACO: I'll buy it just to make the deal shorter, but it ain't gonna be the way you're thinkin'. It's gonna be an even break.

TONIO: Go ahead.

PACO: The dough goes fifty-fifty. The watch, the lighter, the pen and the wallet for me. The bracelet, the ring, the brooch and the belt for you. Go for it?

TONIO: The earrings for you, the shoes for me.

PACO: No! One earrin' for you, one for me. One shoe for you, one for me.

TONIO: The shoes are mine.

PACO: One shoe each.

TONIO: Don't be an airhead. What am I gonna do with one shoe?

PACO: I don't know and I don't wanna know.

TONIO: The shoes are mine. I told you that a thousand times. I only did the job because of 'em and I'm gonna keep 'em.

PACO: The rest's mine then.

TONIO: The rest's fifty-fifty.

PACO: Here! *(makes a gesture)* Nobody's gonna rip me off!

pause

TONIO: All right, Paco, keep it all. You've snow job me, but it doesn't matter.

PACO: I didn't snow job you. The shoes are more expensive.

TONIO: More expensive my ass!

PACO: *(laughing)* OK, I played you, but you don't have to cry. Crazy Paco, the Bad Ass takes everyone for easy shot.

Paco checks out his things. Tonio prepares to leave. He takes a newspaper from under the bed and starts packing his things.

PACO: Here, the earrings are for you, man.

Paco throws the earrings on the bed.

PACO: Let me know when you go out wearin' the earrings. I wanna see the fag all pretty-pretty. I'll die laughin'.

pause

PACO: Gettin' your things together?

Tonio doesn't answer.

PACO: You think you're splittin'?

TONIO: I don't think, I am splittin'.

PACO: You can't split.

TONIO: Says who?

PACO: I do.

TONIO: Hot shit!

PACO: That's right, but you ain't gonna break out.

TONIO: Why not?

PACO:	Cause we gotta stick together.
TONIO:	You're an idiot. I can't stand you any more.
PACO:	You're gonna have to. We've gotta stick together no matter what.
TONIO:	Don't make me laugh. Just lookin' at you makes me wanna throw-up.
PACO:	Shit! You wanna break out to drop a dime on me. You think I don't know?
TONIO:	I'd never do it.
PACO:	I don't trust faggots.
TONIO:	You're a faggot yourself. And if you don't trust me you're gonna have to change. I'm gonna hit the road and that's it.
PACO:	You have the look of a snitch. Watch out two-timer!
TONIO:	Chill, I'm goin' because I can't put up with you any more.
PACO:	I can't put up with you either.
TONIO:	That's even better. Everybody's goin' his own way.
PACO:	What if you snitch on me?
TONIO:	You can do the same to me.
PACO:	I will.

TONIO: All right then.

PACO: All right. *(pause)* You're gonna split right now?

TONIO: Right now.

PACO: Why don't you crash here tonight? You've already paid for the room.

TONIO: Forget it. I'm leaving now.

PACO: But you've got no place to stay, man.

TONIO: I'll make it.

PACO: Where do you wanna go?

TONIO: None of your business.

PACO: I know it's not, but you could tell me.

TONIO: What for?

PACO: So I can go there once in a while and have a talk with you.

TONIO: To get in my hair? Never!

PACO: That's not it. The thing is that somebody might gimme a message for you and I'll go there to talk to you. Remember that day at the market when that nigger said that he was gonna beat the shit out of you and I came home to tip you off and you went to clear your name? If not for that he'd have blown you away.

TONIO: That was then. Now I don't wanna hear about any Spade from the market or any other shit like that.

PACO: Good luck.

           Paco sits down on the bed. pause

TONIO: Listen, Paco. I'm gonna take care of my life.
           Nowthat I've got the kicks, I'm gonna fix it up.
           I'm tired of hangin' out with the miserable fuck-
           ups here. Maybe you can clean up, too. Buy your
           flute and beat it. There's no future here.

PACO: I'm gonna buy a gun and a knife so I can be the
           Bad Ass of the love-birds.

TONIO: Make your own bed, you have to lie in it. But it'd
           be a lot better for you to buy the flute.

PACO: Only to be a pussy. What I want is a gun that
           shows I'm always right.

TONIO: You know better.

PACO: I know about myself. That's the way it is. He starts
           playing the harmonica. Tonio finishes packing and
           tries on the shoes. They are too small.

TONIO: Son of a bitch! They're too small for me.

PACO: What's the matter? They don't fit?

TONIO: Too small.

PACO: Fuck! Wet your foot.

TONIO: What for?

PACO: Maybe it'll shrink. *(laughs)*

TONIO: I've had enough of this shit. Gimme a break, will you?

PACO: Shit! Who told you to have dogs big as a streetcar? *(laughs)*

            Tonio continues trying to put on the shoes, but can't.

TONIO: This could only happen to me.

PACO: You sure are a cold footed loser.

TONIO: *(knocks on wood)* Loser, my ass.

PACO: You've been using those worn out shells with holes for so long that your feet got cold.

TONIO: Bullshit!

PACO: The worst thing is that you're gonna have to keep using your old kicks.

TONIO: Bummer!

PACO: Next time you do a job ask the sucker what shoe size he wears.

            Tonio tries to put the shoes on again, but can't do it. Paco, facing a new failure, gets excited.

PACO: Cut the top off the kick. Your toe's gonna stick out, but you can wear it. *(laughs)*

TONIO: Gimme a break, damn it!

PACO: Are you mad, faggy? Because of your tootsy?
            Tonio remains silent, looking at his shoes sadly.

PACO: You ain't gonna split?

TONIO: It ain't gonna work with this shit.

             *Paco bursts out laughing. He starts dancing and
             singing.*

PACO: The faggy has a big tootsy
             The fag's dog is big
             Big, big, big
             The faggy's tootsy's big
             Or is the shoe too small?

TONIO: *(restraining himself)* Listen, Paco.

PACO: Go ahead, tootsy.

TONIO: Can't you see I'm losin' it here?

PACO: Now you're gonna have to do another job.

TONIO: I don't wanna hear about that stuff. I only got into
             it cause I needed shoes.

PACO: Oh man, cryin' ain't gonna do you much good.
             Let's try another one.

TONIO: I can't take it anymore. I can't stomach these
             things. I went to school, Paco. I only came up with
             that miserable idea of a robbery 'cause I needed the
             shoes. I wanna be like everybody else, have a
             decent job, go to work.

PACO: If you wanna be an easy shot like everybody else,
             then go ahead, man. But don't cry. It gets on my
             last nerve, man.

TONIO: How can I make it if this shit doesn't fit?

PACO: There's only one way out.

TONIO: What?

PACO: Do another job.

TONIO: That's not the way. You do one today, it works out. You do another one tomorrow and get all fucked up. When you finally leave the prison everything goes down hill again and you gotta do it again. The robbery ain't gonna fix nothin'. It's like a rollin' stone that never stops.

PACO: Well, then you're fucked up green and yellow.

TONIO: I am, but I know what can help. You can help me.

PACO: I just wanna let you know that I'm not an easy shot.

TONIO: I know and I don't want you to think that I'm trying to beat you.

PACO: Spit it out then.

TONIO: All right. Look, these shoes are too small for me.

PACO: I know that.

TONIO: I'm taller than you. My feet are a little bit bigger than yours.

PACO: A little bit, my ass! Your dog can only fit in a motor boat.

TONIO:	The thing is that you're shorter. These shoes should fit you.
PACO:	Wanna sell? But I've got kicks already.
TONIO:	I know. But your kicks are a little bit too big for you. I'm taller than you so they should fit me just right.
PACO:	So what?
TONIO:	We could swap shoes.
PACO:	Are you crazy? Man, I guess you've gone nuts.
TONIO:	What's the problem, bro? It's a neat swap. You help me, both of us are gonna have shoes and I can take care of my life.
PACO:	Fuck your life!
TONIO:	But Paco, these shoes are gonna fit you right!
PACO:	So what? I'm Crazy Paco, the Bad Ass. I wear the kicks I want to.
TONIO:	But it's only to bail me out.
PACO:	Why should I? I'm not a church.
TONIO:	For God's sake, it don't cost you nothin' to swap the shoes.
PACO:	You think you're a hell of a sly dog, but they kicked me out of the school you went to. When you're going, I'm coming. I'm a fucking sly dog too.

TONIO: Nobody wants to fool you.

PACO: Even if you wanted you wouldn't make it, faggy.
           You may be a shyster for your boyfriends, but not
           for me!

TONIO: Why do you think I want to fool you?

PACO: It's plain as the nose on your face, faggot. We swap
           shoes, you take off. When the cops catch you,
           you're gonna get away, you've got nothin' to do
           with the job. And I'm gonna walk on the streets
           wearing this crap, the babe with the bird face sees
           the kicks, blows the whistle and that's the end of
           Crazy Paco, the Bad Ass.

           pause

PACO: What about that, faggot? You wanted to sweet-
           talk me, but it didn't work, right?

           Tonio remains seated on the bed looking at the floor.

PACO: There's one way out. Do a new job. *(Paco gets on
           Tonio's nerves more and more)* And if the princess
           doesn't want, if she's scared of the cops, she's
           gonna have to walk around barefoot. Gee, it's
           gonna be a lot of fun seein' the princess barefoot,
           with those earrings on, swingin' her ass. Especially
           when she shows up at the market. It's gonna be a
           hell of a lot of fun. Everybody's gonna stop. The
           guys are gonna get their rocks off. And I'm gonna
           shit in my pants from so much fun when I see the
           princess. Everybody's gonna yell, *(He talks with a
           high pitched voice.)* "Tonia! Tonia, princess! Maria
           Tonia, crazy fag!" *(laughs)* Princess Tonia, why
           don't you get yourself a sugar-daddy? He can give

you high-heeled shoes. *(laughs)* Oh boy, that's your way out, Princess Tonia.

Paco shakes Tonio.

PACO: I'm talkin' to you, princess. I said, you can find yourself a sugar-daddy and he's gonna give you high-heeled shoes. *(laughs)* You ain't gonna get yourself one? You can be a bitch on high-heels and with earrings. Shit, Maria Tonia, Crazy Fag, aren't you grateful?

Tonio restrains himself, but he is very nervous.

TONIO: For God's sake, Paco, leave me alone! Leave me alone!

PACO: Wow! The faggot's mad nervous.

TONIO: *(nervous)* Please, Paco, for God's sake leave me alone. *(crying)* My life is a bunch of shit, I can't handle it anymore. Leave me alone. Don't wanna swap the kicks, its OK. But shut the fuck up. Don't you understand? I went to school. I can be somebody in this fuckin' life. I'm too through with it. Of eatin' junk, of sleepin' in this fleabag, of workin' at the market, of puttin' up with you. I'm fed up with it! Leave me alone! That's all I'm askin' you. For God's sake, leave me alone. *(hides his head between his hands and cries nervously)*

PACO: Oh boy, look how freaked out Princess Tonia is.

TONIO: Please, Paco. Stop it! Stop it!

PACO: Stop my ass! I ain't gonna put up with your stupid cryin'. Stop cryin'! Stop it!

Tonio restrains himself. He's livid. He stares at Paco.

PACO: That's right. The fag's gotta back down. I don't like faggot's cryin'. If you don't like your life because it's full of shit, fuck you! Blow your brains out and give the others a break. If you wanna keep breathin', go on, but nobody's got nothin' to do with your shit. You need some shit? Rip it off with the gun in your hand. What's that piece of yours for? Use that sucker. You've gotta kill or scare one of those losers that go around and take what you need. But I don't wanna hear anymore cryin'.

          pause

TONIO: You're right. *(He picks up the gun and looks at it steadily.)* You're never gonna hear me cryin'. Not you or anybody else. I've got no choice. Let it be whatever it is. *(keeps looking at the gun)*

          pause

PACO: The gun's got no bullet.

TONIO: I know. But it's easy to put a bullet in the magazine. *(takes a bullet from his pocket and looks at it steadily before putting it in the magazine)* As you see, Paco, nothin's missin' now. *(Paco remains seated on the bed, a little bit scared.)*

          pause

PACO: What're you gonna do?

TONIO: I'm thinkin'.

PACO:	You're gonna kill yourself?

pause

PACO:	You're gonna do yourself in?
TONIO:	*(slowly)* I'm gonna do you in, Paco.
PACO:	Me? Shit, me? I haven't done nothin' to you, man.
TONIO:	You said I was a faggot.
PACO:	I was only kiddin', man.
TONIO:	That's right. But your kiddin' kept gettin' on my nerves.
PACO:	Gee, if you don't like it just cool down that's all.
TONIO:	You're a creep, Paco.
PACO:	I swear. For God's sake, I swear, I'm gonna cut the bull. I swear!
TONIO:	I also need a pair of kicks. The ones I have don't fit me.
PACO:	Mine'll fit you. Let's swap.
TONIO:	I don't need it, Paco. All I've gotta do is point the piece at some guy and he's gonna give it to me. If I only want him to.
PACO:	Gee, Tonio, we've always been partners. You've always been a great guy. Don't shit on me now.
TONIO:	Paco, you're full of shit. You stink. You're disgustin'.

PACO:	*(forcing himself to laugh)* You're kiddin'.
TONIO:	I'm gonna knock you off, loser.
PACO:	But...Shit...Oh shit...
TONIO:	I'm gonna blow you away, bastard.
PACO:	Listen, Tonio...I...Shit...I... ain't done nothin'to you...
TONIO:	You're gonna kick off right here, Paco.
PACO:	Tonio, you can't bug out on me...You just can't...

Paco approaches Tonio slowly.

PACO:	Damn it, Tonio...We've always been friends...
TONIO:	Only a slut from the street corner has friends.
PACO:	Listen, Tonio...
TONIO:	Shut the fuck up.

pause

TONIO:	That's it. This is the end of your yakkety-yak. Let's see how much of a shyster you are now. Where's the money, the pen, the lighter, the watch, the ring, the broach, the bracelet? Come on, I want it all. Hear me?

Paco puts everything on the bed.

TONIO:	Go on, take off your kicks, now.

PACO: My...shoes...

TONIO: Fork 'em over.

                 Paco takes off the shoes.

TONIO: Now, let's split it all, half-half.

PACO: Sure. What the fuck? It's gotta be like that.

TONIO: Everything for me, the earrings for you.

                 Tonio throws the earrings towards Paco.

TONIO: This is the end of your snow job. Put that crap on!

PACO: God damn, Tonio, that's a dirty trick.

                 Tonio places the gun against Paco's head.

TONIO: Stop talkin' and do what I say.

                 Paco puts the earrings on.

TONIO: Now walk around. Walk! Are you deaf, bastard?

                 Paco walks.

TONIO: Swing your ass! Swing it, you bastard, swing it!

PACO: Listen, Tonio... Don't give me this shit!

TONIO: Swing it! Move it, son of a bitch!

                 Paco walks swinging his hips. He's almost crying.

TONIO: Faggot! Dirty faggot! Laugh, faggot, laugh!

Paco laughs. His laugh sounds like crying.

TONIO: *(stops laughing)* I'm laughing so hard I'm gonna shit in my pants, crazy fag.

Paco starts crying.

PACO: Shit, Tonio, don't do it to me. Damn it, Tonio. For God's sake! Don't do it to me!

TONIO: Shut the fuck up.

PACO: Tonio...I...

TONIO: Shut your trap.

pause

TONIO: Where are the pliers?

Paco trembles.

TONIO: Gimme the pliers!

Paco gives him the pliers.

TONIO: *(cold)* I'm gonna do you in. But first I'm gonna give you a chance. You want me to blow your brains out or you wanna pinch? The only thing is that I'm gonna pinch your balls with the pliers. And while I pinch you're gonna play the harmonica.

pause

TONIO: Come on, what's your choice?

Paco falls on his knees.

PACO: For God's sake, don't do this to me. For God's sake...I swear...I swear...I swear...I ain't gonna give you any more shit...No more...for God's sake, let me split...I...I swear...

TONIO: Shut the fuck up! You make me wanna throw up!

Tonio spits in Paco's face. He presses the gun against Paco's head and shoots.

TONIO: The sly dog's all gone. He kicked off. He's had it.

Paco falls down slowly. Tonio remains quiet for a while, then starts laughing and starts taking Paco's stuff.

TONIO: Why don't you laugh now, jerk-off? Why don't you laugh? I'm bustin' from laughing! *(plays the harmonica and dances)* I even dance, I'm so happy! I'm a bad guy! I'm Crazy Tonio, the Bad Ass! I'm fuckin' bad!

Picks up odds and ends and leaves dancing.

Curtain

DOIS PERDIDOS
N U M A
NOITE SUJA

by Plínio Marcos

PERSONAGENS:

TONHO
PACO

CENARIO:

Um quarto de hospedaria de última categoria, onde se vêem duas camas bem velhas, caixotes improvisando cadeiras, roupas espalhadas, etc. Nas paredes estão colados recortes, fotografias de time de futebol e mulheres nuas.

PRIMEIRO ATO

PRIMEIRO QUADRO

Paco está deitado em uma das camas. Toca muito mal uma gaita. De vez em quando, pára de tocar, olha para seus pés, que estão calçados com um lindo par de sapatos, completamente em desacordo com sua roupa. Com a manga do paletó, limpa os sapatos. Paco está tocando, entra Tonho, que não dá bola para Paco. Vai direto para sua cama, senta-se nela e, com as mãos, a examina.

TONHO: Ei! Pára de tocar essa droga.

Paco finge que não ouve.

TONHO: *(gritando)* Não escutou o que disse? Pára com essa zoeira!

Paco continua a tocar.

TONHO: É surdo, desgraçado?

Tonho vai até Paco e o sacode pelos ombros.

TONHO: Você não escuta a gente falar?

PACO: *(calmo)* Oi, você está aí?

TONHO: Estou aqui para dormir.

PACO: E daí? Quer que eu toque uma canção de ninar?

TONHO: Quero que você não faça barulho.

PACO: Puxa! Por quê?

TONHO: Porque eu quero dormir.

PACO: Ainda é cedo.

TONHO: Mas eu já quero dormir.

PACO: E eu, tocar.

TONHO: Eu paguei pra dormir.

PACO: Mas não vai conseguir.

TONHO: Quem disse que não?

PACO: As pulgas. Essa estrebaria está assim de pulgas.

TONHO: Disso eu sei. Agora quero que você não me perturbe.

PACO: Puxa! Mas o que você quer?

TONHO: Só quero dormir.

PACO: Então pára de berrar e dorme.

TONHO: Está bem. Mas não se meta a fazer barulho.

Tonho volta para sua cama. Paco recomeça a tocar.

TONHO: Pára com essa música estúpida! Não entendeu que eu quero silêncio?

PACO: E daí? Você não manda.

TONHO: Quer encrenca? Vai ter! Se soprar mais uma vez essa droga, vou quebrar essa   porcaria.

PACO: Estou morrendo de medo.

TONHO: Se duvida, toca esse troço.

*Paco sopra a gaita. Tonho pula sobre Paco. Os dois
lutam com violência. Tonho leva vantagem e tira a
gaita de Paco.*

PACO: Filho da puta!

TONHO: Avisei, não escutou, se deu mal.

PACO: Dá essa gaita pra cá.

TONHO: Vem pegar.

PACO: Puxa! Deixa de onda e dá essa merda.

TONHO: Se tem coragem, vem pegar.

PACO: Pra que fazer força? Você vai ter que dormir
           mesmo.

TONHO: Antes de dormir, jogo essa merda na privada e
           puxo a bomba.

PACO: Se você fizer isso, eu te apago.

TONHO: Experimenta.

PACO: Se duvida, joga.

TONHO: Jogo? E daí?

PACO: Então joga.

TONHO: Você só tem boca dura.

PACO: É melhor você me dar essa merda.

TONHO: Não enche o saco.

PACO: Anda logo. Me dá isso.

TONHO: Não vou dar.

Paco pula sobre Tonho. Esse mais uma vez leva
vantagem. Joga Paco longe com um empurrão.

TONHO: Tá vendo, palhaço? Comigo você só entra bem.

PACO: Eu quero minha gaita.

TONHO: Se você ficar bonzinho, amanhã de manhã eu
            devolvo.

PACO: Quero a gaita já.

TONHO: Não tem acordo.

Pausa. Tonho deita-se e Paco fica onde está,
olhando Tonho.

TONHO: Vai ficar aí me invocando?

PACO: Já estou invocando há muito tempo.

TONHO: Puxa! Vê se me esquece, Paco.

PACO: Então me dá a gaita.

TONHO: Você não toca?

PACO: Não vou tocar.

TONHO: Palavra?

PACO: Juro.

TONHO: Então toma. (*Tonho joga a gaita na cama de Paco.*) Se tocar, já sabe. Pego outra vez e quebro.

           Paco limpa a gaita e a guarda. Olha o sapato, limpa-o com a manga do paletó.

PACO: Você arranhou meu sapato. (*Molha o dedo na boca e passa no sapato.*) Meu pisante é legal pra chuchu. (*Examina o sapato.*) Você não acha bacana?

TONHO: Onde você roubou?

PACO: Roubou o quê?

TONHO: O sapato.

PACO: Não roubei.

TONHO: Não mente.

PACO: Não sou ladrão.

TONHO: Você não me engana.

PACO: Nunca roubei nada.

TONHO: Pensa que sou bobo?

PACO: Você está enganado comigo.

TONHO: Deixa de onda e dá o serviço.

PACO: Que serviço?

TONHO: Está se fazendo de otário? Quero saber onde você roubou esses sapatos.

PACO: Esses?

TONHO: É.

PACO: Mas eu não roubei.

TONHO: Passou a mão.

PACO: Não sou disso.

TONHO: Conta logo. Onde roubou?

PACO: Juro que não roubei.

TONHO: Canalha! Jurando falso.

PACO: Não enche o saco, puxa!

TONHO: Então se abre logo.

PACO: Que você quer? Não roubei e fim.

TONHO: Mentiroso! Ladrão! Ladrão de sapato!

PACO: Cala essa boca!

TONHO: Ladrão sujo!

PACO: Eu não roubei.

TONHO: Ladrão mentiroso!

PACO: Não roubei! Não roubei!

TONHO: Confessa logo, canalha!

PACO: *(bem nervoso)* Eu não roubei! Eu não roubei! Eu não
              roubei! *(começa a chorar)* Não roubei! Puxa, nunca
              fui ladrão! Nunca roubei nada! Juro! Juro! Juro
              que não roubei! Juro!

TONHO: *(gritando)* Pára com isso!

PACO: Eu não roubei!

TONHO: Está bem! Está bem! Mas fecha esse berreiro.

              Paco pára de chorar e começa a rir.

PACO: Você sabe que eu não afanei nada.

TONHO: Sei lá.

PACO: O pisante é bacana, mas não é roubado.

TONHO: Onde achou?

PACO: Não achei.

TONHO: Onde conseguiu, então?

PACO: Trabalhando.

TONHO: Pensa que sou trouxa?

PACO: Parece. *(ri)*

TONHO: Idiota!

              Paco ri.

TONHO: Nós dois trabalhamos no mesmo serviço. Vivemos de biscate no mercado. Eu sou muito mais esperto e trabalho muito mais do que você. E nunca consegui mais do que o suficiente pra comer mal e dormir nesta espelunca. Como então você conseguiu comprar esse sapato?

PACO: Eu não comprei.

TONHO: Então roubou.

PACO: Ganhei.

TONHO: De quem?

PACO: De um cara.

TONHO: Que cara?

PACO: Você não manja.

TONHO: Nem você.

PACO: Não manjo, mas ele me deu o sapato.

TONHO: Por que alguém ia dar um sapato bonito desses pra uma besta como você?

PACO: Ah, você também acha o meu sapato legal?

TONHO: Acho. E daí?

PACO: Já morei.

TONHO: O quê?

PACO: Toda sua bronca.

TONHO: Que bronca, seu?

PACO: Você bota olho-gordo no meu pisante.

TONHO: Você é louco.

PACO: Louco nada. Agora eu sei por que você sempre invoca comigo.

TONHO: Você é uma besta.

PACO: Você tem um sapato velho, todo jogado fora e inveja o meu, bacana paca.

TONHO: Eu, não.

PACO: Invejoso!

TONHO: Cala essa boca!

PACO: De manhã, quando saio rápido com meu sapato novo e você demora aí forrando sua droga com o jornal velho, deve ficar cheio de bronca.

TONHO: Palhaço!

PACO: *(gargalha)* Por isso é que você é azedo. Coitadinho! Deve ficar uma vara quando pisa num cigarro aceso. *(Paco representa uma pantomima.)* Lá vem o trouxão, todo cheio de panca. *(Anda com pose.)* Daí, um cara joga a bia de cigarro, o trouxão não vê e pisa em cima. O sapato do cavalão é furado, ele queima o pé e cai da panca. *(Paco pega seu pé e finge que assopra.)* Ai! Ai! Ai! *(Paco começa a rir e cai na cama gargalhando.)*

TONHO: *(bravo)* Chega!

Paco aponta a cara de Tonho e estoura de tanto rir.

TONHO: Pára com isso, Paco!

Paco continua a rir. Tonho pula sobre ele e, com fúria, dá violentos socos na cara de Paco. Este ainda ri. Depois, perde as forças e pára; Tonho continua batendo. Por fim, pára, cansado. Ofegante, volta pra sua cama. Deita-se. Depois de algum tempo, levanta a cabeça e vendo que Paco não se move, demonstra preocupação. Aproxima-se de Paco e o sacode.

TONHO: Paco! Paco!

Paco não dá sinal de vida.

TONHO: Desgraçado! Será que morreu?

Tonho enche um capo d'água de uma moringa e o despeja na cara de Paco.

PACO: Ai! Ai!

TONHO: Ainda bem que não morreu.

PACO: Você me machucou.

TONHO: Quando dou é pra valer.

PACO: Você me paga.

TONHO: Quer mais?

PACO: Não sabe brincar, canalha?

TONHO: Eu não estava brincando.

PACO: Vai ter forra.

TONHO: Você não é de nada.

PACO: Você não perde por esperar.

TONHO: Deixa isso pra lá. Não foi nada.

PACO: Não foi nada porque não foi na sua cara.

Tonho ri.

PACO: Mas isso não vai ficar assim, não.

TONHO: Não. Vai inchar pra chuchu. *(ri)*

PACO: Está muito alegre.

TONHO: Puxa, você não gosta de tirar um sarro?

PACO: Quem ri por último ri melhor.

TONHO: Agora cala a boca. Fiquei cansado de bater em você. Quero dormir.

PACO: Se tem coragem de dormir, dorme.

TONHO: Que quer dizer com isso?

PACO: Nada. Dorme...

TONHO: Vai querer me pegar dormindo?

PACO: Não falei nada.

TONHO: Nem pense em me atacar. Não esqueça a surra que te dei.

PACO: Não esqueço fácil.

TONHO: Acho bom. E fique sabendo que posso te dar outra a hora que eu quiser.

PACO: Duvido muito.

TONHO: Fecha essa latrina de uma vez, paspalho.

PACO: Falo quanto quiser.

TONHO: Você só sabe resmungar.

PACO: Você sabe muita coisa.

TONHO: Mais do que você, eu sei.

PACO: Muito sabido. Por que, em vez de carregar caixa no mercado, não vai ser presidente da República?

TONHO: Quem pensa que eu sou? Um estúpido da sua laia? Eu estudei. Estou aqui por pouco tempo. Logo arranjo um serviço legal.

PACO: Vai ser lixeiro?

TONHO: Não, sua besta. Vou ser funcionário público, ou outra droga qualquer. Mas vou. Eu estudei.

PACO: Bela merda. Estudar, pra carregar caixa.

TONHO: Só preciso é ganhar uma grana pra me ajeitar um pouco. Não posso me apresentar todo roto e com esse sapato.

PACO: Se eu tivesse estudado, nunca ia ficar assim jogado fora.

TONHO: Fiquei assim porque vim do interior. Não conhecia ninguém nessa terra, foi difícil me virar. Mas logo acerto tudo.

PACO: Acho difícil. Você é muito trouxa.

TONHO: Você é que pensa. Eu fiz até o ginásio. Sei escrever à máquina e tudo. Se eu tivesse boa roupa, você ia ver. Nem percisava tanto, bastava eu ter um sapato assim como o seu. Sabe, às vezes eu penso que, se o seu sapato fosse meu, eu já tinha me livrado dessa vida. E é verdade. Eu só dependo do sapato. Como eu posso chegar em algum lugar com um pisante desses? Todo mundo, a primeira coisa que faz é ficar olhando para o pé da gente. Outro dia, me apresentei pra fazer um teste num banco que precisava de um funcionário. Tinha um monte de gente querendo o lugar. Nós entramos na sala pra fazer o exame. O sujeito que parecia ser o chefe bateu os olhos em mim, me mediu de cima a baixo. Quando viu o meu sapato, deu uma risadinha, me invocou. Eu fiquei nervoso paca. Se não fosse isso, claro que eu seria aprovado. Mas, puxa, daquele jeito, encabulei e errei tudo. E era tudo coisa fácil que caiu no exame. Eu sabia responder àqueles problemas. Só que, por causa do meu sapato, eu me afobei e entrei bem. *(pausa)* Que diz, Paco?

PACO: Digo que quando você começa a falar você enche o saco.

TONHO: Com você a gente não pode falar sério.

PACO: Você só sabe chorar.

TONHO: Estava me abrindo com você, como um amigo.

PACO: Quem tem amigo é puta de zona.

TONHO: É...

Pausa longa. Paco tira a gaita do bolso e fica brincando com ela.

TONHO: Quer tocar, toque.

PACO: Posso tocar?

TONHO: Faça o que lhe der na telha.

PACO: Não vou perturbar o seu sono?

TONHO: Não. Pode tocar.

PACO: Tocarei em sua honra.

Paco começa a tocar. Tonho accende um cigarro e dá uma longa tragada. A luz apaga.

Fim do primeiro quadro.

SEGUNDO QUADRO

Paco está deitado, entra Tonho. Paco pára de tocar.

TONHO: Pode continuar tocando.

PACO: Eu toco quando quero.

TONHO: Pensei que tinha parado por minha causa.

PACO: Paro só quando eu quero, ninguém manda em mim.

TONHO: Esqueceu de ontem?

PACO: Eu não esqueço de nada.

TONHO: Então deveria saber que a hora que me encher, eu faço você parar na marra.

PACO: Não pense que todo dia é dia santo. Ontem foi ontem.

TONHO: E hoje é a mesma coisa.

PACO: Se eu quiser, eu toco. Você não faz nada

TONHO: Você é muito valente. Mas por que parou quando eu cheguei? Ficou com medo?

PACO: Eu ter medo de homem? O dia que eu tiver medo de homem não uso mais calça com barguilha, nem saio mais na rua.

TONHO: Então por que parou quando eu cheguei?

PACO: Eu quero te dar um aviso.

TONHO: Dar um aviso pra mim?

PACO: Não. Pra sua avó.

TONHO: O que é que você quer me avisar?

PACO: O que o negrão mandou te avisar, puxa.

TONHO: Que negrão?

PACO: Que negrão! Aquele lá do mercado.

TONHO: Como vou saber quem é? Lá tem muitos negrões.

PACO: Esse você manja. É um que usa gorrinho de meia de muher pra alisar o cabelo.

TONHO: O que ele quer comigo?

PACO: Ele mandou avisar que vai te dar tanta porrada, que é até capaz de te apagar.

TONHO: Mas o que eu fiz pra ele?

PACO: Sei lá! Só sei que ele disse que você é muito fresco e que ele vai acabar com essa frescura. Que você é um cara que não agüenta nem um peido e que ele vai te ensinar a não se atravessar na vida dos outros.

TONHO: Quando ele falou isso?

PACO: Hoje, no bar, me chamou e disse tudo. Falou que eu era um cara legal, mas que você era o fim da picada.

           pausa

TONHO: Acho que você fez alguma fofoca.

PACO: Puxa, logo eu! Eu não sou disso.

TONHO: Por que o negrão iria se invocar comigo? Não fiz nada pra ele.

PACO: Se você não sabe, eu vou saber?

TONHO: Alguém aprontou pra mim.

PACO: Azar seu. O negrão é fogo numa briga.

TONHO: Só queria saber por que ele ficou com bronca de mim.

PACO: O que eu sei é que ele está uma vara com você. *(pausa)* Agora você não vai poder mais baixar no mercado.

TONHO: Por que não?

PACO: Vai me enganar que você vai encarar o negrão? Ele come a tua alma. O negrão é esperto. Você não conhece ele. Briga paca. Uma vez ele pegou chofer que dava uns dez de você, quase matou o desgraçado de tanta porrada que deu. *(pausa)* Você tem medo do negrão?

TONHO: *(sem convicção)* Eu, não.

PACO: Boa, Tonho! Assim é que é. Homem macho não tem medo do homens. O negrão é grande, mas não é dois. *(pausa)* Você vai encarar ele?

TONHO: Sei lá! Ele não me fez nada. Nem eu pra ele.

PACO: Puxa, ele disse que você é fresco. Vai lá e briga. Ele é que quer.

TONHO: Você só pensa em briga.

PACO: Eu, não. Mas se um cara começa a dizer pra todo mundo que eu sou fresco e os cambaus, eu ferro o miserável. Comigo é assim. Pode ser quem fôr; folgou, dou pau. *(pausa)* Como é? Vai fazer como eu, ou vai dar pra trás?

TONHO: Você podia quebrar meu galho com o negrão.

PACO: Eu, não. Em briga dos outros, eu não me meto.

TONHO: Bastava você saber o que eu fiz pra ele.

PACO: Puxa, em que caminhão você trabalhou hoje?

TONHO: No caminhão de peixe.

PACO: Era o caminhão do negrão. Ele sempre trabalha aí.

TONHO: Mas o negrão nem estava no mercado.

PACO: E daí? Só porque ele não estava, você foi pondo o bedelho?

TONHO: O chofer é que quis.

PACO: Deixa querer quando é assim.

TONHO: Eles não iam ficar esperando a vida toda pra descarregar.

PACO: Isso não é problema seu.

TONHO: Se eu não pegasse, outro pegava.

PACO: E pegava também a bronca do negrão.

pausa

PACO: O que você vai fazer?

TONHO: Vou falar com ele.

PACO: Olha que ele te capa. Ele não é de dar arreglo.

TONHO: Que vou fazer, então?

PACO: Sei lá! O negrão sacaneado é espeto.

pausa

TONHO: O único jeito é falar com o negrão.

PACO: Não vai dar pé.

TONHO: Então não tem remédio.

PACO: Quando você ver ele, antes de conversar dá uma porrada.

TONHO: Depois ele me mata.

PACO: Mata ele primeiro. Você não é macho?

TONHO: Mas não estou a fim de matar ninguém.

PACO: Puxa, você é um cagão. O negrão não é bicho.

TONHO: Disso eu sei.

PACO: Então calça a moleira dele. *(pausa)* Quer que eu avise que você vai topar ele?

TONHO: Pra que isso? Não precisa avisar nada.

PACO: Limpa tua barra. O negrão pode ficar pensando que você é de alguma coisa. Eu duvido, mas às vezes ele é até capaz de afinar.

TONHO: A única saída é bater um papo com ele.

PACO: Você não está a fim de briga, já vi tudo.

TONHO: E não estou mesmo.

PACO: Homem de merda que você é.

TONHO: Só porque não quero me pegar com o negrão?

PACO: Puxa, ele anda dizendo que você é fresco. Deixa barato, vai deixando. Um dia a turma começa a passar a mão no teu rabo, daí vai querer gritar, mas já é tarde, ninguém mais respeita.

pausa

TONHO: Eu não posso brigar com o negrão! Será que você não se manca? O negrão é um cara sem eira nem beira, não tem onde cair morto. Para ele tanto faz, como tanto fez. Não conta com o azar, entendeu?

PACO: Você está é com o rabo na mão.

TONHO: Não é medo. É que posso evitar encrenca. Falo com o negrão e acerto os ponteiros. Puxa, se eu faço uma besteira qualquer, minha mãe é que sofre. Ela já chorou paca no dia que saí de casa.

PACO: Vai me enganar que você tem casa?

TONHO: Claro, como todo mundo.

PACO: Então, que veio fazer aqui? Só encher o saco dos outros? Puxa, fica lá na sua casa.

TONHO: Eu bem que queria ficar. Mas minha cidade não tem emprego. Quem quer ser alguma coisa na vida tem que sair de lá. Foi o que fiz. Quando acabei o exército, vim pra cá. Papai não pode me ajudar...

PACO: Quem tem papai é bicha.

TONHO: Você não tem pai, por acaso?

PACO: Claro que eu tive um pai. Não sou filho da
            chocadeira. Só que não sei quem é. Pai pode ser
            qualquer um. Mãe é que a gente sabe quem é.

TONHO: Eu sei quem é meu pai.

PACO: Quem é teu pai?

TONHO: Quem você queria que fosse? Meu pai é meu pai.

PACO: Sei lá se é. Sua velha pode trepar com qualquer um.

TONHO: Olha lá, miserável. Minha mãe é uma santa e eu
            não admito que você fale mal dela.

PACO: Guarda seus gritos pro negrão.

TONHO: Não vou enfrentar negrão nenhum.

PACO: Então volta pro rabo da saia da tua mãe.

TONHO: Vou voltar, mas só quando me aprumar na vida.

PACO: Então nunca mais vai ver sua coroa.

TONHO: E por que não?

PACO: Não força paciência. Você nunca vai ser ninguém.

TONHO: Eu só preciso de um sapato. Uma boa apresentação
            abre as portas. Se eu tivesse sorte de me ajeitar logo
            que cheguei, a essas horas estava longe daqui. Mas
            dei azar. O sapato estragou. Eu não tenho coragem
            de ir procurar emprego com essa droga nos pés.
            Tenho que desafogar aqui no mercado. Quando

escrevo pra casa, digo que está tudo bem, pra sossegar o pessoal. Sei que eles não podem me ajudar. Vou me agüentando. Um dia me firmo.

PACO: Vou te dar um alô. Volta pra tua casa. Aqui você só vai entrar bem.

TONHO: Vontade de voltar não me falta.

PACO: Então vai logo, que já vai tarde.

TONHO: Não. Meu negócio é aqui.

PACO: Puxa, não escutou eu te dizer que aqui não vai dar pé?

TONHO: Não sei por que não vou me dar bem.

PACO: Você é muito escamoso. Tem medo de pedir emprego por causa do sapatão. Tem medo de encarar o negrão. Desse jeito, só pode tubular.

TONHO: Você podia me ajudar.

PACO: Ninguém me ajuda. Por que vou te ajudar?

TONHO: É só você me emprestar seu sapato. Eu arranjo um emprego, depois, se eu puder fazer alguma coisa por você, eu faço.

PACO: Eu, te emprestar meu sapato? Não tenho filho do seu tamanho.

TONHO: É só um dia.

PACO: Sai pra lá. Se vira de outro jeito.

TONHO: Puxa, Paco. Me quebra esse galho. Amanhã mesmo ia procurar emprego. Não precisava mais voltar nessa merda desse mercado.

PACO: Quem gosta de você é o negrão. Ele vai ficar muito triste se você não baixar mais no mercado.

TONHO: Você até parece que quer ver minha caveira.

PACO: Quero ver você se pegar com o negrão. Isso é que eu quero ver. *(pausa)* Se o negrão te pega, não vai adiantar chamar pela mamãe. Ele vai te arrebentar.

TONHO: Amanhã a gente vê como vai ser.

PACO: Vou cagar de rir.

TONHO: Não vai acontecer nada.

PACO: Vai fugir?

TONHO: Eu, não.

PACO: Puxa, o cara é machão.

TONHO: Não sou mais valente que ninguém.

PACO: Se pensa que vai engrupir o negrão, está enganado. O negrão é vivo paca. Ele vai te enrabar.

Os dois ficam quietos. A luz apaga.

Fim do segundo quadro.

123

TERCEIRO QUADRO

Tonho está deitado, Paco vai entrando. Senta-se na cama, fica olhando fixo para Tonho. Só depois de muito tempo é que fala.

PACO: Você é um trouxa.

TONHO: Você não tem nada que ver com a minha vida.

PACO: Afinou como uma bicha. Puxa, que papelão!

TONHO: Papelão, não. Bati um papo com o negrão, ficou tudo certo.

PACO: Você é que acha.

TONHO: O negrão está legal comigo. Até tomamos umas pinguinhas juntos.

PACO: Muito bonito pra sua cara. O sujeito te cafetina, você ainda paga bebida dele. Você é um otário. Deu a grana do peixe pro negrão. Quem trabalha pra homem é relógio de ponto ou bicha. Depois que você se arrancou, ele tirou um bom sarro às tuas custas. Todo mundo mijou de rir.

TONHO: O negrão contou que eu dei dinheiro pra ele?

PACO: Claro! Você é trouxa. E agora todo mundo sabe.

TONHO: Só dei metade. Foi pra evitar briga. Eu estudei, não preciso me meter em encrenca.

PACO: E acha que livrou sua cara?

TONHO: Então? Agora tá tudo certo.

PACO: Só que todo dia ele vai te dar uma prensa.

TONHO: Não sei por quê.

PACO: Porque você é trouxa. Ele disse que não pega mais no pesado. É só ver você num caminhão, ele chega como quem não quer nada e diz que era carreto dele. Daí, te achaca. Se você achar ruim, te sapeca o braço e leva toda a grana. Se você ficar bonzinho, é tudo meio a meio. *(pausa)* O negrão é um sujeito de sorte. Arranjou uma mina. O apelido dele ficou "Negrão Cafifa". Bota as negas dele pra se virar, enquanto ele fica no bem-bom enchendo a cara de cachaça. *(pausa)* Você está frito e mal pago. Otário só entra bem.

pausa

TONHO: O negrão está enganado comigo.

PACO: Não sei por quê. Ele é vivo, conhece o gado dele.

TONHO: Se ele pensa que vou trabalhar pra ele, está muito enganado.

PACO: Você já trabalhou um dia.

TONHO: Eu só quis evitar encrenca.

PACO: E se deu mal. Por isso eu falei que você tinha que encarar. Não me escutou, é metido a malandro, caiu do cavalo. Homem não corre do pau.

TONHO: Eu não quero nada disso. Eu estudei, Paco. Amanhã ou depois, compro um sapato, arrumo um emprego de gente e nunca mais quero saber do mercado.

PACO:	Não vai ser mole. Se antes de você trabalhar pra homem, não dava, agora então é que não dá mesmo.
TONHO:	O negrão não pode fazer isso comigo. Não é direito.
PACO:	Quem mandou você afinar? Agora é dureza fazer a moçada pensar que você é de alguma coisa. Seu apelido lá no mercado agora é "Boneca do Negrão".
TONHO:	Boneca do Negrão é a mãe!
PACO:	*(avançando)* A mãe de quem?
TONHO:	Sei lá! A mãe de quem falou.
PACO:	Veja lá, Boneca do Negrão! Não folga comigo, não. Já tenho bronca sua porque inveja meu sapato. Se me enche o saco, te dou umas porradas. Depois, não adianta contar pro teu macho, que eu não tenho medo de negrão nenhum.
TONHO:	Cala essa boca!
PACO:	Está confiando na sorte, Boneca do Negrão!
TONHO:	Não quero mais conversa com você.
PACO:	Agora a Boneca só fala com o negrão. Mina certinha é assim. O negrão está bem servido.
TONHO:	Puxa, Paco, vê se me esquece.

Pausa. Tonho deita-se de costas para Paco.

PACO: Volta pra casa do papai, Boneca. Lá o negrão não pega você. *(pausa)* No mercado você está de barra suja. Se eu fosse você, não ia mais lá. *(pausa)* Amanhã vai ser fogo pra você. Todo mundo vai te tomar o pêlo.

TONHO: Amanhã não vou no mercado.

PACO: Vai procurar emprego com esse sapatão jogado fora?

TONHO: Não. Tenho um troço pra vender. Vou andar por aí. Se passar pra frente, pego um bom dinheiro.

PACO: O que é?

TONHO: Um troço que o chofer deu pra vender pra ele.

PACO: Mas que troço é?

TONHO: Não é da sua conta.

PACO: Mas você pode falar, puxa!

TONHO: Pra que falar? Pra você dar azar?

PACO: Não sou que nem você, que seca o sapato dos outros.

TONHO: Eu não seco nada.

PACO: Vive invejando o meu pisante.

TONHO: Não é nada disso. Só queria emprestado seu sapato por um ou dois dias. Isso não é secar.

PACO: Não, não é! Você se invoca comigo todo o dia por quê? Inveja!

TONHO: Me invoco porque você só sabe encher o saco.

PACO: Tentar de abrir o olho é encher o saco? Tá bom, daqui pra frente não aviso mais nada.

TONHO: Você, pra avisar, faz uma onda do cacete.

PACO: Onda, não. Você é que custa pra se mancar das coisas.

TONHO: Você que estica tudo. Um trocinho assim, você deixa desse tamanho.

PACO: Tá bom, eu estico. Aparece amanhã no mercado pra você ver. Todo mundo vai chamar você de Boneca do Negrão.

TONHO: Deixa chamar.

PACO: Você vai gostar?

TONHO: Claro que não.

PACO: Então o que você vai fazer?

TONHO: Finjo que não é comigo.

PACO: Bela coisa! Não vai adiantar nada.

TONHO: Então o que você pensa que eu devo fazer?

PACO: En não penso nada.

TONHO: Mas você não acha nada?

PACO: Acho que você devia brigar com o negrão.

TONHO: Já te disse que não posso.

PACO: Só porque ele é grande? Quanto mais alto, maior o tombo.

TONHO: Não é isso, puxa. Eu estudei. Uma briga com o negrão não acaba nunca. Se eu acerto ele hoje, ele me pega de faca amanhã. Se escapo amanhã, ele me pega depois. Só acaba com a morte.

PACO: Mata ele.

TONHO: Eu estudei, meu chapa. Não estou a fim de apodrecer na cadeia por causa de um desgraçado qualquer.

PACO: Então volta pra casa do papai.

TONHO: Também não posso. Preciso acertar minha vida aqui. Lá naquela cidade não tenho o que fazer. Os empregos já estão ocupados, ou pagam menos que aí no mercado. Preciso acertar logo pra ajudar a minha família. Já fizeram um puta sacrifício pra eu estudar. Não sei como fui ficar nessa fossa.

PACO: É. Você está perdido e mora longe.

TONHO: Pra você ver. Minha situação não é mole. Por isso que às vezes perco a esportiva com você.

PACO: Não me venha com essa. Seu negócio comigo você já falou outro dia. É a bronca do meu pisa, que você acha legal paca. Até começou a dizer que eu tinha roubado.

TONHO: Não é nada disso.

PACO: É inveja. Por isso que você se invoca quando toco gaita.

TONHO: Deixa de bobagem, Paco.

PACO: Bobagem? Inveja é um troço que atrapalha a vida dos outros.

TONHO: Meu problema é outro. Eu fico pensando na minha casa, no meu pessoal.

PACO: Corta essa onda! Essas suas histórias me dão um puta sono. Só sabe falar papai, mamãe. Puxa, que papo furado esse seu. Depois não quer que a moçada te ache fresco.

TONHO: É, acho que você tem razão...*(pausa)* Eu acho que é isso mesmo. Implico com você por causa do sapato.

PACO: Confessou que tem inveja de mim. Eu já sabia desde outro dia.

TONHO: Não é inveja de você, que é um coitado. É por causa dos meus sapatos que são velhos. Eu tenho vergonha deles.

PACO: O meu pisante é novo e bonito.

TONHO: Um pouco grande pra você.

PACO: Boto um pouco de jornal e ele fica uma luva.

TONHO: Pra mim que sou mais alto que você, ele deve servir direitinho.

PACO: Mas é meu.

TONHO: Eu sei...eu sei...

             Pausa longa. Paco começa a tocar sua gaita. Tonho fuma. Depois, pega do seu paletó, que está debaixo do travesseiro, um revólver.

TONHO: Sabe, Paco, às vezes eu até penso que você é um bom chapa.

PACO: Está afinando, paspalho?

             Tonho aponta o revólver para Paco.

TONHO: Estou pensando seriamente em conseguir um sapato igual ao seu.

PACO: Pede pro negrão. *(ri)*

             Paco vê o revólver na mão de Tonho, pára de rir.

PACO: Que é?...Puxa, não vem com idéia de jerico pra cima de mim...Que é?...Quer roubar meu pisante?

TONHO: Não precisa ficar com medo. Não vou te roubar. O berro está sem bala.

PACO: Pra que isso, então?

TONHO: Foi o que o cara lá do mercado deu pra eu passar nos cobres.

PACO: Puxa, pensei...Puxa, você é um bom cara. Fiquei encagaçado. Pensei que você ia afanar o meu sapato.

TONHO: Não tinha pensado nisso, mas até que é boa idéia.

PACO: O revólver está sem bala, lembra? Você mesmo que falou.

TONHO: É, está sem bala.

PACO: É bom não esquecer isso. Que sem arma ninguém bota a mão no meu sapato.

TONHO: Pode ficar sossegado, não vou tentar.

PACO: *(pega um alicate)* Agora fique sabendo de uma coisa: se vier com parte de besta, vai levar ferro.

TONHO: Você é muito valente.

PACO: Não tem negrão nenhum pra tirar dinheiro de mim.

TONHO: Corta esse papo!

PACO: Então não se mete comigo.

         pausa

TONHO: Só queria saber onde você conseguiu esse sapato.

PACO: Já falei. Um cara me deu.

TONHO: A troco de nada?

PACO: Ele me viu tocar, gostou e me deu.

TONHO: Puxa, não mente.

PACO: Não estou mentindo.

TONHO: Você vai querer que eu engula essa conversa?

PACO: Se não quiser acreditar, se dane.

TONHO: Puxa, você toca mal paca.

PACO: Gaita, eu toco mal, paspalhão. Eu estou tentando aprender. Mas na flauta eu sou cobra.

TONHO: Você toca flauta?

PACO: Eu tiro tudo quanto é chorinho.

Pausa longa. Tonho pega o maço de cigarros, acende um.

TONHO: Quer fumar?

PACO: Vai me dar um?

TONHO: Pega. *(joga um cigarro)*

PACO: Puta milagre!

Os dois fumam em silêncio.

TONHO: Onde você aprendeu a tocar flauta?

PACO: No asilo. Lá eles ensinam pra gente!

TONHO: Onde foi parar a sua flauta?

PACO: Passaram a mão nela.

TONHO: E o otário deixou. Onde estava o alicate?

PACO: Eu estava chapado paca. Me apaguei na calçada mesmo. Quando acordei, cadê a flauta? Algum desgraçado tinha passado a mão nela. Daí, me estrepei do primeiro ao quinto.

TONHO: Por que não compra outra?

PACO: Como? Ganhava grana com a flauta, tocando aí
           pelos bares. Sem ela, tubulei. Me virando aí pelo
           mercado, estou perdido e mal pago.

TONHO: É...

PACO: Mas, quando aprender gaita, adeus, mercado. Dou
           pinote. Me largo na vida de novo. Não quero outra
           coisa. Só alí no come-dorme. Pelos bares, enchendo
           a caveira de cachaça, às custas dos trouxas. Você
           precisa ver, seu. Bebia, bebia, bebia, tocava um
           pouquinho só e metia o olho na coxa da mulherada.
           Era de lascar. Puxa, vida legal eu levava.

TONHO: Se quiser treinar nessa gaita, treina.

PACO: O negócio é esse.

           Paco começa a tocar.

TONHO: Eu só queria um par de sapatos. Eu, às vezes, fico
           morto de vergonha quando na rua olho para os pés
           das pessoas que passam. Todas calçam um pisante
           legal. Só eu é que uso essa porcaria toda furada. Isso
           me deixa na fossa...Chego até a pensar em me
           matar.

           *Paco tira um som monstruoso na gaita. Paco pára
           de tocar e fica olhando fixo para Tonho. Depois
           cai na gargalhada*

TONHO: Qual é a graça?

PACO: Puxa, você é cheio de piada.

TONHO:	Você é uma besta.
PACO:	Posso ser uma besta, mas tenho um puta sapato bacana.
TONHO:	Toca essa merda. Enquanto toca, você não fala besteira.

Paco ri e começa a tocar, balançando o pé provocadoramente.

TONHO:	Pára com essa pata.
PACO:	*(rindo)* Você manda, chefe.

pausa

TONHO:	*(com desculpa)* Eu ando bronqueado...É por causa desses sapatos.

Paco volta a tocar.

TONHO:	Se eu tivesse os sapatos, tudo seria fácil. Eu arranjava um bom emprego. *(pausa)* Sabe, Paco, eu estive pensando que você podia me emprestar o seu sapato.
PACO:	Ficou goiaba?
TONHO:	Só até eu arrumar emprego.
PACO:	Olha pra minha cara. Vê se eu tenho cara de trouxa.
TONHO:	É só pra me ajudar. Depois que eu tiver trabalhando, te ajudo a comprar a flauta.

PACO: Olha pra você. *(faz um gesto)*

TONHO: Puxa, você não entende nada.

PACO: Te manjo, vagabundo. Te empresto meu pisante, você se manda e eu fico ali no ora-veja.

TONHO: Não é nada disso. Só pensei...

PACO: Pensando morreu um burro.

TONHO: Que devia ser teu pai.

PACO: Que dormia com sua mãe.

TONHO: Chega, pombas!

PACO: Chega, uma ova!

TONHO: É melhor calar a boca.

PACO: Cala a tua primeiro.

TONHO: Está bem.

PACO: Pô, só sabe agourar meu sapato.

TONHO: Chega, puxa!

PACO: É isso mesmo. Toda noite é o mesmo papo-furado. Ando até apavorado de tirar o pé do sapato. Tenho medo de dar sopa e você afanar.

TONHO: Não sou ladrão.

PACO: Sei lá!

TONHO: É melhor mixar esse assunto.

PACO: Você é que começou.

TONHO: Então acaba.

PACO: Acaba.

           Os dois ficam quietos.

TONHO: Só preciso de um sapato. Eu estudei, puxa. Podia ser até alguém na vida. Sou inteligente, podia ter uma chance. Não precisava viver nessa bosta como um vagabundo qualquer. Tenho que aturar até desaforo.

PACO: Você fala bonito.

TONHO: Só preciso de um sapato.

PACO: E daí? Eu só precisava da flauta.

           Tonho acende um cigarro. Está nervoso.

TONHO: Estou pensando...

PACO: Você pensa muito, vai acabar queimando a mufa.

           pausa

TONHO: Já dormiu, Paco?

PACO: Não.

TONHO: Tá pensando em quê?

PACO: Se eu tivesse a minha flauta, me mandava agora mesmo. Não ia te aturar nem mais um pouco. Você é chato paca.

TONHO: Você pensa que eu te adoro? Se tivesse sapato, já tinha me mandado.

Paco começa a tocar.

TONHO: Puxa, você precisa mesmo da flauta. Na gaita, você é uma desgraça.

PACO: Sem sapatos, você não vai longe. Não vai fugir do negrão. Só vai entrar bem.

TONHO: *(gritando)* Eu preciso de um sapato. Eu preciso de um sapato novo.

PACO: Boa, durão. Gritar como múmia resolve paca.

TONHO: É...Não sei o que fazer.

PACO: Você está bem estrepado. Não tem sapato. Não pode mais dar as caras no mercado. Não quer voltar pra casa do papai.

TONHO: Não quero voltar, não. Não quero aparecer desse jeito lá em casa.

PACO: Eu sei de uma saída pra você.

TONHO: Qual é?

PACO: Você não vai topar.

TONHO: Fala.

PACO: Compra uma bala e apaga o negrão.

TONHO: Você é louco. Não sou assassino. Eu estudei...

PACO: Eu sei, eu sei. Tem família e prefere ser Boneca do Negrão.

TONHO: Prefiro nada.

PACO: Então mete um caroço na testa do bruto.

               pausa

TONHO: O crime não resolve.

PACO: Pelo menos, o negrão não te torrava a paciência nunca mais.

TONHO: Eu não quero matar ninguém. Só queria me livrar dessa joça de vida.

PACO: Dá um tiro na orelha.

TONHO: Você só diz besteira.

PACO: Puxa, as saídas que encontro você nunca quer.

TONHO: Tem de haver um jeito direito de eu me aprumar na vida.

               pausa longa

PACO: Oi...

TONHO: Que é?

               pausa

PACO: Sabe o que você podia fazer para se acertar?

TONHO: Fala.

PACO: Você tem um berro, os outros têm o sapato.

TONHO: E daí?

PACO: A razão pode estar do teu lado, puxa!

TONHO: Não entendo. Fala claro.

PACO: Você é um trouxa. Não manja nada. Vai morrer sendo a Boneca do Negrão. Tem a faca e o queijo na mão e não sabe cortar. Puxa, já vi muito cara louco, mas você é o rei. Quero que se dane!

Paco se vira pra dormir. Tonho fica pensativo. Acende um cigarro e fuma. A luz apaga devagar.

Fim do terceiro quadro.

QUARTO QUADRO

Tonho está deitado, entra Paco.

PACO: Puxa, você fez bem em não baixar no mercado. Todo mundo procurou paca a Boneca do Negrão. *(ri)* O negrão ficou uma vara. Não pegou no batente contando com o achaque que ia dar em você, se estrepou. Não arrumou grana nem pra tomar uma pinga. A moçada gozou a cara dele às pampas. Todo mundo tirou sarro. Falavam: Puxa, negrão, cadê a Boneca? Secou? A mina te passou pra trás? O negrão não dizia nada, mas se via que ele estava uma vara.

pausa

PACO: Como é? Vendeu o revólver?

TONHO: Não. Eu não saí daqui o dia todo.

PACO: Nem pra comer?

TONHO: Não tenho fome.

PACO: Assim você vai tubular.

TONHO: Que se dane!

PACO: Puxa, mas você não ia sair pra vender a arma?

TONHO: Desisti.

PACO: Por quê?

TONHO: Com essa pinta aqui, com esse sapato de merda, sair oferecendo o revólver por aí, além de ninguém querer comprar, era capaz de acabar indo preso.

PACO: Preso?

TONHO: Eram capazes de pensar que eu era um ladrão que arrumou essa arma em algum assalto. Eles sempre pensam o pior de um cara malvestido.

PACO: Tem disso.

TONHO: Pra você ver.

PACO: Quem tem que ver é você, que está perdido e mal pago. *(pausa)* Do jeito que vai a coisa, a única saída sua vai ser voltar pra casa do papai.

TONHO:	Pensei bastante nisso hoje. Só não me mandei porque não tenho dinheiro nam para a passagem.
PACO:	E não vai ser mole arrumar. O que você arranjar no mercado, o negrão vai te tomar. Ainda mais agora que a moçada só te chama de Boneca do Negrão, ele está cheio da razão.
TONHO:	Não apareço mais na droga do mercado. Se for lá, sou capaz até de fazer uma besteira.
PACO:	Devia ir e fazer. Homem macho por muito menos desgraça um. E tem que ser assim. Ou segura as pontas firme, ou então a canalhada monta. Se eu fosse você, ia lá hoje mesmo e botava pra jambrar. Começava no negrão. Chegava nele e dizia: Quero bater um papo com você, ninguém pode escutar. Enrolava, enrolava, e quando ele estivesse entrando na minha, eu mandava ele pro inferno. Se alguém ciscasse, dava uma igual. *(pausa)* Também tem um negócio. Eu entrava de sola, mas eu não sou Boneca de nenhum negrão. Agora, você, não sei. Os caras lá me perguntaram o que eu achava de você. Eu disse que não sabia. Que comigo você nunca desmunhecou. Também disse que vai ver que você se enrustia comigo porque sabia que eu só vou de mulher.
TONHO:	Você disse isso? Você é nojento!
PACO:	Nojento é você, Boneca do Negrão.
TONHO:	Como você pode dizer uma coisa dessas de mim?
PACO:	Eu digo mesmo. Não ponho a mão no fogo por ninguém.

TONHO: Vida desgraçada! Tem que ser sempre assim. Cada um por si e se dane o resto. Ninguém ajuda ninguém. Se um sujeito está na merda, não encontra um camarada pra lhe dar uma colher de chá. E ainda aparecem uns miseráveis pra pisar na cabeça da gente. Depois, quando um cara desses se torna um sujeito estrepado, todo mundo acha ruim. Desgraça de vida!

PACO: Puxa, mas é assim mesmo. Que é que você queria? Que alguém fosse se virar por você? Se quiser isso, está louco. Vai acabar batendo a cuca no poste. Puxa, você acha que eu é que vou andar dizendo por aí que você não é bicha? Quero que você se dane! Se não é Boneca do Negrão, vai lá e limpa sua barra.

TONHO: É assim mesmo. *(pausa)* Paco, uma vez na vida você podia fazer uma coisa decente. Podia ajudar um cara que está estrepado mesmo.

PACO: Não dou arreglo. Mesmo que possa, não dou bandeja pra sacana nenhum. Nunca ninguém me deu nada.

TONHO: Esse cara que te deu o sapato não te ajudou?

PACO: Ajudou nada. Ele deu o pisa porque queria que eu andasse soprando flauta. Se não fosse isso, estava descalço até hoje. Você acha que alguém dá alguma coisa de graça pra alguém? Só você mesmo, que foi ganar grana pro negrão.

pausa

TONHO: Você deve ter levado uma vida desgraçada pra não acreditar em ninguém.

143

PACO: Puxa, que onda é essa? A vida desgraçada é a sua.
          A minha sempre foi legal. Nunca ninguém folgou
          com a minha cara. Vida azarada é a sua. Não tem
          pisante, não tem coragem de botar os peitos com o
          negrão, é bicha e tudo. Agora não enche o saco com
          a minha vida. Ela até que está legal. E ainda pode
          melhorar. É só eu aprender a tocar gaita.

          pausa

TONHO: Hoje eu pensei em muita coisa.

PACO: E daí?

TONHO: Eu sei como você pode conseguir uma flauta.

PACO: Por que você não pensa pra você?

TONHO: Pensei. E como eu posso conseguir o sapato, você
          pode conseguir uma flauta.

PACO: Como?

TONHO: Com dinheiro.

PACO: Puxa, você é bidu paca, Boneca.

TONHO: Acontece que eu sei onde tem dinheiro.

PACO: Eu também sei. No Banco do Brasil.

TONHO: Dinheiro fácil de pegar.

PACO: Então conta pro negrão.

TONHO: Estou falando sério, paspalho.

pausa

PACO: Se abre de uma vez. Onde está a grana?

TONHO: No parque.

PACO: Ela nasce nas árvores, né, Boneca?

TONHO: Não, imbécil! No bolso dos trouxas.

PACO: É só pedir que eles dão pra gente.

TONHO: É só pedir e apontar isso.

Tonho mostra o revólver. Os dois ficam em silêncio.

PACO: Um assalto?

TONHO: É. Um assalto.

Pausa. Os dois se olham fixo nos olhos.

PACO: Pode ser a sua saída.

TONHO: E sua também.

PACO: Não estou no mato.

TONHO: Não precisa da flauta?

PACO: É...Isso é.

pausa

TONHO: Como é?

PACO: Como é o que?

TONHO: Você topa?

PACO: Topo! *(pausa)* Você está me gozando, puxa?

TONHO: Não. Falei sério.

PACO: Pode ser boa pedida.

TONHO: É a minha saída.

PACO: Devia ter pensado nisso antes.

TONHO: Não gosto disso. Só vou entrar nessa porque não vejo outro jeito de me arrumar. Se não fosse aquele maldito negrão, eu acabava me ajeitando à custa de trabalho. Também, se der certo, não me meto em outra, pode crer.

PACO: Chega de ficar aí chorando como uma múmia. Vamos apanhar logo o trouxa.

TONHO: Devagar com o ardor.

PACO: Devagar, nada. Vamos firme, que não tem mosquito.

TONHO: É preciso bolar o plano.

PACO: Mas, puxa, pra que perder tempo com frescura? Do jeito que vier, a gente estraçalha e fim.

TONHO: Espera aí, Paco. Não se afobe.

PACO: Puxa, mas você é cheio de frescura.

TONHO: Frescura, não. Só que ñao vou entrar a olho.

PACO: Vá, então, desembucha logo sua bolação de uma vez.

TONHO: Nós vamos assaltar um casal de namorados.

PACO: Até aí é legal.

TONHO: É o que tem de mais fácil. A gente fica em lugar escuro, os namorados vão alí pra bolinar, a gente ataca.

PACO: Puxa, como você é biduzão. Juro que nunca ia pensar que um troço tão legal desses ia sair de sua cachola. Juro por Deus, puxa! Esse negócio que você bolou é bárbaro!

TONHO: Entendeu a jogada?

PACO: Estou inteirinho por dentro. A gente limpa o sujeito, espanta ele e passa a mulher na cara.

TONHO: Ei! Nada disso!

PACO: Não morei nessa.

TONHO: Nada de fazer maldade com a moça.

PACO: Mas que maldade, seu?

TONHO: Essa de espantar o sujeito e judiar a moça.

PACO: Essa que é a tua?

TONHO: Natural! Só estou a fim de arrumar dinheiro.

PACO: E daí? Se podemos tirar um sarro, não vamos dispensar.

TONHO: Assim micha o assalto.

PACO: Boneca é uma desgraça.

TONHO: Boneca, não. Vê lá como fala. Já me encheu o saco essa história.

PACO: Deixa de onda. É Boneca mesmo. Agora tive a prova. Não querer mulher é o fim da picada.

TONHO: Não sou tarado.

PACO: É bicha.

TONHO: Eu nunca vou agarrar mulher à força.

PACO: Não vai agarrar de jeito nenhum. É bicha.

TONHO: Corta esse papo.

PACO: Vai mijar pra trás?

TONHO: Não faço acordo com tarado.

PACO: Nem eu com Boneca de Negrão.

TONHO: Então cale a boca e fim.

PACO: Eu falo quanto quero. Não vai ser uma bichona que vai mandar em mim.

TONHO: Então fala sozinho.

PACO: Se me der na telha, falo mesmo.

             pausa

PACO: Como é?

TONHO: Nada feito.

PACO: Puxa, mas é a tua saída.

TONHO: Mas já vi que não vai dar certo.

PACO: Não seja afindo.

TONHO: Não adianta, já percebi.

PACO: Percebeu o quê?

TONHO: Que com você nada dá pé.

PACO: Comigo? Não sei por quê.

TONHO: Você é tarado. Eu só quero um sapato. Não vou
           desgraçar ninguém.

PACO: Não quer mulher?

TONHO: Na marra, não.

PACO: E você apanha de outro jeito?

TONHO: Claro. Sempre apanhei. Lá na minha terra eu tinha
           uma namorada que era um estouro.

PACO: Lá na tua cidade todo mundo é fresco como você.
           Aqui nunca te vi com mulher.

TONHO: Natural. Quem é que vai querer namorar com um
           sujeito assim? Com um sapato que é uma droga.

PACO: Isso é desculpa, mas em mim não gruda. Eu te
           manjo.

TONHO: Você fala muito, mas eu também nunca te vi com mulher.

PACO: Mas eu...*(Encabula, depois fica bravo.)* Eu pego mulher sempre. Quando eu tocava flauta, eu sempre me dava bem. Pergunta pra qualquer um.

TONHO: Mentira sua! Você é até cabaço.

PACO: Eu sempre tenho mulher. Estou te dizendo. Tenho a hora que quiser, está bem?

TONHO: Tem nada.

PACO: Não sou Boneca de Negrão.

TONHO: Não muda de assunto.

PACO: Eu quero saber do assalto. Isso é que quero saber.

TONHO: Não vai ter assalto nenhum, paspalho.

PACO: Então quem se dana é você.

TONHO: Problema meu. Agora, que você nunca teve mulher, eu sei bem.

PACO: Juro que tive.

TONHO: Teve coisa nenhuma. O pessoal lá no mercado precisa saber dessa história.

PACO: Vai ter coragem de aparecer lá? Vai, Boneca do Negrão?

TONHO: Vou lhe avisar uma coisa. Não me chame mais por apelido. Se chamar, vai ter.

PACO: Então não faz onda comigo.

TONHO: Se você me encher o saco, eu encho o seu.

pausa

PACO: Esqueceu o assalto?

TONHO: Vai assaltar sozinho, tarado.

PACO: Você não quer um pisa?

TONHO: Pode deixar que eu cuido de mim.

PACO: Então cuida. Mas no mercado você não pode aparecer. *(ri)*

Luz apaga devagar.

Fim do quarto quadro.

QUINTO QUADRO

Paco está deitado tocando gaita. Entra Tonho.

PACO: Puxa, onde você se meteu?

TONHO: Não tenho que te dar satisfação.

PACO: Você não apareceu no mercado. Eu vim aqui, não te achei. Eu precisava falar com você.

TONHO: O que você quer?

PACO: A gente precisa bater papo sobre o assalto.

TONHO: Nada feito.

PACO: Puxa, a gente pode acertar o pé.

TONHO: Ou se estrepar de uma vez.

PACO: Mais embananado do que você já está não vai poder ficar.

TONHO: Quando se está de azar, tudo dá errado.

PACO: Mas, que nada! Tudo sai direito.

TONHO: Não conte comigo.

PACO: Puxa, mas você está cheio de minhoca na cabeça. Vai ser moleza.

TONHO: Então vai sozinho.

PACO: Mas é você que está a perigo. O negrão não te esquece. Hoje ele queria vir aqui te apertar. Eu é que tirei ele de onda. Disse pra ele que você era legal, falei do assalto e tudo. Ele achou boa pedida. Vai até fazer um igual.

TONHO: Então vai com ele.

PACO: Ele me sacaneou. Vai levar o Carocinho no meu lugar. Puxa, aquele negrão é cheio de xaveco. Me passou pra trás direto.

TONHO: Puxa, ele não é seu amigo?

PACO: Amigo, o cacete! Eu não sou amigo de homem.

TONHO: Tomara que a polícia pegue ele.

PACO: Pega nada! O negrão dá uma sorte bárbara. Sempre tem um cara dando moleza pra ele. Arrumou você pra cafetinar...E hoje o filho da puta me levou no bico. Dei toda a ficha do assalto pro desgraçado e ele não me deixou ir junto. Vai levar aquela besta do Carocinho, um miserável que não é de coisa nenhuma.

TONHO: Bem feito, pra você aprender. Mas por que não deixaram você ir junto?

PACO: Foi o negrão. Disse que eu sou muito porralouca.

TONHO: Nisso ele tá certo.

PACO: Tá certo o quê? Ele é uma besta e aquele Carocinho vai entrar bem comigo. Não tinha nada que botar o nariz nessa jogada.

TONHO: Você é metido a malandro, mas todo mundo te leva.

PACO: Deixa isso pra lá. Vamos fazer o assalto, puxa! Um troço legal pra gente fazer, tá aí.

TONHO: Vai sozinho.

PACO: Sozinho não dá pé. Se o cara resolve encarar, é um contra um e engrossa tudo. Vamos nós dois. A gente fica mais perigoso que o negrão e a besta do Carocinho. Daí, o negrão tem que te respeitar.

TONHO: Eu não quero nem ouvir falar nesse negrão.

PACO: Puxa, mas como você vai se livrar dele? Só pegando nome de cara estrepado.

TONHO: É...Sei lá...Esse negrão é a minha desgraça.

PACO: Você podia apagar ele. Se você quiser, eu tomo
           conta do Carocinho. ·

TONHO: Não, meu negócio não é esse.

PACO: Então tem que ser o assalto.

TONHO: Também não.

PACO: Vai querer voltar pra casa do papai como uma
           bichona?   ·

TONHO: Que merda!

           Tonho anda nervoso de um lado para outro.

PACO: Tua saída tem quer ser o assalto. Você pode
           conseguir o pisante que quiser. Pode até fazer o
           cara ficar nu e pegar a roupa dele pra você. É a tua
           chance, puxa!

TONHO: Olha, Paco, meu terno se eu mandar no tintureiro,
           ainda quebra um galho. Só preciso mesmo é de um
           sapato. Você podia emprestar o seu.

PACO: Neca! Pode tirar isso da cachola.

TONHO: Só por umas horas.

PACO: Não. Tua saída é o assalto. Você limpa sua cara,
           ninguém vai te chamar de Boneca de Negrão, nem
           nada.

           pausa longa

154

PACO: Puxa, quem bolou o negócio foi você mesmo. *(pausa)* Não precisa do pisante?

TONHO: E você da flauta.

PACO: Então vamos pôr a cara.

TONHO: Podia ir. Mas se tivesse certeza de que você não ia bancar o tarado.

PACO: Logo eu? Mas que é isso? *(pausa)* Você está com bronca minha à toa. *(pausa)* A gente deixa a mulher pra lá. *(pausa)* Juro que não faço nada pra mulher.

TONHO: Você jura?

PACO: Juro por Deus.

TONHO: Jura que só faz o que eu mandar?

PACO: Pela alma da minha mãe. Quero que ela se dane de verde e amarelo no inferno, se eu te sacanear.

pausa

PACO: Deixa de frescura e vamos logo.

TONHO: Ainda não sei se vou.

PACO: Então resolve logo.

TONHO: Pode dar azar.

PACO: Vamos firme. O negrão e o Carocinho já devem estar lá.

TONHO:	Não tenho nada a ver com eles. Quero que eles se danem.
PACO:	Eu também. E o Carocinho, que se dane mais, pra deixar de ser abelhudo.
TONHO:	Está bom. Vamos meter a cara e seja o que Deus quiser.
PACO:	Boa, Tonho! Vamos nós.
TONHO:	Mas tem um porém...
PACO:	Se abre.
TONHO:	Eu é que mando mesmo.
PACO:	Já falei que topo, puxa.
TONHO:	E se você se fizer de besta, te apronto um xaveco.
PACO:	Está bem, seu!
TONHO:	Assaltamos os namorados e é só. Eu aponto o revólver, eles se apavoram, limpamos o cara e damos no pé.
PACO:	Mas o revólver está sem bala. Você mesmo disse.
TONHO:	Quem vai saber? Só se a gente contar.
PACO:	E se o cara não puser o galho dentro? Pode ser um cara de briga e sair no pau. E a mulher pode gritar paca.
TONHO:	Não grita, não. Vai por mim.

PACO: Se eles espernearem, dou uma paulada na cabeça do desgraçado.

TONHO: Nada disso.

PACO: Se complicar, dou.

TONHO: Só faz o que eu mandar.

PACO: Mas, puxa, se a mulher botar a boca no trombone? Quer que todo mundo flagre a gente com a boca na botija? Dou uma na cuca do cara e fim. Calam o bico na hora.

TONHO: Não precisa nada disso.

PACO: Se se assanharem, precisa.

TONHO: Está bem. Se eu mandar, você dá.

PACO: Se gritarem, levam pau.

TONHO: Só se gritarem, então.

PACO: Puxa, claro que é! Se ficarem bonzinhos, não precisa porrada.

TONHO: Veja lá o que vai aprontar.

PACO: Deixa de frescura e vamos logo.

Paco vai sair, Tonho fica sentado.

PACO: Puxa, você vai ficar aí parado?

Tonho vacila.

TONHO:	Acho que não tem remédio. Vamos nós.
PACO:	Positivo! Vamos pras cabeças!

Paco vai sair, Tonho o segura.

PACO:	Mas que é agora?
TONHO:	Eu que mando, entendeu? Você só faz o que eu mandar! Entendeu bem? Eu que mando.
PACO:	Claro, chefe. Você que manda. Mas vamos logo, chefe.

Os dois saem.

Pano fecha.

SEGUNDO ATO

Pano abre, vão entrando Tonho e Paco. O primeiro traz um par de sapatos na mão e, nos bolsos, as bugigangas roubadas. Está bastante nervoso. Paco traz um porrete na mão e está alegre.

PACO:	Belo serviço!
TONHO:	Você é um miserável!
PACO:	Não começa a encher saco.
TONHO:	Não precisava bater no cara.
PACO:	Bati e pronto.
TONHO:	Agora a polícia vai pegar no teu pé.

PACO: Os tiras não sabem quem foi.

TONHO: O sujeito que levou a porrada sabe.

PACO: Ele está estarrado.

TONHO: Vai sarar e te entrega.

PACO: Que nada! Aquele se acabou de vez.

TONHO: Deus queira que não.

PACO: Puxa, meu! Naquele nem Deus dá jeito. Mandei o desgraçado direto pras picas.

TONHO: E a mulher? Esqueceu da mulher?

PACO: Que tem ela?

TONHO: Ela também viu seu focinho.

PACO: E daí? Eu também vi o dela.

TONHO: Ela te entrega pros tiras.

PACO: Eu quero que ela se dane. Ela não sabe onde eu moro.

TONHO: Ela descreve o seu tipo e a polícia te acha.

PACO: Puxa, tira não é bidu. Não acham ninguém.

TONHO: Não, é? Quero ver quando eles te pegarem.

PACO: Não me aporrinha, seu! A mulher tinha cara de fuinha, dever ser uma burrona. De corpo ainda quebrava um galho. Mas de cara era um bofe. Não vai descrever ninguém.

TONHO: O único sabido é você.

PACO: Eu sou mesmo.

TONHO: Espera pra ver. Vai em cana direto.

PACO: Se eu fôr em cana, quem se estrapa é você.

TONHO: Quem derrubou o cara é que se dana.

PACO: E foi legal pra chuchu. Poff...E o cara caiu que nem um balão apagado.

TONHO: Podia ser muito fácil. Não precisava bancar o valente.

PACO: Bancar o valente, o cacete! Dei pra valer. Sou mau paca. Pra mim, não tem bom. Você viu no parque. O cara se fez de besta, tomou o dele.

TONHO: O cara não fez nada. Tomamos o que queriamos, era só vir embora. Não precisava bater.

PACO: Bati. E daí? Vai se doer por ele?

TONHO: Eu, não. Mas a polícia vai.

PACO: Você me torra o saco com essa história de polícia.

TONHO: Natural.

PACO: Natural o quê? Você está é cagado de medo.

TONHO: Claro. Eu não quero ser preso.

PACO: Cadeia foi feita pra homem.

TONHO: Não pra mim.

PACO: Você é melhor que os outros?

TONHO: Eu estudei.

PACO: Bela merda! Pra levar vida que você leva, tanto faz
            estar preso ou solto. *(pausa)* E tem um negócio: Se
            um cara fresco como você vai em cana, está perdido
            e mal pago. A turma se serve às tuas custas. Logo
            vira a Boneca de todos. Mas disso acho que você vai
            até gostar, porque é bicha mesmo.

TONHO: Tomara que a polícia te pegue logo.

PACO: Já te falei que se me pegarem o azar é seu.

TONHO: O meu negócio é leve. Uns três meses. Agora você
            fica apodrecendo lá.

PACO: Não sei por que eu vou ficar mais tempo que você.

TONHO: Eu sei. Você usou violência. É perigoso. Fica
            guardado.

PACO: Você é o chefe.

TONHO: Quem tem chefe é índio.

PACO: No assalto do parque você era o chefe.

TONHO: Não era chefe de coisa nenhuma.

PACO: Claro que era, puxa! Você ficou aí berrando um
            cacetão de tempo: *(imita Tonho)* Eu é que mando!
            Eu é que mando! Na minha terra quem manda é o
            chefe.

TONHO: Canalha!

PACO: É a mãe.

TONHO: Nojento!

PACO: Nojento é você, que quer tirar o ló da seringa.

pausa

TONHO: Deus queira que você não tenha machucado muito o cara.

PACO: Não fica secando. Aquele morreu e fim.

TONHO: Você quer que o cara morra?

PACO: Claro, puxa! A porrada que eu dei foi pra matar.

TONHO: Você é um animal.

PACO: Vá à merda!

TONHO: Eu vou dar o fora. Agora que eu tenho o meu sapato, posso me arrumar. Posso, não. Vou. Arrumo um emprego de gente e ajeito a vida.

PACO: E eu?

TONHO: Quero que você se dane!

PACO: Você se arranja e eu fico jogado fora?

TONHO: Problema seu.

PACO: Puxa, você não vai se arrumar às minhas custas.

TONHO:
Deixa de onda. Eu nunca mais vou querer escutar falar de você. Não te aturo mais.

PACO:
Mas vai ter que engolir. Vai escutar muito falatório de mim.

TONHO:
Essa, não.

PACO:
Não? Você vai ver. Você não me conhece. Eu sou mais eu. Eu sou Paco. Cara estrepado. Ruim como a peste. Agora vou ser mais eu. Se o desgraçado do parque se danou, melhor. Minha fuça vai sair em tudo que é jornal. Todos vão se apavorar de saber que Paco, o perigoso, anda solto por aí.

TONHO:
Você é Maluco.

PACO:
Boa! Paco Maluco, o Perigoso. Assim que eu quero que os jornais escrevam de mim. Vai ser fogo. Os namorados do parque não vão ter sossego. E a tiragem nunca me apanha. Pode espalhar por aí que Paco Maluco, o Perigoso, disse que não nasceu polícia pra pegar ele. Daqui pra frente, vai ser broca. Como chefe você era uma droga. Cheio de grito, cheio de bafo, mas não era de nada. Mas tem um porém: Só pra você não dizer que eu sou sacanajeiro, vou te botar de segundo chefe. Você vai ajudar a maneirar a moçada.

TONHO:
Que moçada, paspalho?

PACO:
Dobra a língua, filho de uma vaca! Paspalho é a tua mãe. Com Paco Maluco, o Perigoso, você tem que ter cuidado ou cai do burro. Vou te dar uma colher de chá, mas abre o teu olho. Se folgar, leva ferro. Você vai ser o segundo chefe pra ajudar a tomar conta da moçada que eu vou botar no nosso gango.

Paco Maluco, o Perigoso, quer ser chefe de muita gente.

TONHO: Acabou?

PACO: Não. Tem mais. Daqui pra frente, não vamos assaltar só por dinheiro. Eu quero a mulher também. Vai ser um negócio legal. Eu vou ter uma faca, um revólver e meu alicate. Limpo o cara, daí mando ele ficar nu na frente da mulher. Daí, digo pra ele: Que prefere, miserável? Um tiro, uma facada ou um beliscão? O cara, tremedo de medo, escolhe o beliscão. Daí eu pego o alicate e aperto o saco do bruto até ele se arrear. Paco Maluco, o Perigoso, fala macio pra mulher: Agora nós, belezinha. Começo a bolinar a piranha, beijo ela paca, deixo ela bem tarada e derrubo ela ali mesmo no parque. Legal!

TONHO: Agora acabou?

PACO: Quer mais?

TONHO: Escuta bem, então, Paco Maluco de merda. Você é nojento. E não pensa que eu sou o cara do parque. Se você se fizer de besta comigo, eu te acerto. E pra seu governo, não estou disposto a te aturar. E antes que eu me esqueça, nunca mais entro noutra fria dessas.

PACO: Vai mijar pra trás? Já sabia. Bicha é assim mesmo.

TONHO: Já te avisei.

PACO: Que é? Vai engrossar por quê? É bicha mesmo.

TONHO: É melhor você deixar de frescura comigo.

PACO: Quem tem frescura é você, que é bicha.

TONHO: *(avança para Paco)* Canalha!

PACO: *(pega o porrete)* Vem! Vem, veado!

Tonho pára.

PACO: *(zomba)* Como é? Afinou?

TONHO: *(se contendo)* Vamos dividir a muamba. Quero ir embora.

PACO: Vai cair fora?

TONHO: Já vou tarde. Cansei de aturar você. *(põe as bugigangas na cama de Paco)* Está tudo aí. Vamos repartir de uma vez.

PACO: Vira o bolso.

TONHO: Está tudo aí. Vamos repartir e pronto.

PACO: Vira o bolso, e não estica o papo. Não adianta querer me engrupir. Tenho noventa anos de janela.

TONHO: *(vira os bolsos para fora)* Está contente?

PACO: Não venha com truque.

TONHO: Vai ser tudo meio a meio.

PACO: Assim é que é.

TONHO: Metade da grana pra cada um. *(conta o dinheiro e dá a parte do Paco)* A carteira pra mim, o relógio pra você. *(cada um pega o seu)* O anel pra mim, o isqueiro pra você. *(cada um pega o seu)* O broche pra mim, a pulseira pra você. *(cada um pega o seu)* Os brincos pra você a caneta pra mim. *(Tonho vai pegar, Paco segura a mão dele.)* Que é?

PACO: A caneta vale mais.

TONHO: E daí? O relógio que ficou pra você vale mais que a carteira.

PACO: É igual.

TONHO: Não é, não. O relógio vale mais.

PACO: A caneta é minha. O brinco é seu.

TONHO: Mas o que você vai fazer com a caneta, Paco? Você não sabe escrever.

PACO: Vou vender.

TONHO: Vende o brinco.

PACO: Pra quem?

TONHO: Sei lá!

PACO: Só se fôr pra alguma bicha.

TONHO: E daí? Então vende.

PACO: Como a única bicha que conheço é você, fica com o brinco, e eu, com a caneta.

TONHO: Não faz onda, miserável.

PACO: Não é onda e não tem arreglo.

TONHO: Vou topar pra evitar encrenca.

PACO: Melhor pra você.

TONHO: Você fica com o cinto, e eu, com o sapato.

PACO: E no teu rabo não vai nada?

TONHO: Que é agora?

PACO: Pensa que vai me levar no bico?

TONHO: Não penso nada. Só quero o sapato.

PACO: Fica querendo.

TONHO: Mas só fiz o assalto por causa do sapato.

PACO: E eu pela flauta.

TONHO: Você não ia querer que o cara estivesse namorando com a flauta na mão.

PACO: De longe eu pensei que a mulher estivesse pegando a flauta do cara. *(ri)* Quando cheguei perto é que vi que não era flauta. *(ri)*

TONHO: Muito engraçado.

PACO: E agora como vai ser?

TONHO: O sapato é meu.

PACO: E a minha flauta?

TONHO: Sei lá!

PACO: Você pensa que eu sou trouxa? Você arruma o seu pisante e eu fico sem a minha flauta? Banana pra você.

TONHO: Puxa, vende tudo e compra a flauta.

PACO: Assim ainda vá lá.

TONHO: Tá vendo, falando a gente se entende.

PACO: Sempre digo isso, mas parece que eu falo gringo, você custa pra morar no assunto.

TONHO: Bom, está tudo certinho.

Paco começa a pegar todas as coisas.

TONHO: Você está pegando as minhas coisas.

PACO: Que suas coisas?

TONHO: Pegou minha carteira e meu broche

PACO: Seu, uma ova!

TONHO: Mas não ficou tudo acertado?

PACO: Claro que ficou.

TONHO: Então deixa as minhas coisas aí.

PACO: Só o sapato que é seu. O resto é meu.

TONHO: Não se faz de besta.

PACO: Foi você mesmo quem quis.

TONHO: Eu, não.

PACO: Como não? Você falou: Vende tudo e compra a
           flauta.

TONHO: Tudo que é seu.

PACO: Muito malandro, você. Mas comigo, não. Escutei
           bem. Não sou surdo.

TONHO: Vamos, passa pra cá minhas coisas.

PACO: Está brincando!

TONHO: Não força a paciência!

PACO: Vou dar arreglo só pra encurtar o assunto. Mas não
           vai ser como você está pensando. Vai ser tudo mano
           a mano mesmo.

TONHO: Então anda logo.

PACO: Metade da grana pra cada um. Relógio, isqueiro,
           caneta e carteira, pra mim. Pulseira, anel, broche e
           cinto pra você. Topa?

TONHO: O brinco pra você, o sapato pra mim.

PACO: Não! Um brinco pra você, outro pra mim. Um pé
           de sapato pra você, outro pra mim.

TONHO: O sapato é meu.

PACO: Um pé pra cada um.

TONHO: Não seja burro. O que é que eu vou fazer com um
           pé de sapato?

PACO: Não sei, nem quero saber.

TONHO: O sapato é meu. Eu já falei mais de mil vezes. Eu só entrei nesse assalto por causa dele e vou ficar com ele.

PACO: Então o resto é meu.

TONHO: O resto meio a meio.

PACO: Aqui pra você! *(faz gesto)* Ninguém me leva no tapa.

pausa

TONHO: Está bem, Paco. Fique com tudo. Você me levou no bico, mas não faz mal.

PACO: Tapeei nada. O sapato vale mais.

TONHO: Vale uma ova!

PACO: *(rindo)* Está bem! Te levei no bico. Mas não precisa chorar, não. Qualquer um é passado pra trás por Paco Maluco, o Perigoso.

Paco examina as coisas e Tonho começa a se preparar pra ir embora. Pega um jornal debaixo da cama, estica e começa a embrulhar as suas coisas.

PACO: Olha, pega os brincos pra você.

Paco joga os brincos em cima da cama.

PACO: Quando fôr sair de brinco, avisa. Quero ver a bichona toda enfeitada. Vou morrer de rir.

pausa

PACO: Está juntando suas drogas?

           Tonho não responde.

PACO: Pensa que vai embora?

TONHO: Penso, não. Vou.

PACO: Você não pode ir.

TONHO: Quem falou?

PACO: Eu.

TONHO: Bela merda!

PACO: Pois é, mas você não vai se mandar.

TONHO: E por que não?

PACO: Porque nós temos que ficar juntos.

TONHO: Você é besta. Não te agüento nem mais um minuto.

PACO: Mas vai ter que agüentar. Onde vai um, vai o outro.

TONHO: Não me faça rir. Só de olhar pro teu focinho, me dá vontade de vomitar.

PACO: Puxa, você quer se largar pra me entregar pra polícia. Pensa que eu não sei?

TONHO: Eu nunca faria isso.

PACO: Não confio em bicha.

TONHO: Bicha é você. E se não confia em mim, vai ter que confiar. Vou me arrancar e não quero nem saber.

PACO: Você está com pinta de entregador. Veja lá, vagabundo!

TONHO: Pode ficar sossegado. Só vou mesmo porque não te aturo mais.

PACO: Nem eu aturo você.

TONHO: Melhor assim. Cada um vai pro seu lado.

PACO: E se você me cagüetar?

TONHO: Você faz o mesmo comigo.

PACO: E faço mesmo.

TONHO: Então pronto.

PACO: Pronto. *(pausa)* Você vai se mandar já?

TONHO: Agora mesmo.

PACO: Dorme aí hoje. Já pagou o quarto mesmo.

TONHO: Não quero nem saber. Vou já.

PACO: Puxa, mas você não tem lugar pra ficar.

TONHO: Me viro.

PACO: Pra onde você está querendo ir?

TONHO: Não é da sua conta.

PACO: Eu sei que não é, mas você podia dizer.

TONHO: Pra quê?

PACO: Pra mim ir lá de vez em quando bater um papinho com você.

TONHO: Pra você me encher o saco? Nunca!

PACO: Não é isso. É que alguém pode me dar algum recado pra mim te dar e eu vou lá te falar. Você não lembra daquele dia que aquele crioulão lá no mercado falou que ia te arrebentar de tanta porrada que ia te dar e que eu vim te avisar e você foi lá e limpou a tua cara com ele. Se não fosse isso, ele ia te apagar.

TONHO: Aquilo era naquele tempo. Agora não quero saber nem de negrão, nem de mercado, nem de droga nenhuma.

PACO: Sorte sua, então.

Paco senta-se na cama. Pausa.

TONHO: Escuta, Paco. Eu vou cuidar da minha vida. Agora que tenho sapato, vou me acertar. Estou cansado de curtir a pior aqui na rampa. Vê se você também se ajeita, compra a tua flauta e se arranca daqui. Aqui não dá futuro.

PACO: Eu vou comprar um revólver e uma faca, pra poder ser o perigoso dos namorados.

TONHO: Sua cabeça é seu guia. Mas é melhor você comprar a sua flauta.

PACO: Só se fôr pra atochar em você. Meu negócio é o revólver, que bota a razão do meu lado.

TONHO: Você é que sabe.

PACO: Sei de mim. Isso é que é.

Começa a tocar a gaita. Tonho acaba de fazer seu embrulho e começa a calçar seu sapato, que não entra no seu pé, porque é muito pequeno.

TONHO: Puxa, é pequeno pra mim.

PACO: Que é? Não quer entrar?

TONHO: É pequeno.

PACO: *(rindo)* Puxa! Molha o pé.

TONHO: Pra quê?

PACO: Talvez teu pê encolha. *(ri)*

TONHO: Já chega dessa droga! Vê se não me enche o saco!

PACO: Puxa, quem manda ter a patola do tamanho de um bonde? *(ri)*

Tonho insiste, mas nada consegue.

TONHO: Só comigo acontece uma coisa dessas.

PACO: Você é pé-frio.

TONHO: *(bate na medeira)* Pé-frio, o cacete!

PACO: Usou tanto tempo a pata dentro daquele casco furado, que esfriou o pé.

TONHO: Pombas!

PACO: Pior é que vai ter que continuar usando o pisante velho.

TONHO: Que azar!

PACO: No próximo assalto, pergunta o número que o desgraçado calça.

Tonho tenta mais uma vez, nada consegue. Paco, diante do novo fracasso, delira de alegria.

PACO: Corta o bico do pisa. Vai de dedão de fora, mas vai. *(ri)*

TONHO: Não enche, puxa!

PACO: Está brava, bichona? Por causa do pezão?

Tonho fica em silêncio, olhando com tristeza para seu sapato.

PACO: Não vai se mandar?

TONHO: Com essa droga não dá.

Paco estoura de rir. Começa a dançar e a cantar.

PACO: A bichona tem pata grande
           A patola de bicha é grande
           Grande, grande, grande
           A pata da bichona é grande
           Ou o sapato é pequeno?

TONHO: *(se contém)* Escuta, Paco.

PACO: Fala, patola.

175

TONHO: Você vê que azar que eu dei?

PACO: Agora você tem que fazer outro assalto.

TONHO: Não quero mais saber desse negócio. Eu só entrei nessa jogada porque precisava do sapato.

PACO: Puxa, chorar não adianta nada. Vamos sair pra outra.

TONHO: Pra mim, não dá mais. Não tenho estômago pra essas coisas. Eu estudei, Paco. Só tive aquela infeliz idéia do assalto porque precisava mesmo do sapato. Eu quero ser como todo mundo, ter um emprego de gente, trabalhar.

PACO: Puxa, se você quer ser otário como todo mundo, vai. Mas não começa a chorar, que isso me enche o saco.

TONHO: Mas como é que eu vou, se essa droga não me serve?

PACO: Só tem uma saída.

TONHO: Qual é?

PACO: Fazer outro assalto.

TONHO: Assalto não é saída. A gente faz um agora, sai bem. Amanhã faz outro, acaba se estrepando. Quando sai da cadeia, está ruim de vida novamente, tem que apelar novamente, mais uma vez. Assalto não resolve. Assalto é uma roda-viva que não pára nunca.

PACO: Então, você está estrepado de verde e amarelo.

TONHO: Estou. Mas sei o remédio. Você pode me ajudar.

PACO: Já vou te avisando que não sou camelo.

TONHO: Eu sei. Nem quero que você pense que eu estou querendo te enrolar.

PACO: Então desembucha de uma vez.

TONHO: Está bem. Olha, esse sapato aqui é pequeno pra mim.

PACO: Já sei disso.

TONHO: Eu sou mais alto que você, tenho o pé um pouco maior que o seu.

PACO: Pouco maior, o cacete! Sua patola só entra numa lancha.

TONHO: O que interessa é que você é mais baixo. Esse sapato deve te servir.

PACO: Quer vender? Mas eu já tenho pisa.

TONHO: Eu sei. Mas o seu sapato é um pouco grande pra você. Pra mim, que sou mais alto, ele deve servir diretinho.

PACO: E daí?

TONHO: A gente podia trocar de sapato.

PACO: Você é louco? Puxa, eu acho que ficou goiaba.

TONHO: Mas que que tem? É uma troca legal. Você me ajuda, nós dois ficamos com sapato e eu posso ir cuidar da minha vida.

PACO: Eu quero que a tua vida se dane.

TONHO: Mas, Paco, esse sapato serve direitinho em você!

PACO: E daí? Eu sou Paco Maluco, o Perigoso. Uso o sapato que eu quero.

TONHO: Mas é só pra me dar uma colher de chá.

PACO: Mas que colher de chá? Não sou igreja!

TONHO: Puxa, não custa nada trocar de sapato.

PACO: Você pensa que é muito malandro, mas na escola que você andou eu fui expulso. Quando você está indo, eu estou voltando. Sou vivo paca.

TONHO: Ninguém quer te enganar

PACO: E mesmo que quisesse, não ia conseguir, bichona. Você é malandro lá pros teus machos, mas comigo, não!

TONHO: Em que você acha que eu quero te enganar?

PACO: Está na cara, bichona. A gente troca o pisante, você se manda. Quando os tiras te pegam, você sai bem, não tem nada com o assalto. E eu vou andando pela rua com essa droga, a mulher com cara de fuinha vê o pisa, bota a boca no trombone e é o fim do Paco Maluco, o Perigoso.

         pausa

PACO: Que diz, bichona? Queria me levar no bico, mas não deu, né?

Tonho fica sentado na cama, olhando para o chão.

PACO: Só tem uma saída. É fazer novo assalto. *(Paco enche bem o saco de Tonho.)* Agora, se a bichona não quiser, se tiver medo dos tiras, vai acabar andando descalço por aí. Puxa, vai ser gozado paca ver a bichona descalça, de brinco na orelha, rebolando o bundão. Quando ela passar no mercado então é que vai ser legal. Pára tudo. A moçada vai se divertir. Eu, então vou cagar de rir de ver a bichona. Todo mundo vai gritar: *(Fala com voz fina.)* Tonha! Tonha!, Bichona! Maria Tonha, bichona louca! *(ri)* Tonha Bichona, arruma um coronel velhusco, ele pode te dar um sapatinho de salto alto. *(ri)* Puxa, está aí uma saída pra você, Tonha Bichona.

Paco sacode Tonho.

PACO: Estou falando com você, bichona. Falei que você pode arrumar um coronel velhusco e ele te dá um sapatinho de salto alto. *(ri)* Não vai arrumar? Você vai ficar uma boneca de salto alto e brinco na orelha. Puxa, Maria Tonha Bichona Louca, você não agradece?

Tonho está contido, mas bem nervoso.

TONHO: Pelo amor de Deus, Paco, me deixa em paz! Me deixa em paz!

PACO: Ai, ai como a bicha é nervosa!

TONHO *(nervoso)* Estou te pedindo, Paco. Pelo amor de Deus, me deixa em paz. *(chorando)* Minha vida é uma merda, eu já não agüento mais. Me esquece. Não quer trocar o sapato, não troca. Mas cala essa boca. Será que você não compreende? Eu estudei, posso ser alguma coisa na puta da vida. Estou cansado de tudo isso. De comer mal, de dormir nessa joça, de trabalhar no mercado, de te aturar . Estou farto! Me deixa em paz! É só o que te peço. Pelo amor de Deus, me deixa em paz! *(Esconde a cabeça entre as mãos e chora nervosamente.)*

PACO: Ai, ai, como a Tonha Bichona está nervosinha.

TONHO: Por favor, Paco. Chega! Chega!

PACO: Chega, uma ova! Não tenho que aturar a tua choradeira! Pára de chorar, anda!

Tonho se contém. Está lívido. Olha fixamente para Paco.

PACO: Assim. Bicha tem que obedecer. Não gosto de choradeira de bicha. Não gosta da sua droga de vida, se dane! Dá um tiro nos cornos e não enche mais o saco dos outros. Quer continuar respirando, continua, mas ninguém tem nada com a tua aporrinhação. Precisa de alguma droga? Desaperta de arma na mão. Para que serve esse revólver que você tem aí? Usa essa porcaria! Ou se mata, ou aponta pra cara de algum filho da puta, desses que andam por aí, e toma o que você quiser! Mas eu não quero mais escutar choradeira.

pausa

TONHO: Você tem razão. *(Pega o revólver e fica olhando fixamente para a arma.)* Você nunca mais vai escutar eu chorar. Nem você, nem ninguém. Pra mim, não tem escolha. O que tem que ser, é. *(continua olhando a arma)*

pausa

PACO: Esse revólver não tem bala.

TONHO: Eu sei. Mas é fácil botar uma no tambor. *(Tira do bolso da calça uma bala e a olha fixamente, antes de colocá-la no tambor.)* Como vê, Paco, agora não falta nada. *(Paco está sentado na cama, meio assustado.)*

pausa

PACO: Que vai fazer?

TONHO: Estou pensando.

PACO: Você vai se matar?

pausa

PACO: Você vai se matar?

pausa

PACO: Vai acabar com você mesmo?

TONHO: *(bem pausado)* Vou acabar com você, Paco.

PACO: Comigo? Puxa, comigo? Mas eu não te fiz nada.

TONHO: Você disse que eu era bicha.

PACO: Estava brincando.

TONHO: Pois é. Mas sua brincadeira me enchia o saco.

PACO: Puxa, se você não gosta, mixa a brincadeira e pronto.

TONHO: Você é muito chato, Paco.

PACO: Eu juro. Juro por Deus que corto a onda. Juro!

TONHO: Também preciso de um par de sapatos. O que eu tenho não serve pra mim.

PACO: O meu te serve. A gente troca de sapato.

TONHO: Eu não preciso disso, Paco. Basta eu apontar ·o berro pra algum cara e ele vira o rabo. É só eu querer.

PACO: Puxa, Tonho, nós sempre fomos parceiros. Você sempre foi um cara legal. Não vai fazer papelão comigo agora.

TONHO: Paco, você é um monte de merda. Você fede. Você é nojento.

PACO: *(forçando o riso)* Você quer me gozar.

TONHO: Vou acabar com a tu raça vagabundo.

PACO: Mas, puxa...puxa...

TONHO: Vou te apagar, canalha.

PACO: Escuta, Tonho...Eu...puxa, eu...não te fiz nada...

TONHO: Vai se acabar aqui, Paco.

PACO: Tonho, você não pode me sacanear...Não pode...

           Tonho vem avançando lentamente para junto de Paco.

PACO: Mas, puxa, Tonho…Nós sempre fomos amigos…

TONHO: Quem tem amigo é puta de zona.

PACO: Escuta, Tonho…

TONHO: Cala a boca.

pausa

TONHO: Assim. Agora acabou a tua boca-dura. Vamos ver
          como está a tua malandragem. Cadê o dinheiro, a
          caneta, o isqueiro, a cinta, o relógio, o anel, o
          broche, a pulseira? Anda, quero tudo. Não
          escutou?

Paco põe tudo sobre a cama.

TONHO: Tira o sapato, vamos.

PACO: Meu…sapato…

TONHO: Passa pra cá.

Paco tira o sapato.

TONHO: Agora vamos dividir tudo. Meio a meio.

PACO: Claro. Puxa…assim que tem que ser.

TONHO: Tudo pra mim. O brinco pra você.

Tonho joga o brinco em cima de Paco.

TONHO: Acabou a tua malandragem. Bota essa droga na
          orelha!

PACO:	Puxa, Tonho…Isso é sacanagem.

Tonho encosta o revólver na testa de Paco.

TONHO:	Não conversa e faz o que eu mando.

Paco põe o brinco.

TONHO:	Agora anda pra lá e pra cá. Anda! É surdo, desgraçado?

Paco anda.

TONHO:	Rebola! Rebola, miserável, rebola!
PACO:	Ecuta, Tonho…Isso não!
TONHO:	Rebola! Rebola, filho de puta!

Paco anda rebolando. Está quase chorando.

TONHO:	Bicha! Bicha sem-vergonha! Ria, bicha! Ria!

Paco ri. A sua risada mais parece choro.

TONHO:	(*sem rir*) Estou cagando de rir de você, bicha louca!

Paco começa a chorar.

PACO:	Puxa, Tonho, não faz isso comigo. Puxa, Tonho! Pelo amor de Deus! Não faz isso comigo!
TONHO:	Cola a boca!
PACO:	Tonho…eu…
TONHO:	Fecha bico.

pausa

TONHO: Cadê o alicate?

Paco treme.

TONHO: Dá o alicate!

Paco entrega o alicate.

TONHO: *(frio)* Vou acabar com você. Mas te dou uma
            chance. Prefere um tiro nos cornos ou um beliscão?
            Só que o beliscão vai ser no saco com o alicate. E
            enquanto eu aperto, você vai ter que tocar gaita.

pausa

TONHO: Anda, escolhe logo.

Paco cai de joelhos.

PACO: Pelo amor de Deus, não faz isso comigo. Pelo amor
            de Deus…Juro…Eu juro…eu não te encho mais o
            saco…Nunca mais…Pelo amor de Deus, deixa eu
            me arrancar…Eu…eu juro…

TONHO: Cala a boca! Você me dá nojo.

*Tonho cospe na cara de Paco. Tonho encosta o
revólver na cara de Paco e fuzila.*

TONHO: Se acabou, malandro. Se apagou. Foi pras picas.

*Paco vai caindo devagar. Tonho fica algum tempo em
silêncio, depois começa a rir e vai pegando as coisas de
Paco.*

TONHO: Por que você não ri agora, paspalho? Por que não ri? Eu estou estourando de rir! *(Toca a gaita e dança.)* Até danço de alegria! Eu sou mau! Eu sou o Tonho Maluco, o Perigoso! Mau pacas!

Pega as bugigangas e sai dançando.

Pano fecha

Leilah Assumpção

LEILAH ASSUMPÇÃO

Leilah Assumpção was born in Botucatú in the state of São Paulo. Her great-grandmother founded the first school there. Born in a family of teachers, Leilah enrolls in the Department of Education at the University of Campinas in 1960. In 1962, she moves to São Paulo and studies literary criticism, as well as acting and fashion design. In 1964, she gets a B.A. in Education from the University of São Paulo. She also works as a fashion designer for Madame Boriska.

Her acting career began in 1964, as she appeared in *Vereda da Salvação*, a play by Jorge Andrade. In 1965, she had a role in the *Three Penny Opera* by Bertold Brecht. She also worked as a fashion model for such celebrities as Valentino and Pièrre Cardin.

Her first play, *Fala Baixo Senão Eu Grito*, was staged in 1969. Granted a Molière Prize, she traveled to Europe and Africa in 1970-72. According to the author, her first plays reveal, besides the feminist problems, a strong concern about shocking the audience by the choice of topics and the language. In this "épatez le bourgois" stage that ends in the early eighties, Leilah Assumpção recalls the influence of Albee, Arrabal and, in Brazil, Plínio Marcos.

One of the author's favorite concerns is the analogy between sex and politics seen metaphorically, both representing the game of power, or, in other words, a fight between two extremes. Leilah's attitude towards feminism can be characterized as a demand for the possibility of an option for a woman to live in a "masculine world" rather than being forced to change her nature. Another phenomenon that the author likes to recall in talking about her plays is the "trash language" (linguagem do lixo) that women are supposed to dominate the best.

Her second stage is far more personal and coincides with major changes in the author's private life. Assumpção also changes her style and becomes lyrical rather than violent in order to seduce the audience at this time. Her recent play *Intimidade Indecente (Indecent Intimacy)* (2002), a romantic comedy about mid-life crises, successfully performed in São Paulo and Rio de Janeiro, represents most clearly the direction of those changes.

Plays by the author:

Vejo um Vulto na Janela, Me Acudam Que Eu Sou Donzela (1964); *Use Pó de Arroz Bijou* (1968) - unpublished; *Fala Baixo Senão Eu Grito* (1969); *Amanhã, Amélia de Manhã* (1973); *Roda Cor de Roda* (1975); *A Kuka de Kamaiorá* (1975) - unpublished; *Sobrevividos* (1977); *Sede Pura e Alfinetadas* (1980); *O Segredo da Alma de Ouro* (1983), inspired by *A Kuka de Kamaiorá*; *Boca Molhada de Paixão Calada* (1980); *Os Jardins de Valéria de Oliveira* (1985); *Lua Nua* (1987); *Quatro Mulheres* (1988); *Quem matou a baronesa* (1991), *Era uma vez...*, *Luciana* (1993), *Adorável desgraçada* (1994), *Intimidade Indecente* (2001), and several scripts for films and TV.

CRITICAL COMMENTARY

Leilah Assumpção:

What is our language? Until which point do we write "seriously", just to please the Power (left or right). Like blacks who have to unwrinkle their hair just to be accepted in the white world. The day the blacks are respected they will be accepted with their own identity, which may be the curly hair. And then they themselves will accept it. It is the same way with us. I want to be accepted with my identity, with MY signature, my style.

Teresa Meneses *(Assistant Director)*:

Antonio and Mila propose to themselves a hard game of crossing over the barriers of time, space and fear, looking for a bigger turn on, more emotion and pleasure. Life really turns them on, but they don't know it yet. They have the strength and drive to go and fight for it, but they don't know themselves yet. So, like two kids, or two irresponsible gods, they play with the kind of life they've already lived, trying to find its substance. They throw themselves into that intellectual exercise with an availability that only the "big ones" have. They are on their way of individualizing, of integration of different characters, falsified during the times of repression. "Everything forbidden, hidden." Every time they start a new game there is more light illuminating their way. Mutual attacks, accusations, confessions are impossible to avoid in this process of purification. They have to be understood as defense mechanisms rather than be removed. Once the characters understand that there is nothing to lose because everything has been lost, once they stop looking for pleasure in the other, once they free themselves from desires and expectations, they will discover that there is nothing between them. They will find the nothingness, the emptiness...the total possibility.

Now they are finally free to act the way they want to. "We are two people and not one. Two human beings and not two things.

That's why we cannot possess each other." They start to see more, to feel more. There is no giving, there's no relationship to develop when one is trying to keep everything under control, to be clear-headed, to keep watch. The relationship is impossible as long as we have to objectify the other in order to understand him. This is the attitude of someone who is afraid of pleasure, of losing control, of enjoyment and of getting disintegrated in the nothingness. Mila and Antonio transcend this fear together, once they cease to understand the big flow of life and are just pleased in enjoying it. They transcend the controlling ego and are able to achieve ecstasy that they searched for so long. This time, though, it is a freebie, it is a gift from the true relationship and not a goal to be achieved.

Fernando Peixoto:

Leilah's play writing has always given me a perturbing impression of being like a vomit of protest and nonconformism trying to articulate itself in a difficult, sometimes confused, impetuous tension between sex and politics. There are moments when the dramatic conflicts fall away from the emotional track and the solution of the scenes acquire an intellectual character. This is followed by an unexpected intrusion of humor which oscillates as well between an inconstant joke and corrosive sarcasm discussing the characters. It relates, in this case, to the past of a couple and also of the country, especially the horrendous times of the dictatorship, still relatively existent. In the process of remembrances, bitter or not, the couple ends up transforming into a life partrait of the desperate middle class, suffocated and perplexed by the politically compressing military-roller that humiliates, insults, castrates, destroys, drives crazy, rapes and institutionalizes fear and the lie. The end of the play can be happy. It is proof that Leilah believes in love, solidarity, the possibility of rejoining the necessary amount of peace for those who lived and survived the years of slaughter.

Commentary

João Cándido Galvão: <u>Veja</u>, October 10, 1984:

Pot and swing, torture and macumba, these are just some of the ingredients used by Leilah Assumpção to season her play *Boca Molhada de Paixão Calada* now being staged in the Aliança Frarcesa Theater in São Paulo. Reviewing the last twenty years lived by her generation, Leilah puts on stage a couple experiencing a matrimonial crisis. Mila and Antonio are in their forties. They both come from inland of the State of São Paulo and they went to the University of São Paulo where they got involved in student politics in 1964. Twenty years later they try to recover the lost charm by recalling and reviving the political situations from the university as well as erotic fantasies. Both extremes, the "flip-out", the trips, the drugs and the fashions, all this revived by the couple in one single night. The action develops with no chronological order, but, due to the precision of the text this never affects its understandability. Leilah, now 41 years old, became famous with the plays Fala Beixo, Roda Cor de Roda where she combined a sour comicality and the sharp perspective of the social and situation of the characters. In Boca where the characters experience both personal and political crises, these characteristics are even more evident. Mila, a psychologist working for a multinational company and Antonio, executive for the secretary of state, are an excellent medium for the author to make comments about our recent history. For example, the coexistence, within the same party, of individuals that not so long ago would stand against each other in armed confrontations. All this presented with a critical sharpness, but without any resentment. "I was inspired by many friends in composing the characters," says Leilah. According to her, Antonio has some features of the playwright Mario Prata, stage directors Fernando Peixoto, Jose Celso, Martinez Correa, besides having many ideas, in the last scenes of political awareness, of ex-senator of PMDM Marcos Freire who was present at the opening night. It would be mistaken to believe, though, that the political preoccupation renders the show boring. This trip towards maturity is, after all, a comedy where the laughter has sometimes a bitter taste though not unpleasant.

MOIST LIPS, QUIET PASSION

by Leilah Assumpção

translated by
Lydia Gouveia Marques

CHARACTERS:

ANTONIO
CAMILA

*A cozy living room, perhaps a bachelor's pad, very
sensual but nothing ordinary. Pillows, lots of wall
hangings or decorative spreads placed creatively.
Drawings and erotic figures on the wall, in good
taste. Antonio, sportily dressed, has just finished
misting the living room and is singing. The doorbell
rings, Antonio goes to answer the door.*

ANTONIO: *(opening the door)* Yes?

*Camila is at the door — insecure, wearing
glasses, three-quarter length white stockings, hair
in a pony tail.*

CAMILA: Good Evening...

ANTONIO: Good Evening...

CAMILA: *(holding a newspaper ad)* Excuse me, it's about the
apartment for rent...

ANTONIO: Oh yes, it's here. Do come in.

Camila enters, finding the place strange.

ANTONIO: Please, sit down.

CAMILA: Thank you...*(she looks for a place to sit)*

ANTONIO: Here, sit here. Although it doesn't look like it,
this is a sofa.

CAMILA: Oh...How unique.

ANTONIO: Unique and versatile. This is also a bed.

CAMILA: A bed?

ANTONIO: I got used to sleeping in the living room. I like this waiter-like atmosphere...like a kitchenette. I'm sure you know what I mean. Are you renting it for yourself, Miss?

CAMILA: Yes...No...More or less...It's for me, but I take care of five old ladies.

ANTONIO: An asylum?

CAMILA: Sort of. We're an association...

ANTONIO: Is your association with some church?

CAMILA: *(nodding)* We do charity work.

ANTONIO: So young and already religious. Nice ...very nice. You do have the clean and clear complexion of a nun, Miss.

CAMILA: *(laughing, embarrassed)* Skin? But...I'm all covered up...how do you know anything about my skin, Sir?

ANTONIO: It's your hands, Miss, your face. I can also see the whiteness of your neck.

CAMILA: *(lifting her blouse collar)* Oh...Please...

ANTONIO: I can then imagine the the whiteness of what I can't see...

CAMILA: Please, Sir...

ANTONIO: Smooth and soft...cuddly...

CAMILA: Please, Sir. I'm...I'm a nun...

ANTONIO: And I'm a truck driver, and bless that Blessed religion of yours that made you so desirable, Miss. I've never seen such whiteness, such chastity, such...

CAMILA: Please don't force me to be nasty, sir, but...if you'll excuse me...

ANTONIO: And such warmth...I've never seen such warmth...no...please don't go away, please... quietly now, come...come my pure thing...

CAMILA: *(already weakening)* Please don't force me to get help. Let me go...

ANTONIO: No one can help you now, my little dove...Only me...come on...Ssssh...Quiet now...relax and come...come Daddy's pure little plaything...

CAMILA: Daddy...? Then, Sir, you know....!

ANTONIO: Know what, my daughter...?

CAMILA: "My daughter"...Then you do know, sir...! Daddy...! I'm your daughter, Daddy...! I'm your baby daughter, Little Renata, whom you never saw again since you and Mom got separated!

ANTONIO: My daughter...Renata...?

CAMILA: *(panting)* Yes...You abandoned me when I was three. Now I'm quite a young lady; just look at what a young lady I've become. Dear Daddy, look, feel, touch me. Come on you hunk of a Dad, Come on sexy Dad. Come on Dad's erection.

ANTONIO: *(gets up, annoyed)* Come off it, not like that.

CAMILA: That was the rod of...

ANTONIO: Now, that's enough. Come on Camila, not like that.

CAMILA: *(getting up, changing her tone)* I don't know why not. It was pretty funny.

ANTONIO: Funny. But not a really good hard on, right?

CAMILA: Because you blocked it, Antonio. If you hadn't fought it, it would have even given you a good hard on. Vulgar, street-like, even like burlesque.

ANTONIO: Burlesque is more subtle, honey. Can you believe it? Playing the little girl who wants to give it to her Dad.

CAMILA: What about you then, wanting to eat the nun out on the spot? *(She begins messing up her hair.)*

ANTONIO: I suppose it was funny. It had "ambience". It did. But you ruined everything. How could you? My ex-wife seducing me with a Freudian cliché and using our daughter's real name.

CAMILA: Oh, come off it, don't be a real square, Antonio. It was just a game. You're the one who's forgotten how to play. You've lost that sporting spirit. That's why you're so burnt out and looking to get the Biggest Hard On, the one that you haven't been able to feel for years now.

ANTONIO: I am not. That's why "we" or the two of us are looking for the Big O, that we both...

CAMILA: I know, I know—that "we two" haven't felt for ages—I know that. But the rush from that first kiss is not really something one can feel every day.

ANTONIO: But I want to keep on trying. Even if you begin feeling it again with someone else, with your real husband and I...

CAMILA: *(continuing where he left off)* With your present wife, of course. But it seems to me that we made this date precisely because we can't feel pleasure with our present spouses, right? Only the mechanical act remains and regularly dwindling pleasure.

ANTONIO: I know...But I believe that we are still going to reach the Big O together, Camila.

CAMILA: I don't know about that. *(begins changing clothing details, etc...)*

ANTONIO: How do you like the pad I borrowed?

CAMILA: It's really terrific. The view is also beautiful. *(She goes to the window.)*

ANTONIO: You can see The Square from here—our square— the one from our college days. My friend has had this place since then. He was in the department with me.

CAMILA: The University's Architecture Department? Was he your buddy in school? Then, I know him.

ANTONIO: No. This guy you didn't meet.

CAMILA: He must have been very ordinary then. Because I met all the hunks and geniuses.

ANTONIO: I also knew half of your girlfriends at the University of São Paulo (USP). In bed.

CAMILA: Ah, come off it, Mr. Macho Man. There's no need to exaggerate. They did a lot of prick teasing, but they never really put out much.

ANTONIO: And yet, there was no virgin as truly determined as you were.

CAMILA: What do you expect? Back in the hills, I was what you might call the virgin Mary's daughter. But, I was dying to do it, really dying to do it...

ANTONIO: And you would drive me insane, all of you, wet. A virgin and wet with desire. Goodness, how that would just drive me wild.

CAMILA: I would go crazy and become fascinated when you'd say that "the student needs to participate in the life of his country and..."

ANTONIO: And so then you enrolled in Psychology wondering whether Sociology wasn't what you really wanted. *(laughs)* And you enrolled in dozens of courses, typing, translating...

CAMILA: *(laughs)* Remember the first time that you took me to the theater and I asked you if I had to put on appropriate attire? That day you brushed my breast with your hand.

ANTONIO: Under the stairs, there in the stalls.

CAMILA: Back then there was the Big O.

ANTONIO: Yes. People believed they could transform the whole world...

CAMILA: Everything shook...

ANTONIO: The Assemblies...

CAMILA: The drive-ins...

ANTONIO: Me, rubbing my hands on your legs...*(tries to caress her)*

CAMILA: *(pulling away)* No...No...

ANTONIO: You were of the generation that could only say no.

CAMILA: I couldn't give in because although I would repeatedly deny it, deep down inside, I wanted to get married and so I continued to say no...

ANTONIO: And I would be aroused by your no...and would lower your bra strap.

CAMILA: And you'd kiss my neck, and hike my skirt up...

ANTONIO: And that day at the Student's State Union, the UEE, remember when I was raising your skirt...

CAMILA: That day I really wanted it, Antonio. I wanted it badly...

ANTONIO: I never wanted it quite as bad as on that day, Camila.

CAMILA: I was entirely aroused, I had to bite my tongue so as not to scream.

ANTONIO: There were people in the adjoining room, but I couldn't stand it.

CAMILA: What a feeling that was, Antonio. I can't
           remember feeling better.

ANTONIO: Me, raising your skirt...

CAMILA: Next door, a meeting going on at the Student's
           State Union in São Paulo.

ANTONIO: Me, lowering your panties...

CAMILA: A political meeting.

ANTONIO: And placing in between your thighs...

CAMILA: *(winces)* Oh...I never felt so guilty, My Lord...!

ANTONIO: Oh, if they only knew..."We can't mix things
           up..."

CAMILA: I felt worse than putting out in a sanctuary...no...

ANTONIO: *(conflict)* No...

CAMILA: No...

ANTONIO: No...

CAMILA: *(changes her tone)* But you were the one who didn't
           want it.

           *They withdraw. They hardly touch during the
           seduction scenes.*

ANTONIO: *(changes his tone of voice)* Me...? Are you crazy? I was
           desperate to get inside you.

CAMILA: Not really, don't confuse things. Your greatest
           pride was not hard; it was "uuuuptight."

ANTONIO: Oh, stop bothering me, Camila.

CAMILA: So much so, that now, remembering the scene, when we were almost reaching a new "Arousal Plateau"—you began to...go soft...

ANTONIO: Me? Dream on! You're the one who kept on saying "no".

CAMILA: There was also that no of yours coming from way down inside. I don't know if it was political or from Aguaí, but it was there.

ANTONIO: Well, daughter of Mary...If my memory serves me right you had to lower your skirt and I had to hide myself quickly because they entered running...

CAMILA: *(cuts in)* Of course I remember that, but that was after we took a little break...We were very excited, but we stopped for a while.

ANTONIO: Oh, come off it, Camila. We simply didn't have our first sexual encounter that day because they came running in to hide the UEE material, as they had just had the Coup...the Coup of '64.

            Both dejected. Disillusion. Camila slowly walks through the living room. Time.

CAMILA: How's your wife?

ANTONIO: Who?

CAMILA: Your wife!

ANTONIO: Oh. Of course. She's fine. *(pause)* And your husband?

CAMILA: He's also fine.

ANTONIO: Little Renata and John?

CAMILA: Your children are fine, Antonio. You know that my husband gets along real well with them, you can relax.

ANTONIO: All right. I know that after me you got married to a man...dignified, strong, courageous...

CAMILA: And successful in the capitalistic world, that's the way to go. So, your wife, she's...

ANTONIO: An excellent housewife, loving, understanding and a companion. That's right.

CAMILA: Great. Only now we're looking for the Ultimate Arousal...

ANTONIO: Harvested a short while ago by the Revolution.

CAMILA: Revolution? *(pause)* Antonio. Did you say Revolution?

ANTONIO: *(uncomfortable)* I got used to saying it with the masses. How could I help it? But I'll correct that with time, Camila. The Ultimate Arousal harvested by the Coup of '64 was that reactionary right, and this son of a bitch country, defeated the left, who wanted to construct a nationalistic government more directed towards the minorities...

CAMILA: Remember, it was the Festival of Popular Music in 1966, when Vandre's protest song, "Desperado" won the contest?! Later, in Tony's car, we almost made it. That entire day was Orgasmic!

ANTONIO: Honestly, I prefer the day that I deflowered you. Even though it was on that horrid sofa at your aunt's house. For me it was really good! I mean really good!

CAMILA: I already told you that it wasn't all that hot for me. It hurt, I was scared. No, no, I didn't feel any special pleasure. No...Rocky gave me more pleasure than that.

ANTONIO: How fragile you are, Camila. You don't need to say it again, I know that your love from Tietê was more exciting and all that.

CAMILA: Just like your little Beauty from Aguaí—your first love.

ANTONIO: Naturally. You know that I spent wonderful moments with her, even better than our kitchenette days that you liked so much.

CAMILA: Oh, it was so exciting, Antonio. My sleeping there with you hidden from my aunt, well below Maria Antonia's war with Mackenzie, and the AI 5, *(enjoying it)* when everything was forbidden: the LSN, the ALN, the PC, the PCB, the PC of B, the OLAS, the OBAN, the MR 8...

ANTONIO: Yes...Very, very exciting, really.

CAMILA: The CPOR, the RG, the DSV. Thank goodness for acronyms. But anyway, things or people back then, everything finally happened.

ANTONIO: Pretty soon, you'll start getting nostalgic about torture.

CAMILA: You're the one who's starting up again! You're become boring and castrating! Just like back then.

ANTONIO: I was never boring nor castrating! Now you, yes, you were the one that in '69 was a megalomaniac.

CAMILA: Me-ga-lo-ma-ni-ac...! Oh, Antonio! Now I did come. I had a huge orgasm!

Camila picks up whatever from the room—a pen, a dust rag, and begins to decorate herself, perhaps climbing a chair, etc...

CAMILA: I felt such TRE-MEN-DOUS emotion! That special feeling! The first and only time I appeared on stage! That was really one of our great lays, Antonio! A great aesthetic lay!

ANTONIO: Well, the outcome wasn't so bad, but...

CAMILA: We fought a lot to get there, but it was worth it. Oh, was it worth it...*(changes her tone. now dramatic)*...Such pleasure, Antonio! Because theater is above all entertainment and PLEA-SURE!

ANTONIO: *(changes his tone)* Naturally. The pleasure of comprehending something.

CAMILA: Oh...no! Don't give me that same old story, no!

ANTONIO: It's no use, Camila. We're not going to produce this play! It's our first production. We're not even professional and this new playwright's so-called drama...

CAMILA: It's great, Antonio. This monologue is brilliant! This female character...

ANTONIO: Can it be possible that you haven't realized that this character is not a woman? She's a transvestite!

CAMILA: So what. Let her be a transvestite.

ANTONIO: Who spends the entire day looking at her own belly button!

CAMILA: And you spent your whole life looking cross-eyed at your own forehead!

ANTONIO: A dignified phrase for someone who only reads the comics.

CAMILA: And what about you? You don't even have words. You spend all your time quoting Lenin and Brecht. You don't have one thought you can call your own! Not even one!

ANTONIO: Oh, My Lord! Why don't you go back to school, huh? Why did you quit? Back then we could at least talk.

CAMILA: Talk? That's a good one! I know very well that you and "the cause" only became interested in me when I mentioned that I was going to study typing!

ANTONIO: Just stop it, Camila! At the beginning, you were following a very good path: lucid, active. But suddenly...

CAMILA: No...Don't come and tell me again that...

ANTONIO: You just freaked out since you started smoking marijuana—that was what I was going to say.

CAMILA:	It was just the opposite. I "freaked out" and then I started smoking pot!
ANTONIO:	Since you started smoking marijuana and began going to those macumba sessions.
CAMILA:	Candomblé! The true religions of Brazil! I want to perform this monologue with lots of drums and incense!
ANTONIO:	I'm not going to produce it; that's that! Theater has a social function and...
CAMILA:	Oh...no, don't give me that old cliché again, please, Antonio, I already asked you...
ANTONIO:	...it's some job! I can't produce a confusing and individualistic play; withdrawn, psychological, gay, alienated and mystical. It's beyond my principles. I'm a social artist. I'm an intellectual Marxist!
CAMILA:	But this monologue is inherently didactic, Antonio; naturally, at a subliminal level— unconscious, clear, subversive and revolutionary —and besides being cheap, it passed the censors and has government funding for its performance. Damn it!
ANTONIO:	It wouldn't work as a monologue. It would have to have form. A little, but it would have to have it.
CAMILA:	Sure. The Orixás—those African deities.
ANTONIO:	No Orixá. It should only have Exú. The revolutionary force.

CAMILA: That makes sense. The strength of nature. Pure. I love it when the priestess goes crazy and receives the deity, Pomba-Gira's spirit.

ANTONIO: It would be great if at that very moment...if then, she would raise the regional workers consciousness to fight for their rights.

CAMILA: Right on, brother! Hey. Hey!

ANTONIO: This play even has some good things in it, Camila. Where's the guy that wrote it? It would even be a pretty performance, but a lot has to be edited...

CAMILA: *(as Pomba-Gira, speaking like country folk)* Y'all be strong men, brother...So throw out those vanities. Beat on the table and show them. Show the Boss Men who's who—that if y'all want, you can take by force that which is yours by right and that them don't want to deliver. Spin the wheel, oh people, spin the wheel around cause the Pomba-Gira is going to give gifts!

ANTONIO: *(laughs)* That's the way to do it. Go on, you've got it.

CAMILA: *(Pomba-Gira)* For the handsome youth that has the most macho dick, the most clenched fist, the best head, the Pomba-Gira will award...!

ANTONIO: Feel free to add lots of dirty words! Do you have this guy's phone number?

Camila / Pomba-Gira lifts up her skirt and begins to dance, sensually, circling Antonio.

CAMILA: *(Pomba-Gira)* What is it? What is it? What is it that the Pomba-Gira is going to present to the handsome young man who leads his companions and comes out winning against his exploitive boss? What will he give? What is it? What is it? Is it the darkness of his hair, his fingers, his ankle? No...It's more in the middle...it's more in the middle...Is it his colored rings, his two red earrings, his scintillating crown, his shiny necklaces? No...

ANTONIO: It's much lower...much lower...

CAMILA: Is it his Amazon legs, his water nymph thighs, his mermaid breasts, his puckered up lips...his belly button? Is it his womb, his little hairs...?

ANTONIO: No...It's much deeper...much deeper...

CAMILA: Is it his dark coloring...his woody mystery, his scent, his heat? No...it's much deeper...much deeper...Oh, lovely young man, champion, your abysm, the end of all ends...is your well-guarded fruit...your taste, your sweat...your smeared vertigo...your...

ANTONIO: *(breaking with the atmosphere completely)* Shit, if we had done that we would have had better luck!

CAMILA: Why did you break the flow? You were...worried. I know you were.

ANTONIO: I thought it was funny. And it actually came to mind, that if you had done that we would have been more successful.

CAMILA: Ah. For an amateur group it was even pretty good.

ANTONIO: Too bad we didn't continue.

CAMILA: And that hurts you doesn't it. I know that what you always really enjoyed was theater.

ANTONIO: No. Politics was always the best.

CAMILA: But I will never know up to what point you really had to escape, and where the paranoia began.

ANTONIO: Oh, darn! Are you going to start that all over again?

CAMILA: Well...Yes...to stay wouldn't have worked out.

ANTONIO: You're right, to find Major Happiness in this day and age is rather tough.

CAMILA: What about our marriage? Marriage, after all, is an emotion.

ANTONIO: *(grimaces)* Just to please the family. To make the journey easier...

CAMILA: Yeah. Burnt out. Like you, now. *(annoyed)* We were really on the same wave length, Antonio. As I portrayed Pomba-Gira, I felt a sensuality overtake me. It possessed me really! The Greater Emotion we were searching for, could have descended upon us! And you cut it! And you still keep on changing the topic!

ANTONIO: Do you really think that the memory of those days can really be sensual, darn it? Everything prohibited was hidden; politics, sex, drugs, love, humor, eroticism, all the clandestine emotions repressed, Censorship, the Dictatorship, prisons, Borges, torture.

CAMILA: Right, right, fine, Borges, yes, you're absolutely right. I had you invite your first girlfriend, your little Beauty from Aguaí, to the wedding and she didn't come.

ANTONIO: Nor even your dear Rocky from Tietê.

CAMILA: Right. And there we went, at the turn of the decade, adventurers, self-exiled, en route to...

ANTONIO: What remained of dreams!

CAMILA: *(changes her tone)* London, Antonio! Let's go to London!

ANTONIO: *(changes his tone of voice)* No way. Let's go to Paris!

At this point, the two begin to imitate an airplane.

CAMILA: LONDON!

ANTONIO: PARIS!

CAMILA: LONDON!

ANTONIO: PARIS!

CAMILA: LONDON, LONDON, LONDON!

ANTONIO: I have business to take care of in Paris, Camila!

CAMILA: Settle it later. I'm not going to put up with that snobbery. Everyone is in London.

ANTONIO: But who is everyone? Everyone is in Paris, Rome, Chile, and Cuba.

CAMILA:	The snobs of politicking. Where it's at is in London.
ANTONIO:	I didn't come to Europe to "hang out", Camila. Those in my ball park came to escape death.
CAMILA:	Oh, and I suppose that I didn't? Do you think that the only kind of death there is is physical?
ANTONIO:	It's arriving. Look there. Down below, Camila! It's France!
CAMILA:	*(fascinated)* Look at the little houses, the medieval little houses, just like those in the magazines...!
ANTONIO:	Everything is planted, cultivated, for kilometers.
CAMILA:	It looks like a fairy tale moquette...! I can't believe it. Look over there, I've got to write Daddy!
ANTONIO:	Paris! Paris! Let's stay in Paris!
CAMILA:	London!
ANTONIO:	Paris!
CAMILA:	London! London!
ANTONIO:	Paris, London, London, London, *(imitating an airplane)* AHAHAHAHAHAHahahahahahahahah Lon-don!!!

Antonio stops and sits on the floor, tranquil; he lies down.

| CAMILA: | *(tone changes to boredom)* Oh, of course, what else would you do, right, Antonio? I'm sure that you never felt any greater emotion than that one there. |

ANTONIO: *(fascinated)* It's working, Camila. This one is for real, I'm feeling...

CAMILA: *(changes)* Naturally, this is real acid, fine stuff. Now take it easy, I'm here with you.

ANTONIO: But, I can't seem to explain anything...I just can't...explain...

CAMILA: *(to herself)* To exchange one highfalutin', castrating system for another gets one nowhere.

ANTONIO: I'm looking at the inside of my hand...the texture of the skin...the pores...

CAMILA: The way to go is to jump ship and construct a New World, of Peace and Love.

ANTONIO: *(very scared)* The cops! The cops, Camila. *(threatens to run for it)* Come. Run. Look it's the cops!

CAMILA: Calm down, Antonio. We're not in Brazil. This is the London beat, extremely well—mannered. *(changes her present tone)* Oh, Antonio, come on, try to remember a shared emotion. Look over there at Borges watching you trip!

ANTONIO: *(scared)* Where? Where is he? *(mad)* Oh, Camila, what bad taste on your part to recall that fascist here in Amsterdam.

CAMILA: *(back to original voice)* Did you get a position as a waiter in that restaurant?

ANTONIO: My mind is way up there, with 1,000 colored lights. But I can't seem to balance my act...no...I can't...

CAMILA: I can. I got used to it. Don't go and tell them, please, but acid is really not my bag, it only gives me a "bad trip"; even hashish with tobacco is beginning to give me problems. What a shame. But when they pass me a rolled up joint, I pretend to smoke it and no one suspects that I'm really faking it. But listen here, don't you go and tell anyone, O.K.?

ANTONIO: Don't you think I look a little bit like Mick Jagger? He's fabulous...!

CAMILA: Did you see how amazing those underground magazines are? Everything is drawn right in, even sexual relations, and they're sold on the street. How can they get away with it?

ANTONIO: I don't know how Censorship permits it...

CAMILA: And why didn't you want to go to that feijoada dinner in Belgium?

ANTONIO: The Brazilian Black Bean dinner? That's something that exiles dreamed up to do, naturally. That's all it is.

CAMILA: When I said I was Brazilian, the guy wanted to know if I had been arrested and tortured. When I replied that I hadn't, he was very disappointed, I knew that I had lost a few brownie points.

ANTONIO: I was tortured. Just a little bit, but the experience counts for something.

CAMILA: Did you see that? Brazil was the World Cup's Champion again.

ANTONIO: *(indifferent)* Yeah…? Big deal.

CAMILA: *(frightened)* Look, it's the cops!

ANTONIO: Oh, Camila, see to it that you don't get scared, see that you don't forget that we're not in Brazil, but in San Francisco.

CAMILA: This month I didn't get one red cent from home, not even from your house.

ANTONIO: But I sold that drawing yesterday.

CAMILA: We need more money. Let's go play some music down at the metro. Yesterday I saw a Cuban film. Can you imagine, they even say the word com-mu-nist, how can they? Dying of fear, I looked to both sides, but no one paid me any mind. They've kidnapped another Brazilian Ambassador.

ANTONIO: I miss my little Beauty.

CAMILA: Hey, there you go with your little Beauty again! I found a political bookstore today, underground. It looked like a catacomb in Rome.

ANTONIO: And how about that theater in New York with everyone naked…

CAMILA: How can they? I can't get used to it yet, but it seems like once you're out of Brazil, liberty really does exist.

ANTONIO: Those archaic and tranquil faces of the people from India.

CAMILA: Don't mess with the cow, Antonio! Here, she's sacred, just knock it off, here she is sacred!

ANTONIO: So am I.

CAMILA: My period is late. I want to return to the West. I want to do something worthwhile.

ANTONIO: I want to throw everything up in the air, just stay on my own wave length...and enjoy my vibrations...

CAMILA: I miss Rocky from Tietê.

ANTONIO: She almost made me feel like little Beauty did.

CAMILA: She, who...

ANTONIO: Blond, white skin, some freckles...

CAMILA: *(changes present tone)* The American Betty?

ANTONIO: Right.

CAMILA: You made it with her?

ANTONIO: Transparent skin...

CAMILA: Well? Tell me now. Did you actually go to bed with American Betty?

ANTONIO: *(changes present tone)* I did. What of it? What's the problem?

CAMILA: *(feigning)* Nothing...that's fine...it's just that...that...you BETRAYED ME?!!! YOU BETRAYED ME? WELL? YOU GOOD FOR NOTHING!

ANTONIO: Ah, Camila...At the time you said our relationship was an open one, that you wouldn't mind...that it would be silly...

CAMILA: YOU SNAKE IN THE GRASS!

ANTONIO: *(very surprised)* What's the beef, Camila? It wasn't only us. Everyone was swinging.

CAMILA: Cheating on me with a crazy free-loving hippie from San Francisco! Sold! Handing it all over! Colonialist! Imperialist!

ANTONIO: *(turns his back on her)* I don't get it.

CAMILA: Well, I also cheated on you, in case you want to know. At that same time in Saint German de Prés! I won't even tell you if he's Brazilian or not. I betrayed you with one of those guys that the Official Press loves to call terrorists, and I LOVED it, so there!

ANTONIO: Ah, don't start with those tall tales, Camila. Now, American Betty and I, that really happened, and I felt total pleasure, indeed. Quite similar to what I felt with my little Beauty.

CAMILA: Well the terrorist Big Joe reminded me of Rocky from Tietê.

ANTONIO: She was thin, remember? But so round, small, well curved, delicate. I never felt like such a man.

CAMILA: And I ne-ver, but really ne-ver felt so fragile and feminine as when I was with Big Joe. I never felt so protected.

ANTONIO: Two small apples...her breasts. The nipple was
            light pink, of course. Really light.

CAMILA: Hmm...dark and so soft...were Big Joe's hairs.
            Lots of them. All over his chest. That made me feel
            like such a woman...

ANTONIO: I had never seen a blond pussy before. She looked
            like a teenager. And that drove me crazy. The
            blond fuzz shining on her girlish body...ah...that
            drove me crazy...

CAMILA: Men's dicks are so different from one another just
            as people's faces are. It's amazing but I had to
            travel abroad to find that out. Now, for example, I
            know that I hate dicks that are like a sharpened
            pencil. Big Joe's was the seminary type, with a
            monk's hood and all, but when he took the hood
            off...Oh, how cute and full it was, not as long as
            yours, Antonio, but it was also strong and firm,
            know what I mean?

ANTONIO: Yeah. Hers also didn't look like a fig, like yours
            does, but it was of a wondrous beauty...so
            different...Let's say it was like a flower...the heart
            of a rose...that I went about slowly removing with
            my hands...like this...petal by petal...

CAMILA: Only that Big Joe's, Antonio, was al-ways hard,
            are you listening? Al-ways upright, a beauty, ready
            to serve, there, soaring, elegant, elevated, and al-
            ways erect! And it was like that, very elegant and
            hard, that he'd come.

ANTONIO: Petal by petal...and then she opened up, entirely
            nude, inside and all, simply lovely, without any
            problem...

CAMILA: He approached me like a real conqueror, and I think that was what I liked most about it.

ANTONIO: She opened up without the provincial Brazilian guilt, so relaxed and sweet...

CAMILA: He grabbed me with the assurance of those who rule. He held me firmly like a proprietor, owner and lord...

The two are quite close, almost touching.

ANTONIO: ...as if that had always been mine...I held it firmly...

CAMILA: And went on conquering...all of space...he went on inserting himself...

ANTONIO: Possessing and enlarging myself...and squeezing you...

CAMILA: *(cut, changes tone)* And with that guy, I can confess to you today, I finished for the first time with...with it inside me.

ANTONIO: What...?

CAMILA: Exactly what you just heard.

ANTONIO: Then, all of that was really true? You slut.

CAMILA: Of course, I've always had a very pleasant orgasm with you, from the moment we petted in the drive-in and all of that. But never during the sexual act with you—with it inside me—that never happened before. Only after him did I manage to do it with you. I wasn't going to tell you, but now it's told, so there. It's told. *(pause)* Don't you have anything to say?

ANTONIO: *(stern)* I don't know. *(pause)* That shocks me a lot...I don't even know if I believe it...

CAMILA: Well, it's true. Only with him did I reach that famous multiple orgasm, mystical, metaphysical, gyrating, aerodynamic—cosmoenergetic.

ANTONIO: Say what...? Camila...I feel...like...like...like... *(controls himself)*

CAMILA: Like nothing, my dear, because your enlightening experience with American Betty was nothing less.

ANTONIO: But you said you wouldn't mind! I thought it would be stupid to tell you. And you had already put out!

CAMILA: No, you betrayed me first. And anyway you had told me that the relationship was open, that I could sleep around if I wanted to. Don't you remember that any longer? Only you didn't want to know about it because you were born in Aguaí or something like that.

ANTONIO: To say that you can cheat on me is one thing. But to really cheat on me is something altogether different!

CAMILA: That was not discussed like that at that time. No!

ANTONIO: It was implicit. I'm from Aguaí. I'm not prepared for something like that, fallen woman!

CAMILA: You won't fall apart now, right, Antonio? Not after 11 years. Besides, you were the one who betrayed me first.

ANTONIO: It was you, it wasn't me. It was you. You tart, you tramp!

CAMILA: You cheated on me first...

ANTONIO: BUT I'M A MAAAAAAAAAAN!!!

CAMILA: What?!!!

ANTONIO: You cheated first, you cheated first, you cheated first...

CAMILA: Oh, it doesn't matter who did it. And who's to say that we didn't cheat on each other even here in Brazil?

ANTONIO: With whom? With whom did you sleep, you loose bitch?

CAMILA: One thing's for sure, I didn't sleep with the entire university like you did.

ANTONIO: That was before we were going steady. And I've already told you that after we got married, I did it with Betty.

CAMILA: I don't have anything to hide from you, Antonio. That's enough. Let's go back to where we were. Where were we anyway?

ANTONIO: We were finally on our way to some good sex. Until you spoiled everything.

CAMILA: We seem to have constructed this entire paraphernalia for a pleasurable and banal sexual encounter, right, Antonio? Yet, that's why we have spouses. Our encounter should be for something more.

ANTONIO: Yes, it should. Only, it's not that easy to arrive at that Greater Emotion.

CAMILA: That's your fault.

ANTONIO: Mine? You're crazy. The problem is all yours.

CAMILA: Yours!

ANTONIO: Yours!

CAMILA: Yours!

ANTONIO: Yours!

CAMILA: Paris!

ANTONIO: London!

CAMILA: PARIS!

ANTONIO: LONDON!

CAMILA: '73, BRAZIL AGAIN! PRESIDENT MÉÉÉDICE!

ANTONIO: SALVADOR! THE BIRTH OF LITTLE JOE IN AREMBEPE! THAT WAS THE GREATEST OF GREAT EMOTIONS, **CAMILA**!

CAMILA: Without a doubt...I suffered a lot during labor, but for what we want it's not worth anything.

ANTONIO: Oh, Camila, THAT FIRST EMOTION...We put a son into the world and we named him after the Sun...What could be more incredible?

CAMILA: But what good did it do? From the first day at school his friends nicknamed him Little Joe. Thank goodness, anyway. I don't know where our heads were when we baptized him Sun!

ANTONIO: *(laughs)* Our heads were in orbit, that's for sure. *(changes tone)* Let's go live in Salvador, Camila.

CAMILA: Don't even think of it. We can live at the beach, but near São Paulo, Antonio.

ANTONIO: Rio then.

CAMILA: São Paulo.

ANTONIO: RIO.

CAMILA: SÃO PAULO.

ANTONIO: RIO.

CAMILA: SÃO PAULO. THAT JUNGIAN WAY OF DOING IT, ANTONIO! REMEMBER? IT WAS THE BEST!

ANTONIO: The Jungian Way?

CAMILA: Right. Anima-animus. Ah, how come you can't remember it? Seventy three, you were in that state of indifference...!

ANTONIO: Of course, I remember my state...But...

CAMILA: *(changes her tone; now, arriving from the street)* It's settled Antonio, I'm definitely going to finish college and tomorrow I begin working with orphaned minors.

ANTONIO: *(changes tone, lies down)* Said and done...

CAMILA: But I don't know what we'll do if you continue this way. You couldn't stay longer than an hour at your last job. You're just putting on airs when you say you're only being able to draw in your own "environment"; that you are incapable of inspiration in the "stifling atmosphere" of offices.

ANTONIO: It just doesn't work, Camila.

CAMILA: Our friends have already helped in whatever way they could. Gosh, we need to manage somehow — after all, we have a son to raise.

ANTONIO: That's silly. Don't exaggerate...Those drawings there...

CAMILA: Where am I supposed to sell them? At Republic Square? Antonio, even there no one wants to buy experimental paintings.

ANTONIO: That's enough, Camila. Everything's cool...

CAMILA: I went to see if I could get some grass for us but I couldn't find anyone at the bar. Funny, I don't know where to find people anymore. Where did everyone go, Antonio? *(looks out the window)*

Antonio begins to play the harmonica.

CAMILA: There's a miracle going on out there, an economic one. Lots of people are very well off, or so they say. They're working in companies, buying cars, earning plenty of money. It's funny though, I can't seem to run into them.

Antonio continues playing.

CAMILA: The people from our generation...Those who wanted to change are in a mental institution and those who wanted to change the world are 10 feet under.

ANTONIO: What shit, man...That's all we need, one more headache...

CAMILA: A problem, shit, you said it man. Why don't you try to verbalize so that we can maintain a con-ver-sa-tion, Antonio? Although you may not know it, the word "still" functions for the purpose of communication.

ANTONIO: Cut me some slack...

CAMILA: Cut it out, you said it, man. What a pile of shit! I can't take it anymore. God! What happened to those Homeric discussions we used to have, Antonio? They were so good. The ones we'd have at the department, the theater, the newspaper stands, the corner bar. What in the world happened? I can't stand reading that formerly prestigious São Paulo newspaper—the Estadão— to now find only a cake recipe instead of the news because it's been censored; or even going to the theater and attending plays that are written in codes. Brazil has become a ridiculous and huge charade. *(lowers voice, frightened)* I hope there's no spy from the Secret Police "DOPS" hiding behind the door or listening to what I've just said. I can't take anymore of this daily fear that I constantly feel, damn it!

ANTONIO: Stupid.

CAMILA: I am an idiot who suffers without cause from a persecution complex. But of course there's a motive, because besides drugs and all, we helped so many political activists; we took things abroad, brought, and did things. Up to the what point are we just sympathetic to the cause and where does political activism begin, Antonio?

ANTONIO: *(gets up, boredom)* You always liked monologues...

CAMILA: Goodness! You actually said something! You just managed to say an entire sentence, how wonderful! And with whom am I going to converse if everyone in this country is deaf?

ANTONIO: The way out is through imagination.

Antonio—in front of mirror, puts African necklaces on.

CAMILA: Before you called it alienation! And that's how the people up there want you to feel. That way you can let them perform that miracle for a minority— buying yachts. They want us to choke and die, like you there, sitting down, individualistic and escapist. Oh my God, before you were the one who used to say that of me. Can I now be as boring as you once were? No, you weren't boring; you were lucid. You planted my feet on the ground; you guided me. You were brilliant, Antonio. Where did you go to? Where, oh where are you? Where are you, Antonio? NO, NO, YOU'RE NOT GOING TO PUT MY NIGHTGOWN ON AGAIN, NO SIR!

Antonio is donning her Hindu nightgown.

CAMILA: Oh my God…Antonio, I know that it's wonderful to enjoy the body, your anima, your feminine side, you already told me all of that but…why don't you put some acid in Brasilia's Water Tank instead? Why don't you try screwing up the entire Power structure? "That" is what I call political action! Damn it! I can't stand this apathy any longer. I can't take it anymore. I want to be active in the front lines of the battle. Where is everyone? Are they all dead? Can it be that I've arrived too late? I want to fight and everyone is already dead…

Antonio lights the incense and motions for her to be quiet.

ANTONIO: *(in a low voice)* Ssssh…quiet, Camila…"Feel"… "Feel"…

CAMILA: Although you really are a handsome man. Goodness, you sure did smoke quite a bit of pot today. There, I'm already tripping. I'm hitchhiking.

ANTONIO: Then come on…

CAMILA: What…? My masculine side…? Strength… Initiative…

ANTONIO: Put my cologne on, go on…

> *Antonio—perfumes Camila and helps her to get dressed in his clothing.*

CAMILA: Your cologne, your perfume—I'm going to smell like a man, right? What smell does a man have, Antonio? Is it like sweat, like skin, like Camel's without filters?

ANTONIO: And just look at how I'm smelling you...bubble bath, come on...

CAMILA: What are you wearing underneath? Isn't that my lace panty?

ANTONIO: It is. It's "our" lace panty. If you'd like, you can put my boots on. Go on.

> *Camila is more and more masculine and Antonio becomes progressively more passive. Camila puts on the boots.*

CAMILA: Yeah. I really like these boots of yours. I've always liked them.

ANTONIO: They look good on you. You don't have fragile legs. No. They're long and firm. You look like a Viking goddess.

CAMILA: That's fine, anima. If you really want it like that, let's go on. Stay real quiet because I'm going to do something that you're going to like a lot. *(She lifts up his nightgown.)*

ANTONIO: *(with modesty, covering his legs)* No...What are you going to do...?

CAMILA: Nothing...be quiet doll...After all am I not the man now? Then relax, you're going to like this...

ANTONIO: Please, no…

CAMILA: Oh…How I like to feel you underneath this fine cloth…I love it…I can guess all of you…

ANTONIO: No…ahhh…yes. Guess me then…Touch me…

CAMILA: There…relax…I want to feel all of you totally loose, come…Let me grab that long hair of yours that smells like plants between my hands…Let me taste that fleshy and full mouth…let me…

ANTONIO: Kiss me…Put your mouth close to mine…

CAMILA: *(rudely pushing Anthony's head down)* Now give me your tongue, Open that mouth. Come on, give me your saliva! No one ever grabbed you so harshly, right? No one, ever! Swear that no one ever ever handled you so roughly!

ANTONIO: *(in a low voice)* No…never…grab me…

CAMILA: *(climbing on Antonio)* What about like this on top—galloping firmly on you? My big colt, did anyone ever dare do this before? Well? Did anyone do this?

ANTONIO: No…no one…

CAMILA: Do you swear. . ? Well, you naughty girl? Did you ever put out for anyone else like you're going to put out for me now?

ANTONIO: No…never…

CAMILA: No really, you swindler? No really, you shameless hussy? No really, you little bitch?

ANTONIO: No...no...only...

CAMILA: Only what you little bitch...? Only what you big bitch? Only what you big chicken?

ANTONIO: Only with the American Jim.

CAMILA: Only with Jim...*(changes tone)* What did you say?

ANTONIO: Only with the American Jim.

CAMILA: With American Betty's boyfriend?

ANTONIO: Yeah...He burnt his draft card so he wouldn't have to go to Vietnam. *(changes tone)* Remember him?

CAMILA: You made it with the American Jim?!!!

ANTONIO: In that...open scene of exploring my feminine side, you know...

CAMILA: You never told me about that, Antonio! *(gets off him)*

ANTONIO: Shit...Of course, I didn't tell you. What for? It's silly. We've already talked about not confusing marriage with a confessional.

CAMILA: Yes...sure...but in that case it's different...In Europe then...at the start of the decade...YOU GAVE YOUR ASS AND DIDN'T SAY ONE WORD TO ME!

ANTONIO: I DIDN'T GIVE MY ASS! I didn't give my ass...I...I had a total sexual experience, therefore slightly homosexual, that was never again repeated so there. That's all. Why tell you anything?

CAMILA: What do you mean "Slightly total"? I don't get it, please explain. What I want to know is if you screwed him or not.

ANTONIO: "To screw..." What a vulgar word, Camila, please...

CAMILA: Oh. Screw was always the word we used. And so now, it's become vulgar, hasn't it doll?

ANTONIO: Camila, if you insist on falling into the gutter like that, I'm not going to tell you anything more, O.K.? I'm not gay. No, one day, I only happened to screw one more person without prejudices and he was a guy. That's all.

CAMILA: But what do you mean by that "without prejudices"? What do you mean by that expression, "I screwed"?

ANTONIO: "I screwed" means what it has always meant!

CAMILA: That is: Nothing.

ANTONIO: And everything.

CAMILA: What do you mean by that?

ANTONIO: Nothing. Come off it, Camila, please. That was ten years ago. It was the thing to do, shit. It's not my bag, I'm still straight. Do you want me to take some manhood test? Well, do you?

CAMILA: I do.

ANTONIO: Why did I go and tell you, damnit? ! ! ! What balls. I'll never tell you anything else, there. If you aren't prepared to handle it...

CAMILA: It's not that. It's just not easy, Antonio. It was already a heavy blow to find out that without confiding in me, you did it with American Betty. And now, you come and tell me that you also cheated on me with her boyfriend...!

ANTONIO: OK...Now, see that you forget it., OK...?

CAMILA: I also had my "horizons widened" with women, OK?

ANTONIO: What...?

CAMILA: But it's no use I won't give you all the details. However, I didn't go to far in my intimacy, no— only kisses and secretive caresses.

ANTONIO: Oh. That's common when you've just become an adolescent, before us men appear on the scene.

CAMILA: Pretentious!

ANTONIO: Should I really believe it, Camila?

CAMILA: You know what you want to believe; either way is fine with me. You've changed the subject to escape...the topic at hand.

ANTONIO: Me? I fled from absolutely nothing.

CAMILA: Come off it now, Antonio. I was "almost", but "almost" eating you out when you spoke of Jim just to cut my pleasure.

ANTONIO: It wasn't to cut anything. I just remembered, that's all.

CAMILA: Well. Besides the shock you caused me, I must confess that I admire you somewhat, see? I never thought that you were capable of having that type of experience, even during that time of utter craziness. Not with all your macho-ness, my son...

ANTONIO: Let's not start in again, Camila. If I've told you once, I've told you a thousand times that I'm not macho.

CAMILA: That's a lie. You already confessed once that you were!

ANTONIO: A macho by "culturization"only. But I always did my best to change, even so that I partook in what I just told you about.

CAMILA: That has nothing to do with it. I know a real "nest" of macho dragonflies. And the experience was of little use to you because deep down, way down, you've continued to be the big macho man.

ANTONIO: Camila, you can't expect me to erase my entire upbringing in Aguaí from one day to the next!

CAMILA: Well! I've heard that from the Soviet Union for millenniums and from Cuba for a quinquennium...

ANTONIO: And I've heard you say that for much longer than millenniums!

CAMILA: Lies—since 1975—The International Year of the Woman.

ANTONIO: And then in 1976, when our daughter was born: Wo-man! And then in...

CAMILA: '77 and the Disco, Antonio! It had sensuality, it did! Come here!

The two begin to dance a bit.

ANTONIO: *(dancing)*...and then in '78...and later in '79, and again at the end of the decade, Camila! Gosh, it passed quickly!

CAMILA: *(changes tone)* Only this year I'm going to gather courage and act accordingly, got that? Fe-mi-nist! Yes, I'm a fe-mi-nist, Antonio. A declared one!

ANTONIO: *(changes tone—boredom)* But, I repeat, you don't have to be that radical. You can defend women's rights very well without any flag waving or bra burning.

CAMILA: You mean in the thicket, naturally—begging your pardon. In reality without defending shit, right? By the way, Antonio, all the really neat female exiles that are returning now, thanks to the Amnesty attained mainly by Brazilian women, are returning as feminists and are simply mar-ve-lous.

ANTONIO: Not the more serious ones, Camila. The more serious ones know that they cannot afford to split the camp up.

CAMILA: Don't come off saying nonsense like the left wing, O.K.? Not even the most radical right faction, not even Borges says that any more. Everyone knows that woman's change has come about to-ge-ther with that of the System and...

ANTONIO: *(cuts in)* I know that, Camila. Besides, I was the one who came up with those ideas first, not you.

CAMILA: It wasn't even you. It was the Americans, Betty and Jim.

ANTONIO: But they exaggerate the situation somewhat, which has nothing to do with our culture, because in Aguaí...

CAMILA: *(cuts in)* Oh, don't come with that excuse again, please. God, since he left the sanitarium, he's become square for good.

ANTONIO: Who told you to put me in the sanitarium? Surely, I didn't want to go.

CAMILA: What was I to do? You wouldn't even stand up, man. There was simply no other way—it was either the institution or the cemetery.

ANTONIO: You're right. Back then there was really no other way out.

CAMILA: That was in 1974. But it was good for you. You went in completely mute and you came out uttering sentences with subject, verb and predicate. Everything was on the right track, just right. One could even understand you rather well.

ANTONIO: "I want a color television," That was the first thing I said, I remember that rather well.

CAMILA: So what? For a couple that was on the other side of Shangri-la not wanting anything any more, that first desire was even a sign of rebirth.

ANTONIO: Yeah. I left there looking like a student at the top of his class. And then again, that makes sense, in order to draw packages for things of superfluous uselessness, you do need to have a diploma from the crazy house.

CAMILA: You speak as if you really put up with that for a long time—the Publicity Agency, the engineering firm or any of the other jobs. Maybe now at the Planning Ministry you'll sit your ass down and get down to business.

ANTONIO: I will. At least my diploma was worth that much. I'm going to settle down. Yes we have to finish paying off the apartment...

CAMILA: And the plot in Embú?

ANTONIO: Next year, who knows what'll happen—that is, if our mini inflation allows us to...

CAMILA: Then there's our car, the Corcel II, that place in Ibiúna, that painting by Tozzi and Gregório, the apartment in Ubatuba. Oh...but now that I've begun at the Clinic, things will get much better.

ANTONIO: I'm also excited. It looks like they're going to eliminate our state of siege, did you know that?

CAMILA: Really? Good, maybe that won't be as disappointing as the Last Tango. *(pause)* Today I'm going to a Worker's Party meeting, you know, the PT.

ANTONIO: *(annoyed)* And why are you going? Darn it, Camila! We could shut ourselves out for at least once in our life!

CAMILA: I'm not a middle of the road liberal/leftist, one who can go along with your abstract PMDB Party.

ANTONIO: Is it really possible that it doesn't sink into that head of yours, that you are now a respectable la-dy, a mother of two children? And that this image does not allow you to run around like a young student, going to strikes and listening to our Lulas of São Bernardo—the Lech Walesas of Brazil.

CAMILA: *(boredom)* Today the governess stays with the children but tomorrow she can't, so you need to stay with them. I have a meeting with the Anti Nuclear Power Plant Group, OK?

ANTONIO: But tomorrow night I have a Neighborhood Protection Group Meeting to preserve the Town Square!

CAMILA: My meeting is more important; it's of national concern. You'll need to miss yours to stay at home with the children, Antonio.

ANTONIO: You're the one who's staying, because my meeting is more important. It's our immediate problem and urgent. They want to eliminate the Public Square, the only place our children have to breathe in. I can't miss the meeting, besides, you're the one who should be going to it.

CAMILA: No, I have the Nuclear Power Plants to worry about, and the Worker's Party, and the clinic...

ANTONIO: And women's lib, and black power, and gay power!

CAMILA: It may well be! Isn't this beginning to look like the states?

ANTONIO: Well, you can mark my words I'm not staying with the kids so that you can sway to the tune of democracy! That would be really funny! If I told that to anyone they wouldn't believe it!

CAMILA: And my staying with the kids so that you can sway to that tune is simply normal, isn't it?

ANTONIO: Certainly! It's been normal since my days in Aguaí! And don't come off with that feminism crap again. I can't take anymore of that.

CAMILA: Oh, damn it! OK, one more time I get to miss the meeting. But of course, I'm the one who must give up my interests. And now, enough of that because I can't take this fighting any longer.

ANTONIO: I also can't take this fighting any longer. I've been doing very well, in very good spirits and I'd like to continue this way.

CAMILA: Fine, me too. How about having the next of these meetings that pops up at our place?

ANTONIO: Good idea. We've been ostracized from people for so long that the best thing to do now is to make up for lost time.

CAMILA: Would you really like that? What a miracle! You've shied away from so many get togethers and even more so from those cozy meetings between two.

ANTONIO: What do you mean by that? That I haven't...lived up to my marital responsibilities, is that it?

CAMILA: So, now they're your responsibilities!

241

ANTONIO: After so many years, things cool down a bit, don't they, partner?

CAMILA: Only for those that have no imagination...

ANTONIO: And I used to have so much of it. And you would call it alienation...

CAMILA: But that alienation would sometimes be so good. I sure do miss having those American Bettys and Jims around here. We could use them...

ANTONIO: The person I really miss is my little Beauty.

CAMILA: Boy, you never forget your little Beauty!

ANTONIO: And you never forget Rocky from Tietê.

CAMILA: Yeah. There's nothing quite like one's first love, right?

ANTONIO: *(thinking)* Rocky and little Beauty? *(laughs)* No. Little Beauty wouldn't work out. It would be too much.

CAMILA: What would little Beauty be too much of?

ANTONIO: I was thinking about having a little party here. A foursome, know what I mean? Just to revive the carrying on of cold duty.

CAMILA: Oh, knock it off, Antonio.

ANTONIO: No, really. Only Belinha wouldn't work. Too bad, cause she's got some thighs...

CAMILA: Rocky is also a blast. So cuddly...But you can't invite him to that kind of party either.

ANTONIO: Yeah. I suppose it has to be the Americans, Betty and Jim. I'll call them.

CAMILA: What? I don't get it.

ANTONIO: *(On the phone, he dials only one number.)* Betty? This is Antonio. How's it going? *(pause)* Great, great, listen we want to invite you, and Jim, to an "intimate" little party here at home, tonight. *(pause)* That's right, well perfumed, with VITABATH, remember? VITABATH. *(pause)* Sure, see you later. *(hangs up)*

CAMILA: *(laughs, understanding)* Oh no, Antonio, that would be too much. My head's not ready to handle swinging.

ANTONIO: Don't be provincial, girl.

CAMILA: It's not a question of being provincial. It's that to swing is so middle class, so vulgar, so bourgeois, so right wing it's absolutely PDS!

ANTONIO: Don't be silly. What's vulgar is to cop out, that's lacking spirit. Come on, let's go clean up the living room...!

CAMILA: *(laughs)* The doorbell's ringing!

ANTONIO: It's them. Get it. And please, today that we have company, try to be a bit more "refined" in your seduction, OK?

Camila, vacillating, finally gives in to the game, and answers the door.

CAMILA: OK I'll try being more sophisticated. *(Opens the door. No one's there.)* Oh...good evening, Betty. How are you? How are you doing, Jim? It's been so long...

Camila and Antonio "see" and "talk" to the two constantly. The two "go" to the sofa.

ANTONIO: Please, sit down. Would you like something to drink?

CAMILA: Would you like a drink with a little kick to it or...

ANTONIO: *(disapproving)* Camila...A little pot? Or a little powder?

CAMILA: So, you've also become square, like us.

ANTONIO: But today we have to relive the good old days.

CAMILA: *(serving drinks)* That's right. Let's remember the good old days. Take your coat off, Jim. Your shirt too, while you're at it, and make yourself at home on those pure silk pillows.

ANTONIO: That's it. Make yourself comfortable. It's too hot.

CAMILA: It is hot. Today the heat is just too much.

ANTONIO: Lovely shoes you have on, Betty. The heels must be about four inches high, aren't they?

CAMILA: If you like you can take those off too.

ANTONIO: And your stockings...You can walk barefoot on the floor because the carpet's satin.

CAMILA: What gorgeous shoulders you have Jim, wide and golden.

ANTONIO: A well made back, yes...you do look like Apollo.

CAMILA: I love that kind of cute hard ass that begs to be grabbed. And I simply worship that flat stomach with two grooves that form a V and that end in a place that I know so well...

ANTONIO: Could you give me that Can-Can garter belt, Betty?

CAMILA: We collect them...

ANTONIO: No...! Don't tell me you don't have any panties on, Betty...Let me see. Spread your thighs a little wider. That's it...Goodness...! You are...! How wonderful...! You're all wet...

CAMILA: *(nervously laughs)* Oh...I'm embarrassed, Antonio. It seems like a bunch of people are watching.

ANTONIO: What's that girl? And what if there were? Come on, onward. Don't allow provincial attitudes to stop you.

CAMILA: What's that bulge in your pants, Jim? Come on...Let me touch it...I want to guess its shape by touching it...

ANTONIO: That's it. Let's all draw a little closer to one another, Camila. We're too far apart. Let me help you, Betty.

CAMILA: *(closes her eyes)* Ummm...How marvelous, Jim... firm and smooth. It trembles when touched. How well planted it is, what texture, how well sculptured, how well carved...

ANTONIO: Yes...like that, Betty...without any clothes...it's so much better...

CAMILA: This mushroom head seems to be made by a chisel. It's humid tip must taste like honey. Let me see...

ANTONIO: Liqueur and wine. I'm pouring it all over Betty's body, Camila. Or would you prefer champagne?

CAMILA: I'd prefer champagne and honey. Come on, let's all get wet. The four of us. Let's smear it all over us.

ANTONIO: I want to lick all of this flavoring, piece by piece. All of the curves and all of the reentries I find.

CAMILA: And all of the peaks and all of the protuberances. Whose bulges are these is my hands now? Yours, Jim, or are they Betty's?

ANTONIO: They're mine. And my nails are those that search for you, like this, and that are scratching you, like so, and that are skinning you...

CAMILA: Oh...yes...scratch my skin like that...it feels good...try to scratch my skin harder...

ANTONIO: With your teeth too...come on, let's hurt each other a little bit.

CAMILA: Harder...That delicate harshness anguishes me. Harder. Go on. Brace yourself. Grab me, deeper...

ANTONIO: I submerge and I invade you, and I crack and I spear you *(anguish)* I want all of me to spill over, yes.

CAMILA: *(anguish)* Tear me. Break me.

ANTONIO: I want to.

CAMILA: Come. Scratch me. Tear me to shreds…! Try the whip and the prison cell.

ANTONIO: And I whip you, and whip you.

CAMILA: Put the spurs on. Harness me…

ANTONIO: And I whip you, and brand you.

CAMILA: Take a hot iron, press the brand and pierce my skin, until it tears.

ANTONIO: Until I burn you, until you break, until you become a gangrenous mass.

CAMILA: All of this congestion.

ANTONIO: Should I do it on the arm or on the knee?

CAMILA: On the thigh or on the shoulders?

ANTONIO: No. First I'm going to brand you in a more delicate place.

CAMILA: Will you do it on the palms of my hands or on my back?

ANTONIO: No. I'll brand you in an even more fragile place.

CAMILA: Will it be on my lips or in my womb?

ANTONIO: I will brand the two tips of your breasts until the entirety of them is toasted.

CAMILA: NO! NO! THAT'S ENOUGH! I'LL TELL EVERYTHING! THAT'S ENOUGH! THAT'S ENOUGH! I'LL TELL EVERYTHING!

ANTONIO: *(changes tone)* Calm down, Camila...What is it?...

CAMILA: I'll tell...

ANTONIO: Camila, calm down...I'm here...you didn't really believe that I would burn your nipples, gosh...

CAMILA: Oh? What happened...? *("comes to")* Oh, forgive me, Antonio...I...I spaced out.

ANTONIO: What the hell happened?

CAMILA: I don't know. Suddenly, it seemed as if I was at the DOPS Secret Police Headquarters. I don't know. It was horrible and exciting and horrible at the same time. I don't know.

ANTONIO: And what were you going to tell?

CAMILA: I said that? That I was going to tell something?

ANTONIO: Not something. Everything.

CAMILA: Oh, that's nonsense, Antonio. What could I possibly have to tell?

ANTONIO: I don't know. You were quite anguished over it.

CAMILA: Nonsense.

ANTONIO: Now, tell me.

CAMILA: It's nothing, Antonio. I already told you everything I had to tell you.

ANTONIO: Not everything.

CAMILA: But what else could there be, I already...

ANTONIO: Tell me.

CAMILA: God, tell you what?

ANTONIO: Everything.

CAMILA: What a pain!

ANTONIO: Tell me.

CAMILA: But what a hassle, tell you what?

ANTONIO: TELL ME.

CAMILA: I screwed Borges. There, that's it. OK! Now are you happy? I screwed Borges, and that's that.

ANTONIO: Uh...what?

CAMILA: Yeah...Well...You wanted to hear it. That's it, Antonio. When you were in that mental institution. I made it with Borges. That's what I was hiding.

ANTONIO: Borges...You screwed a guy from the Repression Squad?

CAMILA: That's right. I screwed him, and that's that. I gave him a blow job. I rubbed him all over my face. It didn't last for long, but it was enough to be able to take advantage of him. I was able to help some people out. I helped...

ANTONIO: *(cuts in)* I can't believe it! Say that it's all a lie…! I don't believe you, you're going to deny all of it right now, Camila.

CAMILA: Since we're bringing everything out in the open, we might as well have that out too. I used Borges, I helped some people, he was very useful and I found the power trip to be neat, it seemed like I could obtain the impossible. That's all.

ANTONIO: No…I still don't believe it.

CAMILA: Don't give me that line when there was all that gossip about you screwing his daughter!

ANTONIO: That's different! It's not her fault that she's the daughter of a Nazi!

CAMILA: Great, I wasn't even sure. So, you did screw the girl after all.

ANTONIO: The poor thing can't be blamed for being a fascist's daughter.

CAMILA: Right. Only you didn't screw a Fascist woman in charge because none of them was screwable or all of you men would have thought it the max— "Look at that macho man eating her out, rubbing his face on her sex, on that fine female specimen of the Repression Squad".

ANTONIO: I'm…shocked, Camila. Shit! Then it really happened!

CAMILA: But there's no need to be very jealous about because a fascist's instrument doesn't stay hard for long—it goes limp.

ANTONIO: There you go with your cute little jokes! They must have made a great combination with your eternally exposed pussy!

CAMILA: They did match, but I won't go into any greater details to justify myself.

ANTONIO: Everything has a limit. And you've gone way beyond that, Camila.

CAMILA: There's your ninny moralism again. At least two of your jobs were obtained by him.

ANTONIO: What?

CAMILA: Not directly, of course, but he...

ANTONIO: You got Borges involved in my problems?

CAMILA: He gave a hand, but only back then. It's been five years since I've seen him.

ANTONIO: It's no use, Camila.

CAMILA: What?

ANTONIO: Us two. I think we've reached the limit. It just won't work any longer, and you know it.

pause

CAMILA: I've been feeling for a long time now that it won't work anymore, Antonio. But don't let it be because of Borges...

ANTONIO: It's everything at once. He's the last straw. Let's stop this clowning around.

*Antonio begins to turn over the posters on the wall.
On the other side they are regualr paintings, not
erotic. Little, by little, they begin to return the
living room to its normal state, that of a stuffy
living room.*

CAMILA: I'm also feeling a bit ridiculous, having to act out
with my own husband, the role of the ex-wife who
meets her ex-husband in an erotic and tacky
bachelor's pad.

ANTONIO: What's ridiculous is not having had the guts to get
separated for all these years. What's ridiculous is
to reach the peak of fantasy in this game called
"Clandestine Encounters", where we are ex-
spouses in our own living room, a living room that
has been transformed into a vulgar bachelor's pad
while our children are traveling.

CAMILA: But don't let all of the blame hang on Borges,
Antonio. I thought you would understand. I don't
know. After all, Borges is no torturer. He only
happens to be on the other side. Deep down, I
think it was a power trip for me, not that I need to
justify my actions...

ANTONIO: Of course, it's a power trip! Damn it! And what do
you women have in that shit head of yours that the
only thing that matters is Power, that sides no
longer mean anything?! Fuck it! I'm not going to
tell you again about my macho upbringing. No,
none of that. It's a matter of ideology, of honor, of
shame! Haven't you ever heard of those? Haven't
you ever heard of HONOR, AND SHAME?

CAMILA: And WE are the ones that deal in Power! You
don't think of ANYTHING but that! And there

was a time when you simply negated your existence! The two of us were fucked over then!

ANTONIO: And so, you put out to the first Nazi that appears!

CAMILA: It was in our best interest! It was for us! And he was also a good talker. The conversation was always intense and rich, and would last until the wee hours of the morning!

ANTONIO: Naturally, I can just picture it. He must have placed me in the dust when it came to having intense fights with you.

CAMILA: You know that I've always liked to discuss with people that are on the opposite side; that has always excited me.

ANTONIO: Right. That's why you always took the opposite side of whatever position I upheld! That's why we never agreed on one darn thing in life. You didn't want to, you...

CAMILA: No, it wasn't quite like that. You were the one who was extremely radical—either negating yourself, or negating what was social and...

ANTONIO: Only if I were crazy! I never negated social concerns! I always thought that what stunk in our life was the History of our country. We are of a generation castrated by Repression, a Repression that has now finished us off personally, as well.

CAMILA: What a lie! That's some lame excuse. Our inner fears were what always kept us from Orgasmic Emotion, Antonio. I believe that you already know that the Emotion we've been trying to relive was, in reality, never felt by us. Surrender—that was the great stifled emotion. That was what was most repressed, most clandestine. We never knew what surrender meant. Fears from Aguaí and Tietê, secular fears prevented us from feeling it.

ANTONIO: With migrant workers and electrical shocks threatening us, it's not easy to know about surrender. Or is it, Camila? And even now, how can I speak of "psychologisms" when I'm about to sign a document where I justify the concession of our Square, our Student Square, the Square where our children play. Where I surrender the only trees we have, our only lung, so that foreigners can establish a Bordello Hotel there!

CAMILA: You never told me that.

ANTONIO: I'm telling you now. Two years ago I fought so that they wouldn't eliminate her. Today, I switched sides. I'm the one who must justify her assassination.

CAMILA: If you want some consolation, next week we'll be having a class at the clinic of Transactional Analysis for some folks from a multinational corporation.

ANTONIO: Now, I feel "very" comforted.

CAMILA: We're going to teach how the explorer exploits without the least bit of fault and how the exploited lets himself be exploited without suffering.

ANTONIO: And meanwhile...that's life. In all of life, there is always something that doesn't satisfy us. The problem is dealing with our plural ID. It's pure nonsense, but that's life!

CAMILA: Only one day, things blow up in your face, darn it! *(ironic)* This "real" side of life sucks, and stinks to high heaven!

ANTONIO: And the price of gasoline also stinks, damn it!

CAMILA: Assaults stink even more! Assaults and more assaults!

ANTONIO: That's where the economic miracle's led: an astronomical external debt and a working class that's screwed over!

CAMILA: And the average citizen paying for what he has and hasn't enjoyed: the children's school, the doctor, the dentist. There isn't enough money to go round, really. Damn it! The government just has to open up some, otherwise the pot will explode from so much corruption. Damn it!

ANTONIO: The trouble is that we're on the wrong side. We defend ourselves as assaultees when we should belong to a group of assailants. Damn it! After all, we don't have a penny in our pocket!

CAMILA: We won't even be able to buy the little plot in Embú anymore, damn it!

ANTONIO: And how do you know if that's what we really want? It could be that's what they've ordered us to want. Damn it! Like that horrid painting on that wall over there that you bought because it would go up in value, but that I hate!

CAMILA: I also hate it! I de-test it! I like paintings with a little house and a chimney and a lake, the kind that everyone finds corny! But that one there, you wanted it. You thought it would be a good investment. You're the one who picked it out. Can't you remember? It's your fault!

ANTONIO: It's your fault, Camila. It's all your fault! You chose it. Just like you chose the apartment and all of this "comfort". You were the one who forced me to become an avid consumer and buy all of this for the children.

CAMILA: That's enough aggression, Antonio. I think that we can get separated without hurting each other any more. The main damage has already been done. We've finally got the nerve to do it, so let's separate. Thank God!

ANTONIO: That's what I say. I miss not being more politically active. You spoke of the fear of surrender in love. I think that the fear of surrender was to the social cause, to politics.

CAMILA: Not only that.

ANTONIO: I deeply miss not participating in my country's transformational process. Yes, I'm going to find something to do that I truly believe in. Camila, deep down, I've always had in me an inner social anger. And that I didn't learn in school.

CAMILA: I would also like to accomplish more. Many times I've valued my liberty so much that I'd suddenly see myself a prisoner to it, and do nothing more meaningful. And now, I also feel that strange need to finally surrender myself to a greater commitment.

ANTONIO: I'm going out. I need to get some fresh air after so
             many years of choking.

CAMILA: Antonio, we have to discuss this separation.

ANTONIO: Sure. We can't let the children suffer.

CAMILA: Anything will be better than this, both for us and
             for the children. Anything is better than us
             together.

ANTONIO: Even my little Beauty...

CAMILA: "Even" your little Beauty? Why? Your first love
             always seemed to me to be better than anything.

ANTONIO: Just as your Rocky from Tietê.

CAMILA: Antonio, let me take advantage of this intimate
             housecleaning session to tell you that Rocky was
             never my boyfriend and not even a person. Rocky
             was a pillow that I had as a child. It was a pillow
             that I would place between my legs in order to
             sleep, and with which I felt my first erotic
             sensations. I called it Rocky because I adored Rock
             Hudson.

ANTONIO: So why did you decide to tel me this now?

CAMILA: I don't know, perhaps to finish washing all the
             dirty laundry.

ANTONIO: How strange. You spoke of Borges, and now, of
             this. It seems like you want to destroy our
             relationship once and for all.

CAMILA: No, I'm just tying up loose ends.

ANTONIO: Fine. Camila, marriage is not a confessional but on this last day I'd like to confess to you about my little Beauty also. She wasn't a person but she was no pillow either. Little Beauty was a mare I had at the ranch in Aguaí and with which not only me but my whole group of friends began their sexual experiences. I liked her a lot. Little Beauty was really my first love.

pause

ANTONIO: Yours was an object, but mine was an animal. That's one step forward. *(goes to the door)* I'll pack my bags today. *(starts to leave)*

CAMILA: *(looks at the living room with nostalgia)* And still this living room in all of its simplicity is even more sensual than with all those props.

ANTONIO: *(looks around)* Yeah. *(He slowly strokes the clock.)* Even the curves on this clock...

CAMILA: *(slow)* The narrow and tight space of this sofa. *(slowly plunges her hand into the opening)* Antonio, I just want to tell you that...what I said about Borges is a lie. It's a lie that I just went to bed with him to use him or even for the sake of power. Borges really does have a side to him that isn't bad. I was very lonely. We had an affair actually, a beautiful and good one.

ANTONIO: That's OK To tell the truth, he isn't more than an honest a paranoiac.

CAMILA: I only didn't go any farther with him...because of ideology, I think.

ANTONIO: Yeah. After all we did have an ideal.

CAMILA: Do you think that we really didn't do anything worthwhile, Antonio?

ANTONIO: We must have done something. Many of those clandestine emotions that are circulating were brought about by us.

CAMILA: But the real reason why I didn't go any further with Borges is because in all of my life, I've always loved and will always love only you.

Pause. Antonio shows much surprise.

ANTONIO: Yes, we did love one another, Camila, the problem was always that...I don't know...Maybe you're right. There was always something strong down inside holding me back and saying no...Perhaps the fear of agreeing and losing my identity.

CAMILA: It wasn't only that, Antonio. There was a whole system of repression out there. You're right about that.

ANTONIO: Or perhaps we're both right. In truth, we are the product of world History and our own history.

Camila begins to cry convulsively. Antonio draws nearer.

CAMILA: Of course...That was more or less what I wanted to say...It was so easy...In reality, I've always been so afraid, Antonio, of losing my ground...of someone pulling the rug out from under me.

ANTONIO: Me too, Camila. Sometimes I'd feel a vacuum under me, as if I had lost...myself.

CAMILA: I'm feeling that now, Antonio, a vacuum. It's as if I can't feel my body. But I'm not afraid today.

ANTONIO: Nor I, Camila, nor I my love...

CAMILA: Antonio, I love you so much. I love you, my love, and I don't know what more to say.

ANTONIO: I also love you very much, only you. It will always be you for me, only you, my Camila.

CAMILA: But separated...Are we playing another game...?

Lights begin to dim. Both are extremely excited.

ANTONIO: No, there is no more game...come my love, come...

CAMILA: The Greatest Emotion, Antonio, what I'm feeling now...I've never felt this before...

ANTONIO: Nor I my love...it's all surfacing now...not even before...

CAMILA: Emotion...

ANTONIO: Emerging...

CAMILA: Come...

ANTONIO: Love...

Finally the hug of total surrender. They lie down. A long kiss. Lights go out.

The End

BOCA MOLHADA DE PAIXÃO CALADA

by Leilah Assumpção

PERSONAGENS:

CAMILA
ANTÔNIO

Uma sala acolhedora, talvez uma garçonière, bastante sensual, mas nada comum. Luzes, panos principalmente, mas colocados de forma criativa. Desenhos e figuras eróticas na parede. De bom gosto. Antônio, de roupa esporte, acaba de borrifar spray pela sala, cantarolando. Toca a campaínha, Antônio vai atender.

ANTÔNIO: *(abrindo a porta)* Pois não?

Camila está na porta. Insegura, de óculos, meias três-quartos brancas e rabo de cavalo.

CAMILA: Boa noite…

ANTÔNIO: Boa noite…

CAMILA: *(mostrando um recorte de jornal)* Por favor, um apartamento para alugar…

ANTÔNIO: Ah, é aqui sim. Queira entrar.

Camila entra, estranhando bastante o lugar.

ANTÔNIO: Sente-se, por favor.

CAMILA: Obrigada… *(procura lugar para sentar)*

ANTÔNIO: Aqui, sente-se aqui. Embora não pareça, isto é um sofá sim.

CAMILA: Ah… Original.

ANTÔNIO: Original e versátil. Isto é uma cama também.

CAMILA: Cama?

ANTÔNIO: Me acostumei dormir na sala, gosto desse clima de garçonière...de kitineti, sabe como é. Vai alugar para a senhorita mesmo?

CAMILA: É...Não...Mais ou menos...Pra mim, mas eu cuido de cinco velinhas.

ANTÔNIO: Um asilo?

CAMILA: Parecido. Somos uma associação...

ANTÔNIO: A senhorita é uma religiosa?

CAMILA: *(afirmando)* Fazemos caridade.

ANTÔNIO: Tão jovem e já uma religiosa. Bonito...muito bonito. A senhorita tem mesmo, a tez limpa e a pele alva de uma religiosa.

CAMILA: *(rindo e sem jeito)* Pele? Mas, eu estou toda coberta...Como é que o senhor pode saber da minha pele?

ANTÔNIO: Suas mãos, senhorita, seu rosto. Posso ver também a brancura do seu colo.

CAMILA: *(erguendo a gola da blusa)* Oh... Por favor...

ANTÔNIO: Posso imaginar a brancura então do que não se vê...Deve ser tudo tão branco e liso...

CAMILA: Por favor, senhor. Eu sou uma religiosa...

ANTÔNIO: E eu sou um chofer de caminhão e bendigo a bendita religião sua que a fez tão desejável, senhorita. Nunca vi tanta brancura, tanta castidade, tanta...

CAMILA: Não me obrigue a ser indelicada, meu senhor, eu...
            vou levantar-me...

ANTÔNIO: É tanto calor...Nunca vi tanta quentura...não...
            não se afaste, por favor...quietinha, vem...vem
            minha pureza...

CAMILA: (*já franca*) Não me obrigue a pedir ajuda, solte-
            me...

ANTÔNIO: Ninguém pode te ajudar agora, meu passarinho...
            Apenas eu...Vem... psiu...quietinha...relaxa e
            vem...vem coisinha pura do papai...

CAMILA: Papai? Então o senhor sabe!

ANTÔNIO: Sabe o que, minha filha?

CAMILA: "Minha filha"...Então o senhor sabe ...! Papai...!
            Eu sou a sua filha, papaizinho...! Eu sou a sua
            filha Renatinha que o senhor nunca mais viu desde
            que se separou da mamãe!

ANTÔNIO: Minha filha...Renatinha...?

CAMILA: (*ofegando*) Sim...O senhor me abandonou com três
            anos, agora já sou moça, veja só como fiquei moça,
            papaizinho, veja só, apalpa, pega, vem paizão
            gostoso, vem paizão tezudo, vem tesão de pai...

ANTÔNIO: (*levanta-se, irritado*) Pô, assim não dá.

CAMILA: Que foi tesão de...

ANTÔNIO: Não, chega. Vá Camila, assim não dá pé.

CAMILA: (*levantando-se, muda de tom*) Não sei porque não dá.
            Até que estava bem engraçado.

ANTÔNIO: Engraçado. Mas tesão que é bom mesmo, nada, né?

CAMILA: Porque você bloqueou, Antônio. Se não tivesse bloqueado até que ia pintar um tesão legal sim. Grosseiro, bem povão, de Teatro de Revista mesmo.

ANTÔNIO: Teatro de Revista é mais sutil, querida. Imagine, fazendo a menininha que quer dar prô pai.

CAMILA: E você então, querendo comer a religiosa aí? *(vai desarrumando o cabelo)*

ANTÔNIO: Até que estava divertido. Tinha um "clima", tinha sim. Você que estragou tudo. Vê se pode. Minha ex-mulher me seduzindo com um clichê Freudiano usando o nome da nossa própria filha.

CAMILA: Ah, não seja quadradão, Antônio, foi só uma brincadeira. Você é que não sabe mais jogar, não tem espírito esportivo. Por isso está aí, pifado, à procura do Tesão Maior que não consegue mais sentir há anos.

ANTÔNIO: Estou não. Por isso "estamos" os dois a procura da Emoção Maior, que nós dois...

CAMILA: Sei, sei. Que "nós dois" não sentimos há séculos. Sei disso. Mas a emoção do primeiro beijo não é coisa que se consegue todos os dias mesmo.

ANTÔNIO: Mas quero continuar tentando. Mesmo que você volte a sentir não comigo, mas com seu atual marido, e eu...

CAMILA: *(completa)* Com a sua atual mulher, claro. Mas me parece que marcamos este encontro justamente porque não conseguiamos mais prazer com nossos atuais esposos, não é? Só sexo mecânico com tesãozinho rotineiro e michuruco.

ANTÔNIO: Pois é...Mas eu acredito sim, que ainda vamos conseguir o Prazer Maior. Juntos, Camila.

CAMILA: Não sei não. *(vai mudando detalhes de roupa, etc...)*

ANTÔNIO: Gostou da garçonière que eu emprestei?

CAMILA: O maior barato. A vista também é bonita. *(vai atéa janela)*

ANTÔNIO: Dá pra ver a Praça. A nossa Praça dos tempos de estudante. Meu amigo tem esta garçonière desde aqueles tempos. Ele foi meu colega da Faculdade.

CAMILA: Da FAU? Foi seu colega da Arquitetura? Então eu conheço.

ANTÔNIO: Não. Esse não conheceu.

CAMILA: Devia ser muito insignificante. Porque os bonitões e os gênios eu conheci todos.

ANTÔNIO: Também conheci metade das suas colegas da USP. Na cama.

CAMILA: Ah, machão, vê se não exagera, vá. Elas falavam muito, mas dar mesmo elas não davam tanto.

ANTÔNIO: Mas, virgem virgem tão convicta como você não tinha nenhuma.

CAMILA: O que você queria, quase fui filha de Maria lá no interior. Mas que eu morria de vontade, ah, isso eu morria...

ANTÔNIO: E me deixava louco, todinha molhada. Virgem e molhada de vontade, ah, isso me deixava louco.

CAMILA: Eu ficava louca e fascinada era quando você falava que "o estudante tinha que participar da vida do seu país e..."

ANTÔNIO: E aí você entrou na Psicologia se questionando se não era Sociologia o que queria. *(ri)* E se matriculou em mil cursinhos, de dactilografia, interpretação...

CAMILA: *(ri)* Lembra a primeira vez que você me levou ao teatro e eu perguntei se tinha que pôr roupa habillé? Nesse dia você passou a mão no meu seio.

ANTÔNIO: Debaixo da escada, lá nas coxas.

CAMILA: Nessa época tinha Emoção Maior.

ANTÔNIO: Tinha. A gente acreditava que ia transformar mesmo o mundo inteiro...

CAMILA: Tudo vibrava...

ANTÔNIO: As Assembléias...

CAMILA: Os drive-in...

ANTÔNIO: Eu te passando as mãos nas pernas...*(tenta afagá-la)*

CAMILA: *(se afastando)* Não... não...

ANTÔNIO: Você era da geração que só podia dizer não.

CAMILA: Eu não podia dar porque, embora discursasse ao contrário, no fundo, no fundo eu queria casar e continuava dizendo não...

ANTÔNIO: Eu me excitava com o seu não...e te abaixava a alça do sutiã.

CAMILA: E me beijava o pescoço, e me levantava a saia...

ANTÔNIO: E aquele dia, na UEE, lembra, te levantando a saia...

CAMILA: Aquele dia eu queria tanto, Antônio, tanto...

ANTÔNIO: Eu nunca quis tanto como nesse dia, Camila.

CAMILA: Eu me arrepiava inteira, tive que morder a língua para não gritar.

ANTÔNIO: Tinha gente na sala vizinha. Mas eu não aguentei.

CAMILA: Ah, que sensação aquela, Antônio. Não me lembro de outra maior não.

ANTÔNIO: Eu te levantando a saia...

CAMILA: Do lado uma reunião. Na União Estadual dos Estudantes de São Paulo.

ANTÔNIO: E eu te abaixando as calcinhas...

CAMILA: Uma reunião política.

ANTÔNIO: E te pondo no meio das coxas...

CAMILA: *(se encolhe)* Ah... Nunca me senti tão culpada, Deus meu...

ANTÔNIO: Ah, se "eles soubessem"…Não podemos misturar as coisas.

CAMILA: Me senti pior do que dando dentro de um santuário, não…

ANTÔNIO: *(conflito)* Não…

CAMILA: Não…

ANTÔNIO: Não…

CAMILA: *(muda o tom)* Mas foi você que não quis.

             Se afastam. Eles mal chegam a se tocar nas cenas de sedução.

ANTÔNIO: *(muda o tom)* Eu…? Você está louca? Eu estava desesperado pra entrar em você!

CAMILA: Não tanto, não confunda as coisas. O seu maior orgulho aí não estava duro, estava "teeeenso"…

ANTÔNIO: Ah, não enche, Camila.

CAMILA: Tanto é verdade que agora, relembrando a cena, quando estávamos quase conseguindo de novo uma Exitação, você começou a fraquejar…

ANTÔNIO: Eu? Imagine! Você é que só falava "não".

CAMILA: Tinha um "não" seu vindo lá de dentro também. Não sei se político ou de Aguaí, mas tinha.

ANTÔNIO: Ora, filha de Maria… Se a minha memória não falha você teve que abaixar a saia e eu tive que me guardar depressa porque entraram correndo na…

CAMILA: *(corta)* Claro que me lembro disso. Mas isso foi "depois" que nós demos uma paradinha...

· ANTÔNIO: Ah, não enche, Camila. Nós simplesmente não tivemos a nossa primeira relação sexual nesse dia porque entraram correndo pra esconder o material da UEE pois tinham acabado de dar o Golpe. O Golpe de '64.

Desalento dos dois. Desilusão. Camila anda devagar pela sala. Tempo.

CAMILA: Como está sua mulher?

ANTÔNIO: Quem?

CAMILA: Sua mulher, ué.

ANTÔNIO: Ah. Claro. Está bem. *(pausa)* E seu marido?

CAMILA: Também está excelente.

ANTÔNIO: Renatinha e João?

CAMILA: Seus filhos estão ótimos, Antônio. Você sabe que meu marido se dá muito bem com eles, pode ficar descansado.

ANTÔNIO: Tudo bem. Sei que depois de mim você casou-se com um homem digno, forte, corajoso...

CAMILA: E de sucesso no mundo capitalista, é isso mesmo. Assim como a sua mulher é...

ANTÔNIO: Excelente dona de casa, carinhosa, compreensiva e companheira. Exatamente.

271

CAMILA: Tudo bem. Só que agora estamos à procura é da Emoção Maior...

ANTÔNIO: Ceifada agora há pouco pela Revolução.

CAMILA: Revolução? *(pausa)* Antônio. Você falou Revolução?

ANTÔNIO: *(sem jeito)* Acostumei lá com o pessoal. Fazer o que. Mas corrijo em tempo, Camila. Emoção Maior ceifada pelo Golpe de 1964 que a extrema direita reacionária e a filha de puta do país aplicou na esquerda que pretendia fazer um governo nacionalista, mas dirigido aos desfavorecidos...

CAMILA: No Festival! De Música Popular! Em '66, quando ganhou a "Disparada" do Vandré, lembra? Depois, no carro do Tonho, a gente "quase" transou. Aquele dia foi um Tesão Maioríssimo!

ANTÔNIO: Prefiro o dia que te desvirginei mesmo. Apesar de ter sido naquele sofá horroroso da casa da sua tia, pra mim foi muito, mas muito bom mesmo.

CAMILA: Já falei que pra mim não foi tanto. Doeu, fiquei assustada, não, não teve nenhum prazer especial não. O Roque me dava até mais prazer que aquilo.

ANTÔNIO: Como você é delicada, Camila. Não precisa repetir, eu sei que esse seu namoro de Tietê foi muito excitante e tudo o mais.

CAMILA: Assim como a sua querida Belinha de Aguaí, seu primeiro amor.

ANTÔNIO: Claro. Você sabe também que passei deliciosos momentos com ela, melhores ainda do que os nossos tempos da kitineti que você gostava tanto.

CAMILA: Ah, era emocionante, Antônio. Eu dormindo lá com você escondido da minha tia, bem debaixo da guerra de Maria Antônia com o Mackenzie, e do AI 5, *(saboreando)* quando então proibem tudo, o AI 5, a LSN, a ALN, P.C., PCB, PC do B., OLAS, OBAN, MR 8...

ANTÔNIO: É...Muito, muito emocionante mesmo.

CAMILA: C.P.O.R., R.G., D.S.V., haja sigla, pôxa! Mas de qualquer forma as coisas, então, naquele tempo, ou a gente, tudo enfim, a-con-te-cia.

ANTÔNIO: Daqui a pouco você começa a hora da saudade da tortura.

CAMILA: Quem está começando é você! A ficar chato e castrativo! Como naquela época.

ANTÔNIO: Eu nunca fui chato nem castrativo! Você sim, é que em '69 estava numa de megalomania...

CAMILA: Me-ga-lo-ma-nia! Ah, Antônio, agora sim me veio! Me veio uma Emoção Grandona!

Camila pega qualquer coisa do quarto, pluma, pano e começa a se enfeitar, talvez subindo numa cadeira, etc...

CAMILA: Me veio uma emoção E-NOR-ME! Aquela! A primeira e única vez que subi num palco! Aquela sim foi uma grande trepada nossa, Antônio! Uma grande trepada estética!

ANTÔNIO: Bem, o resultado até que não foi ruim, mas...

273

CAMILA: Brigamos muito pra chegar lá, mas valeu a pena, ah, se valeu...*(muda de tom, agora teatral)* O prazer, Antônio! Porque teatro, antes de tudo é diversão e PRA-ZER!

ANTÔNIO: *(muda de tom)* Claro. O prazer de apreender alguma coisa.

CAMILA: Ai não! Não vem com a charopada de sempre, não!

ANTÔNIO: Não adianta, Camila, nós não vamos produzir essa peça! É nossa primeira produção, não somos nem profissionais, e essa pecinha de autor novo aí...

CAMILA: É maravilhosa, Antônio. Esse monólogo é deslumbrante! Esta personagem femenina...

ANTÔNIO: Será que você não percebeu que essa personagem não é uma mulher? Ela é um travestí!

CAMILA: Pois que seja. Um travestí, que seja.

ANTÔNIO: Que passa a vida inteira olhando o próprio umbigo!

CAMILA: E você que passou a vida inteira olhando vêsgo pra própria testa!

ANTÔNIO: Uma frase digna de quem só lê quadrinhos.

CAMILA: E você que nem frases tem? Vive citando Lenin e Brecht, você não tem um só pensamento seu! Um só que seja!

ANTÔNIO: Ah, Deus meu! Por que não volta pra faculdade, heim? Por que foi largar? Naquela época dava pelo menos pra gente conversar!

CAMILA:	Conversar? Ora! Sei muito bem que você e a "causa" só se interessaram por mim quando eu falei que ia fazer dactilografia!
ANTÔNIO:	Não enche, Camila! No começo você ia indo sim, por um caminho muito bom, lúcido, participante. Mas de repente...
CAMILA:	Não...Não vem me falar de novo que...
ANTÔNIO:	Você "pirou" desde que fumou maconha. Era isso que eu ia falar.
CAMILA:	Foi o contrário. "Pirei", e daí então puxei fumo!
ANTÔNIO:	Desde que puxou maconha e começou a freqüentar macumba.
CAMILA:	Candomblé! Brasil puro! Quero fazer esse monólogo com muito atabaque e incenso!
ANTÔNIO:	Não vou montar, já disse! Teatro tem função social e...
CAMILA:	Ai não, não vem com clichê de novo, por favor, Antônio, eu já pedi...
ANTÔNIO:	...é tarefa sim! E eu não posso fazer uma peça confusa individualista, intimista, psicológica, bicha, alienada e mística. É contra os meus princípios, eu sou um artista engajado, eu sou um intelectual marxista!
CAMILA:	Mas esse monólogo é didático, Antônio. A nível subliminar—inconsciente, claro, subversivo e revolucionário e, além de barato, passou na Censura e tem verba do governo pra montagem, RAIOS!

ANTÔNIO: Não poderia ser monólogo. Teria que ser figuração. Pequena, mas tinha que ser.

CAMILA: Claro. Os Orixás.

ANTÔNIO: Orixá nenhum. Só deveria ter Exú. A força revolucionária.

CAMILA: É lógico. A força da natureza. Pura. Adoro quando a mãe de santo fica doidona e recebe a Pomba Gira.

ANTÔNIO: Seria ótimo se aí... é... se aí ela conscientisasse os trabalhadores da região para lutarem pelos seus direitos.

CAMILA: Saravá, companhêro! Hê, hê...

ANTÔNIO: A peça até que tem coisa boa, Camila. Cadê o menino que escreveu? Até que dá pra fazer um bonito espectáculo. Mas tem que mexer bastante...

CAMILA: *(Pomba Gira)* Ocês são home forte, companhêro... Tira as vaidade pra fora e bate na mesa pra mostrá pra eles. Pra mostrá prôs Patrão que se quizê ocês pega na força o que é de direito d'oceis e que eles num querem dar. Tira as roleta, ó, xênti, tira as rola pra fora que a Pomba Gira vai presenteá!

ANTÔNIO: Pode pôr palavrão à vontade! Você tem o telefone do menino?

             Camila—Pomba Gira levanta a saia e começa a dançar, sensual, rodando em volta de Antônio.

CAMILA: *(Pomba Gira)* O que é, o que é, o que é que a Pomba Gira vai presenteá? Prô moço bonito que comandar seus companhêro, e que se sair vencedô,

276

contra o patrão exploradô, o que é que ela vai dar? O que é? É a escuridão dos seus cabelos, são seus dedos, toronzelos? Não... É mais prô meio... é mais prô meio... São seus anéis coloridos, são seus dois brincos vermelhos, sua coroa cintilante, seus colares tão brilhantes? Não...

ANTÔNIO: É mais pra baixo... é mais pra baixo...

CAMILA: São suas pernas de Amazonas, são suas ancas de Iara, são seus seios de sereia, os biquinhos... seu umbigo, é seu ventre, seus pelinhos?

ANTÔNIO: Não... É mais pra dentro... é mais pra dentro...

CAMILA: É sua cor anoitecendo...seu mistério de floresta, o seu cheiro, seu calor... não, é mais no fundo...é mais no fundo...Moço bonito, vencedor, seu abismo, fim de mundo, é sua fruta bem guardada...o seu gosto, seu sour...sua vertigem lambuzada...é sua...

ANTÔNIO: *(quebrando completamente o clima)* Pô, se tivessemos feito isso aí teriamos tido mais sucesso!

CAMILA: Por que quebrou o clima? Você estava... perturbado, eu sei que estava.

ANTÔNIO: Achei engraçado. E me veio à cabeça mesmo que se você tivesse feito isso aí teriamos tido mais sucesso.

CAMILA: Ah...Para um grupo quase amador até que estava bom.

ANTÔNIO: Pena que não continuamos.

CAMILA: E isso te dói, né? Eu sei que o que você sempre gostou mesmo foi o teatro.

ANTÔNIO: Não. A política sempre foi mesmo o melhor.

CAMILA: Só que eu nunca vou saber até onde você tinha que fugir mesmo, e até onde era paranóia.

ANTÔNIO: Ai, saco! Vai começar?

CAMILA: Bom... É... pra ficar também não dava.

ANTÔNIO: É. Procurar uma Alegria Maior nessa época aí é meio barra.

CAMILA: E o nosso casamento? Casamento, afinal de contas, é uma emoção.

ANTÔNIO: *(faz careta)* Só pra agradar a família. Pra facilitar a viagem...

CAMILA: É. Pifado. Como você agora. *(irritada)* A gente estava num entrosamento aí sim, Antônio. Eu fazendo a Pomba Gira, baixou a sensualidade aí, baixou sim! Podia baixar o Tesão Maior que procuramos! E você cor-tou! E continua desviando a conversa!

ANTÔNIO: E você acha que a lembrança daqueles dias pode ser sensual, ráios? Tudo prohibido, escondido: política, sexo, droga, amor, humor, erotismo, as emoções todas clandestinas, reprimidas, a Censura, Ditadura, prisões, o Borges, as torturas.

CAMILA: Tá, tá, tá bom, o Borges, é, tem toda razão. Mandei você convidar a sua primeira namorada Belinha de Aguaí para o casamento e ela não veio.

ANTÔNIO: Nem o seu querido Roque de Tietê.

CAMILA: Pois é. E lá fomos nós, na virada da década, aventureiros, autoexilados, rumo...

ANTÔNIO: Ao que sobrou do sonho!

CAMILA: *(muda de tom)* Londres, Antônio! Vamos para Londres!

ANTÔNIO: *(muda de tom)* De nenhum jeito. Vamos para Paris!

Os dois podem começar aqui a imitar o avião.

CAMILA: Londres!

ANTÔNIO: Paris!

CAMILA: Londres!

ANTÔNIO: Paris!

CAMILA: Londres, Londres, Londres!

ANTÔNIO: Tenho coisas a resolver em Paris, Camila!

CAMILA: Resolve mais tarde, não vou aguentar mais aquela caretice, tá todo mundo em Londres.

ANTÔNIO: Mas que todo mundo? Todo mundo está é em Paris, Roma, Chile, Cuba.

CAMILA: A caretice da politicagem. A curtição está em Londres.

ANTÔNIO: Não vim à Europa pra "curtir", Camila. Os de minha batota vieram escapando da morte.

CAMILA: Ah, e eu, não? Você acha que o único tipo de morte que tem é a física?

ANTÔNIO: Está chegando! Olha lá! Lá embaixo, Camila! É a França!

CAMILA: (*fascinada*) Olha as casinhas, as casinhas, de Idade Média, igualzinho nas revistas...!

ANTÔNIO: Tudo plantado, tudo cultivado, quilômetros.

CAMILA: Parece uma maquete de país de fadas! Nem acredito, olha lá, preciso escrever já prô papai!

ANTÔNIO: Paris! Paris! Vamos ficar em Paris!

CAMILA: Londres!

ANTÔNIO: Paris!

CAMILA: Londres! Londres!

ANTÔNIO: Paris, Londres, Londres, Londres, (*imitando o avião*) AHAHAHAHAHAHahahahahahahahahah Londres!

            Antônio pára e senta-se no chão, tranquilo, deita-se.

CAMILA: Ah, claro, só podia, né Antônio? Tenho certeza que você nunca teve emoção maior que essa.

ANTÔNIO: (*fascinado*) Está fazendo efeito, Camila, este é de verdade, estou sentindo...

CAMILA: (*muda de tom*) Claro. Isso aí é ácido mesmo, coisa fina. Agora vai tranquilo que eu estou aqui.

ANTÔNIO: Só que não dá pra explicar nada... não dá mesmo... pra explicar...

CAMILA: *(para si)* Trocar um sistema careta e castrador por outro sistema careta e castrador não adianta nada.

ANTÔNIO: Estou vendo a minha mão por dentro... a textura da pele, os poros...

CAMILA: O jeito é pular fora de vez e fazer o Mundo Novo, de Paz e Amor.

ANTÔNIO: *(assustadíssimo)* A polícia! A polícia, Camila! *(ameaça sair correndo)*...vem, corre, olha a polícia!

CAMILA: Calma, Antônio, não estamos no Brasil, essa é a polícia de Londres, gentilíssima. *(muda tom-atual)* Ah, Antônio, tenta lembrar uma emoção conjunta, vá. Dessa aí eu não participei. *(pausa, ele desligado)* Olha o Borges aí te vendo "viajando"!

ANTÔNIO: *(susto)* Onde! Cadê? *(raiva)* Ah, Camila, que mau gosto seu, lembrar desse fascista aqui em Amsterdã.

CAMILA: *(volta tom)* Você arrumou uma vaga de garçon naquele restaurante?

ANTÔNIO: Lá em cima está o meu cérebro, com mil luzinhas coloridas. Mas não dá pra equilibrar a bandeja... não...não dá...

CAMILA: Eu consigo, acostumei. Não vá contar pra eles, por favor, mas ácido não é a minha mesmo, só me dá "bad-trip"; até achiche com tabaco, já está me dando bode, veja que vechâme. Mas quando passam um charo eu finjo que fumo e ninguém

281

desconfia que estou fingindo. Mas olha lá, não vá contar, heim?

ANTÔNIO: Você não acha que eu pareço um pouco com Mick Jaegger? Ele é fantástico!

CAMILA: Você viu que incrível essas revistas undergroundes? Tem tudo desenhado, até relação sexual, vendendo na rua, como é que pode?

ANTÔNIO: Não sei como é que a censura deixa...

CAMILA: E por que você não quis ir naquela feijoada na Bélgica?

ANTÔNIO: Feijoada? Só pode ser coisa do exilado, claro, só pode ser.

CAMILA: Quando eu disse que era brasileira, o carinha quis saber se fui presa e torturada. Quando eu disse que não, ele se decepcionou tanto, eu senti que perdi status.

ANTÔNIO: Eu fui. Um pouquinho só, mas já é alguma coisa.

CAMILA: Você viu só? O Brasil foi de novo campeão da Copa.

ANTÔNIO: É...? Caretice.

CAMILA: *(susto)* Olha a polícia!

ANTÔNIO: Oh, Camila, vê se não assusta, vê se não esquece que não estamos no Brasil, mas em São Francisco.

CAMILA: Este mês não chegou nenhum tostão de casa, e nem da sua.

ANTÔNIO: Mas vendi aquele desenho ontem.

CAMILA: Precisamos mais. Vamos fazer um som lá no metrô. Ontem vi um filme de Cuba, vê se pode, falam até a palavra co-mu-nis-ta, vê se pode. Olhei dos lados morrendo de medo, mas ninguém ligou. Raptaram mais um embaixador lá no Brasil.

ANTÔNIO: Tô com saudades da Belinha.

CAMILA: Hê, lá vem você com a Belinha de novo! Conheci uma livraria política hoje, subterrânea, com cara de catatumba de Roma.

ANTÔNIO: E aquele teatro em Nova Yorque, todo mundo nú...

CAMILA: Vê se pode. Não acostumei ainda, mas parece que fora do Brasil a liberdade existe mesmo.

ANTÔNIO: Essas caras seculares e tranquilas dessas pessoas da India.

CAMILA: Não mexe na vaca, Antônio! Aqui ela é sagrada, não mexe, ela é sagrada!

ANTÔNIO: Eu também sou.

CAMILA: Minha menstruação está atrasada, quero voltar prô Occidente, quero fazer qualquer coisa consistente.

ANTÔNIO: Jogar tudo prô ar, ficar só a minha cor...e o meu som...

CAMILA: Tô com saudades do Roque lá de Tietê.

ANTÔNIO: Ela quase que me fez sentir o mesmo que a Belinha.

CAMILA: Ela quem...?

ANTÔNIO: Loira, de pele branca, algumas sardas...

CAMILA: *(muda tom-atual)* A Betina-Americana?

ANTÔNIO: É...

CAMILA: Você transou com ela?

ANTÔNIO: Pele fininha...

CAMILA: Heim? Me diz logo. Você. chegou a ir pra cama com a Betina-Americana?

ANTÔNIO: *(muda tom-atual)* Fui sim. E daí? Qual é o problema?

CAMILA: *(disfarça)* Nada...tudo bem...é que...é que... você me TRAIU?! VOCE ME TRAIU? HEIM? MALDITO!

ANTÔNIO: Ué, Camila...Na época você disse que a relação estava aberta, que você não ligaria...que seria uma caretice...

CAMILA: TRAIDOR MALDITO!

ANTÔNIO: *(surpresíssimo)* Qual é, Camila? Não era só a gente, estava tudo mundo numa transa aberta.

CAMILA: Me traindo com uma hipponga americana maluca de São Francisco! Vendido! Entreguista! Colonialista! Imperialista!

ANTÔNIO: *(dá de ombros)* Essa eu não entendi.

284

CAMILA: Pois eu também te traí, se você quer saber. Nessa mesma época, em Saint Germain des Prés! Nem te conto se é brasileiro ou não. Eu te traí com um desses que a Imprensa Oficial adora chamar de terrorista. E a-do-rei, pronto!

ANTÔNIO: Ah, não começa com fantasia vá, Camila. Já eu com a Betina-Americana foi verdade mesmo. E eu senti, sim, um prazer total. Bem parecido com o que eu sentia com a Belinha.

CAMILA: Pois o terrorista Zé Grandão me fez lembrar o Roque de Tietê.

ANTÔNIO: Ela era magrinha, lembra? Mas tão roliça, pequena, bem feitinha, delicada. Eu nunca me senti tão homem.

CAMILA: E eu jamais, mas ja-mais mesmo, me senti tão fragil e tão femenina como com o Zé Grandão. Eu ja-mais me senti tão protegida.

ANTÔNIO: Duas maçãs pequeninas...pareciam os seus peitinhos. O bico era cor-de-rosa claro. Bem clarinho.

CAMILA: Hum...escuros e tão macios...eram os pelos do Zé Grandão. Muitos. Esparramados no peito. Aquilo me fazia sentir tão mulher...

ANTÔNIO: Eu nunca tinha visto antes uma xoxôtinha de penugem ruiva. Parecia adolescente. E aquilo me deixou maluco. A penugem ruiva brilhando no corpinho da menina...ah...aquilo me deixou maluco...

CAMILA: Os pintos dos homens são tão diferentes uns dos outros quanto as caras são diferentes. É incrível, mas eu precisei ir prô estrangeiro pra tomar conhecimento disso. Agora eu sei que, por exemplo, eu de-tes-to os pintos que têm cabeça de ponta-de-lápis-apontada. O do Zé Grandão era tipo Seminarista, com capuz de frade e tudo, mas quando tirava o capuz...ah, bonitinho, cheio, não tão comprido como o seu, Antônio, mas também era forte e firme, viu?

ANTÔNIO: É. A dela também não parecia figo, como a sua, mas era de uma beleza...tão diferente...Digamos que era como uma flor...o coração de uma rosa... que eu fui afastando lentamente com as mãos... assim...pétala por pétala...

CAMILA: Só que o do Zé Grandão, Antônio, estava sempre firme, está escutando? Sempre de pé, uma beleza, de prontidão, alí, altaneiro, elegante, altivo, ereto sem-pre! E foi assim elegantíssimo e firme, que ele chegou.

ANTÔNIO: Pétala por pétala...e então ela se abriu, inteira nua, por dentro e tudo, assim bonito, sem problema algum...

CAMILA: Ele chegou com um jeito de pessoa mesmo, e acho até que foi disso que eu gostei.

ANTÔNIO: Se abriu sem culpas provincianas brasileiras, tão relaxada e doce...

CAMILA: Me pegou com a segurança de quem manda, agarrou bem firme, como proprietário, patrão e senhor...

Os dois estão bem próximos, quase se tocando.

ANTÔNIO: ...como se aquilo tivesse sido sempre meu... agarrei bem firme...

CAMILA: e foi tomando posse...do espaço todo...foi se intrometendo...

ANTÔNIO: Possuindo e me expandindo... e te espremendo...

CAMILA: *(corta, muda de tom)* E com aquele cara, eu te confesso hoje, foi a primeira vez que eu terminei com...com o negócio dentro.

ANTÔNIO: O que?

CAMILA: É isso mesmo que você escutou.

ANTÔNIO: Então isso tudo aí foi verdade mesmo, sua vagabunda?

CAMILA: É claro que sempre tive um orgasmo muito agradável com você, desde as suas bolinações nos drive-ins e tudo. Mas numa relação sexual, junto com você, com o negócio lá dentro, isso nunca tinha tido antes não. Só depois dele consegui com você. Não ia contar mas agora já contei e pronto, tá contado. *(pausa)* Não tem nada pra dizer?

ANTÔNIO: *(duro)* Não sei. *(pausa)* Isso me choca muito. Nem sei se acredito...

CAMILA: Pois é. Só com ele eu conseguí o famoso orgasmo múltiplo e místico, metafísico, rotatário, aerodinámico, cosmoenergético.

ANTÔNIO: Como? Camila...Eu tenho vontade de...de... *(controla-se)*

CAMILA: De nada, meu caro, porque seu deslumbramento com a Betina-Americana não ficou atrás.

ANTÔNIO: Mas você disse que não ligaria! Achei até que seria uma caretice te contar. E você deu antes!

CAMILA: Não, você traiu primeiro. E mesmo assim havia me dito também que a relação estava aberta, que eu podia trair, se quisesse, não lembra mais não, é? Só que não queria saber porque nesceu em Aguaí e coisa e tal.

ANTÔNIO: Falar que pode trair é uma coisa. Agora trair mesmo é outra bem diferente!

CAMILA: Isso não foi discutido assim na época, não!

ANTÔNIO: Estava implícito. Eu sou de Aguaí, não tenho estrutura desgraçada!

CAMILA: Não vai desestruturar agora, né, Antônio? Depois de onze anos. E foi você que traiu antes.

ANTÔNIO: Foi você, não fui eu, foi você, sua bandida, vagabunda!

CAMILA: Você traiu antes...

ANTÔNIO: MAS EU SOU HOOOOOOOOMEEEEMMMM!

CAMILA: O que?!

ANTÔNIO: Você traiu antes, você traiu antes, você traiu antes...

CAMILA: Ah, não importa quem. E quem disse que não nos traimos antes aqui mesmo no Brasil?

ANTÔNIO: Com quem? Com quem foi que você dormiu, sua putona?

CAMILA: Podes creer que não foi com a USP inteira, como você.

ANTÔNIO: Aquilo foi antes da gente firmar o namoro. E depois que casamos já te contei, a Betina.

CAMILA: Não tenho nada pra te esconder, Antônio, chega, vamos voltar onde a gente estava. Onde que a gente estava mesmo?

ANTÔNIO: Estávamos nos encaminhando, finalmente, para uma tranzinha legal, aí. Até que você cortou tudo.

CAMILA: Não armamos toda esta nossa parafernália pra uma corriqueira trepadinha legal, né, Antônio? Pra isso existem os conjugues. Este nosso encontro é pra outra coisa.

ANTÔNIO: É. Só que está difícil esse Tesão Maior pintar.

CAMILA: Culpa sua.

ANTÔNIO: Minha? Está maluca. A culpa é toda sua.

CAMILA: Sua!

ANTÔNIO: Sua!

CAMILA: Sua!

ANTÔNIO: Sua!

CAMILA: Paris!

ANTÔNIO: Londres!

CAMILA: PARIS!

ANTÔNIO: LONDRES!

CAMILA: SETENTA E TRES, BRASIL DE NOVO! MÉÉÉDICE!

ANTÔNIO: SALVADOR! O NASCIMENTO DO ZEZINHO EM AREMBEPÉ! ESSE FOI UM TESÃO MAIOR-MAIOR, CAMILA!

CAMILA: É, sem dúvida...Não, sofri muito no parto, para o que a gente quer, não vale.

ANTÔNIO: Ah, Camila, Emoção Primeira...A gente põe no mundo um filho e batiza ele com o nome de "Sol"...Quer coisa mais incrível?

CAMILA: Mas que adiantou, se logo no primeiro dia da escola os amigos apelidaram ele de Zezinho. Graças a Deus, aliás. Não sei onde estávamos com a cabeça de batizar ele de Sol!

ANTÔNIO: *(ri)* A cabeça estava era muito da doida, isso sim. *(muda de tom)* Vamos morar em Salvador, Camila.

CAMILA: Nem pensar. Numa praia, mas perto de São Paulo, Antônio.

ANTÔNIO: Então Rio.

CAMILA: São Paulo.

ANTÔNIO: RIO.

CAMILA: SÃO PAULO. AQUELA TREPADA YUNGUIANA, ANTONIO! LEMBRA? FOI O MAIOR BARATO!

ANTÔNIO: Trepada Yunguiana?

CAMILA: É. Anima-ânimus. Ah, como é que você não lembra. Setenta e três, você naquele maraaaasssmo!

ANTÔNIO: Meu estado...é claro que me lembro...Mas...

CAMILA: *(muda de tom, chegando da rua)* Está resolvido, Antônio, vou acabar a faculdade mesmo. E amanhã começo a trabalhar com menor abandonado.

ANTÔNIO: *(muda de tom, deita)* Falou...

CAMILA: Mas não sei o que vamos fazer se você continua assim. No último emprego não conseguiu ficar mais de uma hora. Acho uma frescura isso de você só conseguir desenhar no seu "clima", não conseguir se inspirar no "sufoco" de escritórios.

ANTÔNIO: Não dá pé, Camila.

CAMILA: Os amigos já ajudaram no que puderam, pô, a gente tem que se virar, afinal de contas temos um filho pra criar...

ANTÔNIO: É carectice, não exagera...Meus desenhos aí...

CAMILA: Vou vender onde? Na Praça da República? Mesmo lá ninguém mais quer pintura lisérgica, Antônio.

ANTÔNIO: Sem essa, Camila. Tudo bem...

CAMILA: Fui ver se descolava aí um apezinho pra gente mas não consegui encontrar ninguém no bar. Engraçado, eu não sei mais onde encontrar as pessoas. Onde é que se enfiou todo mundo, Antônio?

Vai espiar da janela. Antônio começa a tocar gaita.

CAMILA: Porque o pessoal do nosso tempo...Quem quis transformar está no sanatório e quem quis transformar o mundo está debaixo da terra.

ANTÔNIO: Que bode, bicho...Sem essa, que grilo...

CAMILA: Grilo, bode, falou bicho. Porque você não tenta verbalizar para que possamos manter uma con-ver-sa-ção, Antônio? Embora você não saiba, a palavra AINDA serve para as pessoas se comunicarem.

ANTÔNIO: Sem essa...

CAMILA: Sem essa falou bode grilo, eu não aguento mais, meu Deus do céu! Cadê aquelas discussões homéricas que a gente tinha, Antônio? Era tão bom. Na faculdade, nos teatros, jornais, nos botecos, ah, cadê? Eu não aguento mais abrir o Estadão e ler receita do bolo no lugar das notícias censuradas e ir no teatro a ver peças cifradas. O Brasil virou uma ridícula e imensa charada, *(mais baixo, assustada)* e espero que nenhum espião do DOPS esteja atrás da porta escutando isto que falei e eu não aguento mais este tipo de medo cotidiano que eu tenho também, pôrra!

ANTÔNIO: Caretice.

CAMILA: Sou uma cretina com essa paranóia de perseguição

sem motivo, mas é claro que tem motivo porque, fora as drogas e tudo, ajudamos tanta gente militante, levamos coisas pra fora, trouxemos, e fizemos coisas, até onde a gente é simpatizante e onde é que começa a militância, Antônio?

ANTÔNIO: *(levanta, tédio)* Você sempre gostou de monólogo...

CAMILA: Ai! Falou uma frase! Uma frase inteira você conseguiu falar agora, que acontecimento! E com quem vou dialogar se está todo mundo mudo neste país?

ANTÔNIO: A saída é a imaginação.

Antônio, em frente do espelho, põe colares africanos.

CAMILA: Antes você chamava de alienação! E é isso o que eles lá em cima querem. Pra deixar eles fazerem esse milagre aí de uma minoria comprando iates eles querem que a gente se engula, morra, como você aí sentado, individualista, escapista, ai meu Deus, antes você é que falava isso de mim, será que eu estou tão chata como você era? Não, você não era chato, era lú-ci-do. Punha o meu pé na terra, você me orientava, você era tão brilhante, Antônio, onde foi parar você, onde Antônio, NÃO, NÃO VAI POR A MINHA CAMISOLA DE NOVO NÃO SENHOR!

Antônio está pondo camisolão indú dela.

CAMILA: Ah, meu Deus do céu...Eu sei, Antônio, que é uma legal curtir o corpo, a sua ânima, o seu lado femenino, você já me falou tudo isso, mas por que você não põe ácido na caixa d'água de Brasília para baratinar o Poder inteiro? "Isso" é uma ação política, pôrra! Não agüento mais este marasmo, não agüento mais, quero me engajar, na luta armada, cadê o pessoal, tâ todo mundo morto? Será que cheguei atrasada? Quero lutar e já está todo mundo morto...

Antônio acende incenso fazendo sinal de silêncio.

ANTÔNIO: *(baixinho)* Shiu...silêncio, Camila..."Sinta"... "Sinta"...

CAMILA: Se bem que você é mesmo um homem bonito, Nossa, como puxou fumo hoje. Aí, já tô viajando, tô viajando de carona.

ANTÔNIO: Então vem...

CAMILA: O que? O meu lado masculino? A força...a iniciativa...

ANTÔNIO: Põe a minha lavanda, põe...

Antônio perfuma Camila e a ajuda a vestir-se com detalhes de roupas dele

CAMILA: Sua lavanda, seu perfume, vou ficar com cheiro de homem, é? Que cheiro é que homem tem, Antônio? Cheiro de suor? Cheiro de pele? Cheiro de Continental sem filtro?

ANTÔNIO: E veja só como eu cheiro você...banho de espuma, vem...

CAMILA: Que é que você está vestindo por baixo? Não é a minha calcinha de renda?

ANTÔNIO: É. A "nossa" calcinha de renda. Se quiser põe a minha bota, põe.

> *Camila cada vez mais masculina e Antônio cadavez*
> *mais passivo. Camila põe botas.*

CAMILA: É, eu gosto muito sim dessas suas botas. Sempre gostei.

ANTÔNIO: Te fica bem. Você não tem pernas frágeis não. São longas e firmes. Parece uma deusa Viking.

CAMILA: Tá bom, ânima. Se tu queres mesmo então vamos lá. Fica bem quietinho que eu vou fazer uma coisa que você vai gostar muito. *(Levanta o camisolão dele.)*

ANTÔNIO: *(Pudor, cobre as pernas.)* Não...O que vai fazer...?

CAMILA: Nada...quietinha...Pois eu não sou homem agora? Então relaxa que você vai gostar...

ANTÔNIO: Por favor, não...

CAMILA: Ah... Como eu gosto de sentir você debaixo deste pano fino...gosto...Eu te adivinho inteira...

ANTÔNIO: Não...ahhh...isso, me adivinha então...me toca...

CAMILA: Assim...relaxa...eu quero te sentir inteirinha solta, vem...Me deixa agarrar esse seu cabelo grande cheirando planta no meio das minhas mãos...Me deixa provar essa sua boca carnuda e cheia...deixa...

ANTÔNIO: Me beija... Junta a sua respiração com a minha...

CAMILA: *(puxando rudemente a cabeça do Antônio pra baixo)* Então me dá sua língua, abre essa boca, vamos, me dá saliva! Ninguém nunca te pegou tão duro assim, heim? Nunca, ninguém! Jura que nunca ninguém te pegou antes tão rudemente assim!

ANTÔNIO: *(baixo)* Não...nunca...me pega...

CAMILA: *(subindo em Antônio)* Assim por cima, te cavalgando firme, minha potranca, alguém fez isso antes? Heim? Alguém fez?

ANTÔNIO: Não...ninguém...

CAMILA: Jura? Heim, safadinha? Não deu pra ninguém antes do jeito que vai dar pra mim agora?

ANTÔNIO: Não...nunca...

CAMILA: Não mesmo, sua vigarista? Não mesmo, sua semvergonha? Não mesmo, sua putinha?

ANTÔNIO: Não...não...só...

CAMILA: Só o que sua putinha? Só o que sua grande putona? Só o que sua grande galinhona?

ANTÔNIO: Só prô Jaime-Americano.

CAMILA: Só prô Jaime...*(muda de tom)* O que foi que você disse?

ANTÔNIO: Só prô Jaime-Americano.

CAMILA: Namorado da Betina-Americana?

ANTÔNIO: É...Queimou cartão pra não ir prô Vietnã. *(muda de tom)* Lembra dele?

CAMILA: Você transou com o Jaime-Americano?!

ANTÔNIO: Naquela de... abertura, lado femenino, não é?

CAMILA: Você nunca me contou isso, Antônio! *(Desce de cima dele.)*

ANTÔNIO: Pô...Não contei mesmo, pra quê, caretice. A gente mesmo já conversou um dia pra não confundirmos casamento com confissionário.

CAMILA: Sim...claro...mas é que aí é diferente...Na Europa...no começo da década. você DEU A BUNDA E NÃO ME DISSE NADA!

ANTÔNIO: EU NÃO DEI A BUNDA! Eu não dei a bunda... Eu...eu tive uma experiência sexual total, portanto levemente homosexual, que nunca mais se repetiu e pronto. Só isso. Pra que contar?

CAMILA: Que é isso de "levemente total"? Não entendo isso não, favor explicar. Quero saber é se trepou ou não com ele.

ANTÔNIO: "Trepar"...Que palavra grosseira, Camila, por favor...

CAMILA: Ah. Trepar sempre foi a palavra que a gente usou. Agora ela virou grosseira, é, bonequinha?

ANTÔNIO: Camila, se você continuar baixando de nível assim eu não te conto mais nada, legal? Não sou bicha não, eu apenas transei uma sem preconceitos, um dia, com um cara. Só isso.

CAMILA: Mas o que você quer dizer com esse "sem preconceitos"? O que você quer dizer com esse "transei"?

ANTÔNIO: "Transei" significa o que sempre significou!

CAMILA: Isto é: Nada.

ANTÔNIO: E tudo.

CAMILA: O que você quer dizer com isso?

ANTÔNIO: Ah, nada vá, Camila, por favor. Isso foi há dez anos atrás, foi coisa de moda, pô, não é a minha, estou convicto, quer fazer o teste da farinha, quer?

CAMILA: Quero.

ANTÔNIO: Por que fui te contar, sa-co! Cacete. Nunca mais te conto nada, pronto. Se você não tem estrutura...

CAMILA: Não é isso. É que não é fácil, Antônio. Já foi um baque saber que me traiu com a Betina-Americana sem me contar, agora vem me dizer que me traiu com o namorado dela!

ANTÔNIO: Tá...Agora vê se esquece, tá?

CAMILA: Também dei minhas "aberturinhas" com mulher, tá?

ANTÔNIO: O quê?

CAMILA: Mas não adianta que não vou entrar em detalhes. Mas não cheguei a intimidades demasiadas não. Só beijinhos e toques de segredinhos.

ANTÔNIO: Ah. Isso é comum no começo da adolescência, antes que nós homens apareçamos.

CAMILA: Pretencioso!

ANTÔNIO: É para acreditar mesmo, Camila?

CAMILA: Você que sabe, pra mim tanto faz. Você puxou o assunto para fugir da...transa aí mesmo.

ANTÔNIO: Eu? Eu não fugi de coisíssima nenhuma.

CAMILA: Ora, vá, Antônio. Eu estava "quase", mas "quase" te comendo quando você falou do Jaime só pra me cortar o barato.

ANTÔNIO: Não foi pra cortar coisa nenhuma. É que me lembrei, só isso.

CAMILA: Bom. Fora o choque que levei, confesso que te admiro um pouco, viu? Nunca pensei que você conseguisse ter uma experiência dessas, nem naqueles tempos de loucura. Com o seu machismo, meu filho...

ANTÔNIO: Não vamos começar de novo, Camila. Já falei mil vezes que não sou machista.

CAMILA: Mentira. Já confessou que é!

ANTÔNIO: De "formação" machista. Mas sempre fiz tudo pra me modificar. Até isso aí que contei agora.

CAMILA: Isso não tem nada a ver. Conheço um verdadeiro "enchâme" de libélulas machistas. E pra você não adiantou muito porque no fundo, no fundo, continuou machão.

ANTÔNIO: Você não pode querer que eu apague toda a minha formação de Aguaí de um dia pra outro, Camila!

CAMILA: Ai! Eu escuto isso da União Soviética há milênios e de Cuba há quinquênios...

ANTÔNIO: E eu te escuto dizer isso há muito mais do que milênios!

CAMILA: Mentira. Desde 1975—o Ano Internacional da Mulher.

ANTÔNIO: E depois em '76, quando nasceu a nossa filha: Mulher!

CAMILA: E depois em '77 e a Discoteca, Antônio! Tinha sensualidade, tinha sim! Vem!

Os dois começam a dançar um pouco.

ANTÔNIO: *(dançando)* e depois em '78... e depois em '79...e fim da década de novo, Camila! Pôxa, passou depressa!

CAMILA: *(muda de tom)* Só que este ano vou criar coragem eassumir o nome, viu? Fe-mi-nis-ta! Sou fe-mi-nista sim, Antônio. Assumida!

ANTÔNIO: *(muda tom-tédio)* Mas não precisa ser radical, torno a repetir. Pode muito bem defender os direitos da mulher sem carregar bandeira.

CAMILA: Na moita, claro, pedindo desculpas, na verdade sem defender pôrra nenhuma, né? Ora, Antônio, todas as exiladas bacanas que estão voltando, graças aliás à Anistia, conseguida principalmente pela mulher brasileira, estão voltando feministas e ma-ra-vi-lho-sas.

ANTÔNIO: Não as mais sérias, Camila. As mais sérias sabem que não podem dividir a luta.

CAMILA: Não vem falar besteira que nem a esquerda, nem a direita mais radical, nem o próprio Borges. Não fala mais, tá? Todo mundo sabe que a transformação da mulher jun-to com a do Sistema e...

ANTÔNIO: *(corta)* Isso eu sei, Camila. Quem, aliás, veio primeiro com essas idéias não foi você, mas sim, eu.

CAMILA: Nem você. Foi Betina e Jaime Americanos.

ANTÔNIO: Só que exageraram um pouco, e não tem nada a ver com a nossa cultura porque em Aguaí...

CAMILA: *(corta)* Ai, não vem com Aguaí de novo, por favor. Ah, Deus, desde que saiu do sanatório encaretou de vez.

ANTÔNIO: Quem mandou me internar? Eu é que não queria ir.

CAMILA: Fazer o que? Você não parava em pé, ô, cara. Não tinha outro jeito, era sanatório ou cemitério.

ANTÔNIO: É. Na época não tinha outro jeito mesmo.

CAMILA: 1974. Mas foi bom, viu? Entrou completamente mudo e saiu de lá falando frases com sujeito, verbo, predicado, tudo assim encarrilhadinho, certinho, até que dava pra te entender bem mesmo.

ANTÔNIO: "Eu quero uma televisão a cores". Foi a primeira coisa que falei, lembro muito bem.

CAMILA: E daí? Pra um casal que estava pra lá de Shangri-lá sem desejar mais nada, esse primeiro desejo até que foi sinal de renascimento.

ANTÔNIO: É. Saí de lá com nota dez. Também, pra desenhar embalagem de supérfluo inútil, só com diploma de sanatório mesmo.

CAMILA: Até parece que você agüentou muito tempo isso. Ou a Agência de Publicidade, ou a firma de engenharia, ou os outros empregos todos. Vamos ver se agora aí na Secretaria de Planejamento tu asentas a bunda.

ANTÔNIO: Vou asentar. Pelo menos pra isso serviu meu diploma. Vou asentar sim, temos que acabar de pagar o apartamento.

CAMILA: E o terreninho no Embú?

ANTÔNIO: Ano que vem, quem sabe. Se a inflaçãozinha aí deixar.

CAMILA: O Cordel dois, aquele sítio em Ibiúna, aquele quadro do Tozzi, do Gregório, o apartamento em Ubatuba, ah...Mas agora que comecei na Clínica as coisas vão melhorar muito.

ANTÔNIO: Eu também estou animado. Parce que vão liberar "Estado de Sítio", sabia?

CAMILA: Será? Bom, se não decepcionar tanto quanto "O Ultimo Tango". *(pausa)* Hoje vou numa reunião do P. T.

ANTÔNIO: *(irritado)* E por que vai? Ráios, Camila! A gente podia fechar pelo menos uma vez na vida!

CAMILA: Não sou liberal de média esquerda pra entrar prô seu PMDB abstrato.

ANTÔNIO: Será que você não se compenetra que hoje é uma se-nho-ra, mãe de dois filhos, e que isso não te permite mais ficar badernando pelas greves e Lulas de São Bernardo, como se fosse uma estudantezinha qualquer?

CAMILA: *(tédio)* Hoje a babá fica com as crianças, mas amanhã à noite ela não pode, então você fica pois tenho reunião do Grupo contra as Usinas Atômicas, tá?

ANTÔNIO: Amanhã à noite tenho reunião do Grupo do Bairro em Defesa da Praça!

CAMILA: O meu é mais importante, é coisa nacional. Você é que deve faltar pra ficar com as crianças, Antônio.

ANTÔNIO: Você é quem fica, o meu é muito mais importante. É problema nosso, imediato, urgente. Estão querendo acabar com a Praça, aí, o único lugar que nossas crianças têm pra respirar. Não posso faltar, aliás, você é quem deveria ir.

CAMILA: Não, tenho as usinas, e tenho o PT, e a clínica...

ANTÔNIO: E o womens lib, e o black power, e o gay power!

CAMILA: Pode até ser! Isto aqui não está parecendo mesmo a América?

ANTÔNIO: E eu é que não vou ficar com as crianças pra você ficar saracoteando democracia por aí! Até tinha graça! Se eu conto ninguém acredita!

CAMILA: Já eu ficar com elas pra você ficar saracoteando democracia por aí é muito natural, não é?

ANTÔNIO: É natural sim! Desde Aguaí! E não vem com feminismo de novo que não agüento mais!

CAMILA: Ai, sa-co! Tá bom, mais uma vez eu é quem falto, claro, eu me sacrifico, e agora chega, que não agüento mais é brigar.

ANTÔNIO: Também não agüento mais brigar. Tenho estado muito bem, muito animado e quero continuar assim.

CAMILA: Tá bom, eu também. A próxima reunião dessas daí a gente pode dar aquí em casa, que tal?

ANTÔNIO: Boa idéia. Ficamos tanto tempo ilhados de gente que agora é bom mesmo tirar o atraso.

CAMILA: Gostaria mesmo? Que milagre, você tem fugido tanto de reuniões. Ainda mais de reuniãozinhas a dois.

ANTÔNIO: O que está querendo dizer? Que não tenho... cumprido com meu dever, é?

CAMILA: Ah, agora virou dever!

ANTÔNIO: Tantos anos, a coisa esfria um pouco, né companheira?

CAMILA: Pra quem não tem imaginação...

ANTÔNIO: E olhe que já tive tanta, e você chamava de alienação...

CAMILA: Só que essa alienação às vezes fazia tão bem. Até que faz falta umas Betinas e uns Jaimes Americanos por aqui.

ANTÔNIO: Saudades mesmo eu tenho é da Belinha.

CAMILA: Pôxa, que você não esquece nunca dessa Belinha!

ANTÔNIO: E você do seu amado Roque de Tietê.

CAMILA: É. Tesão primeiro, né?

ANTÔNIO: (*pensando*) Roque e Belinha? (*ri*) Não. A Belinha não dá. Seria demais.

CAMILA: Que é que a Belinha seria demais?

ANTÔNIO: Estou pensando numa "festinha" aqui. A quatro, sabe? Pra reanimar o cumprimento do dever esfriado.

CAMILA: Ora, não amola, Antônio.

ANTÔNIO: Não, verdade. Só que a Belinha não dá pé não. Pena, pois ela tem umas ancas...

CAMILA: Roque também é um barato. Tão fofinho... Mas não dá pra convidar ele pra festa nenhuma também.

ANTÔNIO: É. Tem que ser Betina e Jaime Americanos mesmo. Vou telefonar.

CAMILA: Que é isso? Não estou entendendo.

ANTÔNIO: (*no fone, disca um número só*) Betina? Aqui é Antônio. Como vai? (*pausa*) Tudo bem, tudo bem. Olha, nós queremos convidá-la e o Jaime para uma festinha "íntima" aqui em casa, hoje. (*pausa*) Isso, bem perfumada, com BADEDAS. Lembra? BADEDAS...(*pausa*) Certo, até mais. (*desliga*)

CAMILA: *(ri, entendendo)* Ah, não, Antônio, seria demais. Pra "swing" eu não tenho estrutura não.

ANTÔNIO: Não seja provinciana, moça.

CAMILA: Não é questão de província. É que "swing" é... é muito classe média, é vulgar, burguês, é direita, é PDS de-mais!

ANTÔNIO: Não seja boba. Vulgar é pifação, isso sim, é falta de tesão. Vamos, vamos arrumando a sala!

CAMILA: *(ri)* Tocaram a campaínha!

ANTÔNIO: São eles. Atenda. E por favor, hoje, com visitas, tente ser mais "refinada" na sedução, certo?

Camila, em dúvida, finalmente se entrega ao jogo, vai atender a porta.

CAMILA: Certo. Tentarei ser mais sofisticada. *(abre a porta, não tem ninguém)* Oh...boa noite, Betina, como vai? Como vai, Jaime, há quanto tempo...

Camila e Antônio "conversam" com os dois o tempo todo. Os dois "vão" para o sofá.

ANTÔNIO: Sentem-se, por favor. Um drink?

CAMILA: Aceitam álcool mesmo ou...

ANTÔNIO: *(recrimina)* Camila...Um fuminho? Ou um pouquinho do pó?

CAMILA: Ah, estão caretas também. Como nós.

ANTÔNIO: Mas hoje temos que matar as saudades.

CAMILA: *(servindo)* É. Vamos relembrar os velhos tempos. Tire o casaco, Jaime. A camisa também, pode relaxar-se aí nessas almofadas de seda pura.

ANTÔNIO: Isso, fique à vontade, está muito calor.

CAMILA: Demais. Hoje o calor está demais.

ANTÔNIO: Bonitos seus sapatos, Betina. Os saltos devem ter mais de dez centímetros, não?

CAMILA: Se quiser pode tirar também.

ANTÔNIO: E as meias...Pode pisar no chão descalça que o tapete é de cetim.

CAMILA: Que ombros lindos você tem, Jaime, amplos, dourados.

ANTÔNIO: Costas bem feitas, é...parece um Apolo.

CAMILA: Eu adoro esse tipo de bum-bum durinho e arrebitado. E mais ainda essa barriga chata com dois sulcos em V que terminam sei muito bem onde...

ANTÔNIO: Dá pra mim essa cinta-liga de Can-Can, Betina?

CAMILA: Nós colecionamos...

ANTÔNIO: Não! Não me diga que você está sem calcinhas, Betina... Deixe-me ver, abra um pouco mais as coxas, isso...nossa! Está mesmo! Que delícia! Toda molhadinha...

CAMILA: *(ri nervosa)* Ai...estou com vergonha, Antônio. Parece que tem um monte de gente olhando.

ANTÔNIO: Que é isso moça, e se tivesse? Vamos, em frente, olha a Província, heim?

CAMILA: Que volume é esse debaixo das suas calças, Jaime? Vamos...quero tocar...quero adivinhar com o tacto o formato que ele tem...

ANTÔNIO: Isso, aproximemo-nos mais um pouco uns dos outros, Camila, estamos muito longe. Deixa que eu te ajudo, Betina.

CAMILA: *(fecha os olhos)* Hum...que maravilha, Jamie... firme e macio, estremece ao toque. Como é bem plantado, que textura, bem esculpido. Bem talhado...

ANTÔNIO: Isso...assim, Betina...sem roupa alguma...é tão melhor...

CAMILA: Esta cabeça de gogulmo parece feita a cinzel. A ponta úmida deve ter gosto de mel. Deixe-me ver...

ANTÔNIO: Licor e vinho. Estou derramando no corpo de Betina, Camila. Ou você prefere champanhe mesmo?

CAMILA: Champanhe e mel. Vehna, nos molhemos todos. Os quatro. Nos lambuzemos.

ANTÔNIO: Quero lamber pedaço desse gosto todo. Todas as curvas e todas as reentrâncias que encontrar.

CAMILA: E todos os cumes e todas as saliências. De quem são estas saliências nas minhas mãos agora? Suas, de Jamie, ou são de Betina?

ANTÔNIO: São minhas. E são minhas as unhas que vão te procurando assim, e que vão te riscando, assim, e que vão te esfolando...

CAMILA: Ah...assim esfola a pele assim...é bom...tenta afundar um pouco mais na carne...

ANTÔNIO: Com os dentes também...vem, vamos nos machucar um pouco.

CAMILA: Mais forte...Essa delicadeza rude me angustia, mais forte, vai, te firma, agarra, afunda...

ANTÔNIO: Me afundo e te invado, e te estalo e te lacento, quero *(angústia)* quero me derramar inteiro, eu quero.

CAMILA: *(angústia)* Me esgarçar, romper.

ANTÔNIO: Eu quero.

CAMILA: Vem. Me arranha, rasga! Tenta o chicote e a cela.

ANTÔNIO: E te chicoteio, e te chicoteio.

CAMILA: Coloca a espora, me põe arreios.

ANTÔNIO: E te chicoteio, e te ponho brasas.

CAMILA: Em ferro quente, me queima a marca, me fura a carne, até rasgar.

ANTÔNIO: Até queimar, até romper, até esfacelar.

CAMILA: Todo o nosso ar congestionado.

ANTÔNIO: No braço? Joelho?

CAMILA: Na coxa? Ombros?

ANTÔNIO: Não. Em lugar mais delicado. Vou te marcar em brasas.

CAMILA: Meus lábios? Utero?

ANTÔNIO: Vou te marcar em brasas os dois bicos dos teus seios até torrar na planta todo o volume deles.

CAMILA: NÃO! NÃO! CHEGA! EU CONTO TUDO! CHEGA! CHEGA! EU CONTO TUDO!

ANTÔNIO: *(muda tom)* Calma, Camila...Que foi...

CAMILA: Eu conto...

ANTÔNIO: Camila, calma...eu estou aqui. Você não acreditou que eu ia te queimar o bico do seio, pôxa...

CAMILA: Hã? Que foi...? *("acorda")* Ah, desculpa, Antônio, ...eu...eu me perdi.

ANTÔNIO: Que foi que aconteceu, pôxa?

CAMILA: Não sei. De repente parecia que eu estava no DOPS, sei lá, Era horrível e era excitante e era horrível, sei lá.

ANTÔNIO: E você ia contar o quê?

CAMILA: Eu falei isso? Que ia contar alguma coisa?

ANTÔNIO: Alguma coisa não. Tudo.

CAMILA: Ah, bobagem, Antônio. Que "tudo" é esse que eu teria pra contar?

ANTÔNIO: Não sei. Você ficou bastante angustiada.

CAMILA: Bobagem.

ANTÔNIO: Agora conta.

CAMILA: Bobagem, Antônio. Já te contei tudo o que tinha.

ANTÔNIO: Falta alguma coisa.

CAMILA: Mas que coisa que nada, eu já...

ANTÔNIO: Conte.

CAMILA: Contar o quê, meu Deus?

ANTÔNIO: Tudo.

CAMILA: Sa-co!

ANTÔNIO: Conte.

CAMILA: Mas contar o que, sacola?

ANTÔNIO: CON-TE.

CAMILA: Eu transei com o Borges, pronto, é isso, pronto! Gostou? Eu transei com o Borges, pronto.

ANTÔNIO: O quê?

CAMILA: É...Bem...Você quis escutar. É isso aí, Antonio. Quando você estava internado. Transei com o Borges. É isso.

ANTÔNIO: O Borges... Você transou um cara da Repressão?

CAMILA: É. Transei, pronto. Comi. Passei na cara! Foi pouco tempo, mas deu pra usar ele bastante, deu pra ajudar algumas pessoas, ajudei a...

ANTÔNIO: *(corta)* Não acredito! Diga que é mentira! Não acredito, você vai desmentir isso agora mesmo, Camila.

CAMILA: Já que estamos falando tudo, vamos limpar isso também. Eu usei o Borges, ajudei algumas pessoas, ele foi bastante útil e achei legal essa transa de poder, parecia que eu podia conseguir mundos e fundos, pronto.

ANTÔNIO: Não... Ainda não acredito.

CAMILA: Não vem com onda pois teve aquela fofoca que você transou a filha dele!

ANTÔNIO: É diferente! Ela não tem culpa de ser filha de um nazista!

CAMILA: Muito bem, eu não tinha certeza, quer dizer transou a moça mesmo.

ANTÔNIO: A coitada não tem culpa de ser filha de um fascista!

CAMILA: Sim. Mas você só não transou uma fascista-chefe porque não tem uma transável. Senão vocês iriam achar o maior barato..."Olha lá o machão comendo, passando na cara a boazuda da Repressão".

ANTÔNIO: Estou...chocado, Camila. Ráios! Então aconteceu mesmo!

CAMILA: Mas não precisa ficar com muitos ciúmes não porque pau de fascista não fica duro, fica hasteado.

ANTÔNIO: Ora você com as suas gracinhas! Deve ter combinado bem com a sua xoxôta eternamente desfraldada!

CAMILA: Combinou sim, mas não vou entrar em maiores detalhes, nem me justificar não.

ANTÔNIO: Tudo tem limite. E você ultrapassou o limite, Camila.

CAMILA: Moralismo, babaca seu. Pelo menos dois dos seus empregos foi ele que arrumou.

ANTÔNIO: O quê?

CAMILA: Não foi diretamente, claro, mas ele que...

ANTÔNIO: Você misturou o Borges com meus problemas?

CAMILA: Ele deu uma mão, mas só na época, há cinco anos que eu nunca mais vi o Borges.

ANTÔNIO: Não dá mais, Camila.

CAMILA: O quê?

ANTÔNIO: Nós dois. Acho que agora chegou no ponto. Não dá mais, e você sabe disso.

pausa

CAMILA: Que não dá mais estou sentindo há muito tempo, Antônio. Mas que não seja pelo Borges...

ANTÔNIO: É tudo junto, ele foi a gota d'água. Vamos acabar com esta palhaçada.

313

Antônio começa a virar os posters das paredes, que do outro lado são quadros normais e não eróticos. Aos poucos vão deixando a sala com a verdadeira cara dela que é de sala de visitas careta.

CAMILA: Também estou me sentindo ridícula. Representando com o próprio marido, a ex-esposa que se encontra com o ex-marido numa erótica garçonière cafona.

ANTÔNIO: Ridículo é não termos coragem de nos separar nestes anos todos. E chegarmos ao cúmulo desta fantasia e desta palhaçada de "Encontros Clandestinos" de ex-conjugues na nossa própria sala de visitas transformada em garçonière vulgar, enquanto os filhos viajam.

CAMILA: Mas que não seja pelo Borges, Antônio. Eu penseique você fosse entender, sei lá...Afinal de contas o Borges também não é nenhum torturador, apenas está do outro lado. No fundo acho que foi transa do poder mesmo, não que eu esteja me justificando...

ANTÔNIO: É claro que é uma "transa de poder"! Ráios! E o que é que vocês, mulheres têm nessa bosta de cabeça...que o que importa é o Poder, o lado não tem a menor importância! Cacête! Não vou te falar de novo da minha formação machista não, não é nada disso, é questão de ideologia, de honra, de vergonha na cara! Já ouviu falar disso? DE HONRA, VERGONHA NA CARA?

CAMILA: Até parece que NOS é que transamos o Poder! Vocês não pensam NOU-TRA coisa! E era uma época que você simplesmente se negava a existir! Nós dois estávamos fodidos!

ANTÔNIO: E você então dá prô primeiro nazista que aparece!

CAMILA: Interessava! Era por nós! E era um bom papo, a discussão era sempre intensa, rica, ia pela madrugada a fora!

ANTÔNIO: Claro, eu imagino, esse deve ter ganho longe de mim na intensidade de brigas com você.

CAMILA: Você sabe que sempre gostei de discutir com gente defendendo o oposto do que eu defendo. Isso sempre me exitou.

ANTÔNIO: Claro. Por isso você sempre foi para o extremo da posição que defendia! Por isso nunca chegamos a concordar uma só vez na vida. Você não queria, você...

CAMILA: Não, também não era assim. Você é que sempre foi muito radical, ora se negando, ora negando o social e...

ANTÔNIO: Nunca neguei o social, só pirando! Sempre achei que o que fodeu com a nossa vida foi a História deste país aqui que nós vivemos. Nós somos de uma geração castrada pela Repressão que agora acabou de nós castrar de vez pessoalmente.

CAMILA: Mentira. Isso é desculpa. O que sempre nos impediu a Emoção Maior foram nossos medos interiores, Antônio. Porque acho que você já percebeu que a Emoção que estávamos querendo reviver, na verdade nós jamais a sentimos. A entrega. Essa foi a grande emoção sufocada, a mais reprimida, a mais clandestina. Nós nunca soubemos o que é a entrega. Medos de Aguaí e Tietê, medos seculares nos impediram de sabê-lo.

ANTÔNIO: Com pau de arara e eletrochoques ameaçando não é fácil saber mesmo, ora, Camila! E mesmo agora, como é que posso falar em "psicologismo" quando me preparo para assinar um papel onde justifico a concessão da nossa Pracinha aí, da nossa Praça de estudante, da nossa Praça onde nossos filhos brincam, das únicas árvores que temos, do nosso único pequeno pulmão, para estrangeiros ficarem com um Hotel-Bordel aí!

CAMILA: Você não me contou isso.

ANTÔNIO: Estou contando agora. Há dois anos atrás eu brigava pra que não acabassem com ela. Hoje eu mudei de lado, sou eu que tenho que justificar o assessinato dela.

CAMILA: Se quer consolo, semana que vem vamos dar um curso, lá na clínica de Análise Transacional, para um pessoal duma multinacional.

ANTÔNIO: Me sinto "muito" consolado mesmo.

CAMILA: Vamos ensinar como é que explorador explora sem a menor culpa e como é que o explorado se deixa explorar sem sofrimento.

ANTÔNIO: E no entanto...é isso mesmo, tudo na vida tem esse lado que não satisfaz, esse nosso plurido é que é babaquice, a vida é isso!

CAMILA: Só que um dia a coisa estoura, saco! Esse lado *(irónica)* "real" da vida é foda e fede muito!

ANTÔNIO: E o preço de gasolina também fede, sa-co!

CAMILA: Assalto fede mais ainda! Assaltos e mais assaltos!

ANTÔNIO: É onde desembocou o milagre econômico, uma dívida externa astronômica e uma classse operária que se fodeu!

CAMILA: E a média pagando o que já usufruiu e o que nunca usufruiu, a escola das crianças, e o médico, e o dentista. O dinheiro não dá mais mes-mo, saco, governo tem é que abrir mesmo, senão a panela explode de tanto assalto, saco!

ANTÔNIO: Só que a gente está do lado errado, porque nos defendemos como assaltados, sendo que deveriamos fazer parte é do grupo de assaltantes, saco, porque não temos mais um tostão!

CAMILA: Nem sequer o terreninho do Embú poderemos mais comprar, sa-co!

ANTÔNIO: E você sabe se é isso mesmo que nós queremos ter ou foi isso o que mandaram querer, ráios? Por que esse quadro horrível aí na parede que você comprou? Vai valorizar, mas eu detesto ele!

CAMILA: Também o-de-io! De-tes-to! Gosto do quadro com casinha, cheminé e lago, daqueles que todo mundo acha cafona! Mas esse aí foi você quem escolheu, não está lembrado? A culpa é sua!

ANTÔNIO: É sua, Camila. É todinha sua a culpa! Você foi quem escolheu. Assim como o apartamento, assim como este "conforto" todo, foi você que me obrigou a este consumo todo em nome das crianças.

CAMILA: Chega das agressões, Antônio. Acho que podemos nos separar sem nos machucarmos mais. O principal já aconteceu, finalmente a coragem veio, vamos separar-nos.Graças a Deus!

ANTÔNIO: Digo eu. Graças a Deus. Sinto falta de uma participação política real. Você falou do medo da entrega no amor. Acho que o medo da entrega foi no social, no político.

CAMILA: Não só.

ANTÔNIO: Eu sinto falta de participar em profundidade do processo de transformação do meu país. Vou encontrar, sim, uma coisa que eu acredite pra fazer. Eu tenho, Camila, no mais fundo de mim, eu sempre tive, uma ráiva social verdadeira. E que eu não aprendí na escola.

CAMILA: Eu também queria realizar mais. Muitas vezes prezei tanto a minha liberdade que de repente me vi escrava dela, sem fazer nada mais profundo. E agora eu sinto também essa necessidade estranha de me entregar finalmente a um compromisso maior.

ANTÔNIO: Vou sair. Quero arejar um pouco deste sufoco de tantos anos.

CAMILA: Temos que discutir a forma de separação, Antônio.

ANTÔNIO: Claro. Não podemos prejudicar as crianças.

CAMILA: Qualquer coisa é melhor que isto. Para nós e para as crianças. Qualquer coisa é melhor que a gente junto.

ANTÔNIO: Até a Belinha...

CAMILA: "Até" a Belinha? Porque? Seu primeiro amor
             sempre me pareceu que era melhor que tudo.

ANTÔNIO: Assim como o seu Roque de Tietê.

CAMILA: Aproveitando a nossa fachina íntima, Antônio, eu
             quero te contar agora que Roque nunca foi meu
             namorado e nem sequer uma pessoa. Roque foi um
             travesseiro que eu tive na minha infância, que eu
             punha no meio das minhas pernas pra dormir e
             com o qual senti as minhas primeiras sensaçõcs
             eróticas. Chamava de Roque porque eu gostava
             muito do Roque Hudson.

ANTÔNIO: E por que resolveu me contar isso agora?

CAMILA: Não sei. Pra acabar com a fachina.

ANTÔNIO: Extranho. Falou do Borges, disso aí, parece que
             está querendo destroçar a relação de vez.

CAMILA: Não, limpando apenas.

ANTÔNIO: Está bem. Casamento não é confissionário, mas no
             último dia dele quero te confessar também da
             Belinha, Camila. Não era gente, mas nunca foi
             travesseiro também. Belinha era uma égua que eu
             tive na fazenda de Aguaí e com a qual não só eu,
             mas toda a minha turma se iniciou sexualmente.
             Eu gostava muito dela. Belinha foi mesmo o meu
             primeiro amor.

             pausa

ANTÔNIO: O seu foi um objeto mas o meu foi um animal. Já
             é um avanço. *(vai pra porta)* Vou arrumar minhas
             malas ainda hoje. *(vai saindo)*

CAMILA: *(olha sala com nostalgia)* E afinal de contas essa sala
             do jeito simples dela mesmo é até mais sensual que
             a parafernália que a gente fez.

ANTÔNIO: *(olha)* É. *(analisa lentamente o relógio)* Até as curvas
             do relógio...

CAMILA: *(devagar)* O espaço apertado e estreito do sofá
             (afunda lentamente a mão no espaço) Antônio, eu só
             quero te dizer que...Aquilo que eu falei sobre o
             Borges...é mentira que foi só por interesse e jogo
             de poder. Na verdade o Borges tem o lado que não
             é mau, eu estava numa solidão terrível, o nosso foi
             um encontro mesmo, bonito e bom.

ANTÔNIO: Tudo bem. Pra falar verdade, ele não deixa de ser
             um paranóico honesto.

CAMILA: Só não fui mais longe...acho que por ideologia
             mesmo.

ANTÔNIO: É. Afinal a gente tinha um ideal sim.

CAMILA: Você acha que nós não fizemos nada, Antônio?

ANTÔNIO: Como que não? Muitas emoções clandestinas por
             aí...fomos nós que trouxemos pra fora.

CAMILA: Mas eu só não fui mais longe com o Borges mesmo
             porque em toda a minha vida eu sempre só amei e
             só vou amar você.

Pausa. Antônio muito surpreso.

ANTÔNIO: Nós já nos amamos sim, Camila. O problema sempre foi...não sei...talvez você tenha razão sim, sempre me veio uma coisa forte de dentro me segurando e dizendo não...O medo de concordar e de não ser mais eu.

CAMILA: Também não era só isso, Antônio. Tinha toda uma repressão lá fora. Você tem razão com relação a isso.

ANTÔNIO: Ou talvez nós dois tenhamos razão. Na verdade a gente é resultado da História aí do mundo e da nossa própria história.

             Camila começa um choro convulsivo. Antônio vai se aproximando.

ANTÔNIO: Eu também, Camila...às vezes sentia um vácuo, debaixo de mim, como se eu tivesse perdido... eu mesmo.

CAMILA: Estou sentindo agora, Antônio, um vácuo, parece que não sinto o corpo. Mas hoje não estou com medo.

ANTÔNIO: Nem eu, Camila, nem eu meu amor...

CAMILA: Antônio, eu te amo tanto, eu amo você, meu amor, e não sei falar mais nada.

ANTÔNIO: Eu também te amo muito, só você, sempre vai ser você, só, Camila.

CAMILA: Separados...Não estamos jogando de novo?

             Luz caindo em resistência, os dois emocionadíssimos.

ANTÔNIO: Não, não tem mais jogo...vem meu amor, vem...

CAMILA: A Emoção Maior, Antônio, isso que estou
             sentindo...eu nunca senti antes...

ANTÔNIO: Nem eu, meu amor.:.está vindo à tona...nem eu
             antes...

CAMILA: A emoção...

ANTÔNIO: Emergindo...

CAMILA: Vem...

ANTÔNIO: Amor...   .

             Finalmente o abraço, de entrega total. Vão
             deitando-se.
             Um beijo longo. A luz se apaga.

                        Fim

Consuelo
de Castro

CONSUELO DE CASTRO

Consuelo de Castro was born in Araguari in the state of Minas Gerais. She studied Anthropology at the University of São Paulo where she experienced the military *coup d'état* in 1964. Her first play, *A Prova do Fogo* (1967) reflects those dramatic moments. After the military take over, Castro's plays being forbidden by censorship, the author made her living undertaking various jobs. She worked as a typist, she advertised products for a company producing fertilizers etc. During those stormy times Castro's plays dealt basically with Brazilian reality and numerous social and political issues. The dominant tones in these works were anger, hate and desperation. The style was realistic. The author portrayed milieus that she knew from her own experience: students and academics in *A Prova do Fogo* and *A Flor da Pele*; the behind-the-scenes of show business in *Scripttease* and *Flor da Pele*; the world of unemployment in *Caminho de Volta*. She also wrote about problems of groups to which she could approach only intuitively: *A Cidade Impossível do Pedro Santana* (architects); *Porco Ensanguentado* (high society); *O Grande Amor de Nossas Vidas* (lower middle class).

Since 1984 Castro's social preoccupation has given way to a profound existential concern. This has been accompanied by a gradual break in form. From then on the author has tried to find a synthetic mode of expression, experimenting with the verbal as well as body language, light, space, sound and other stage devices. She does not construct her characters any more, but deconstructs them looking for the essence of the human condition. While the plays acquire a more and more fragmented structure the action is never neglected, even in the apparently static works. *Walking Papers* exemplifies these formal changes and thematic preoccupations.

Recently in her search for ideas the author returned to antique Greece. She has already successfully incorporated the structure of the Greek tragedy in her first play, *A Prova do Fogo*. Now she also introduces into her plays elements of the mythological and archetypical situations.The authors and themes Castro likes to recall as the most influential for her artistic formation are: Strindberg and the theme of madness; Artaud and his Theater of Cruelty; Beckett and his world of absurd and nothingness. According to the author, for the characters in her plays, balancing between extremes, the only way out of their fatal situation is madness. There is no other way to escape from fate.

Plays by the author:

A Prova do Fogo; A Flor da Pele; Crucificado; O Porco Ensanguentado; Louco Circo; Grande Amor de Nossas Vidas; A Cidade Impossível do Pedro Santana; Caminho de Volta; Script-tease; Aviso Prévio; Abelhas; Marcha a Ré; O momento de Mariana Martins; Intimidate indecente; Making-Off; Only You and several scripts for film and TV.

CRITICAL COMMENTARY

Consuelo de Castro about *Aviso Previo:*

This play was born from the essential questions I ask myself, which include the chance occurrences, or not, of life, death, love and freedom. Freedom which favours the right of an individual to penetrate within himself. It is also the right used by the actors, especially by the masters like Paulo and Nicette. It allows everybody to break with the functions life imposes and look for other functions that would express the bare urgency of a complete Human Being.

Roberto Faria:

Aviso Previo is, after all, a challenging play. Consuelo de Castro left aside the textbook of play writing and replaced the old model of the "well done" play - exposition of the conflict, development and epilogue - with a fragmented form, free of ties, where the dramatic situations are the most important and not the traditional plot or story. I don't consider the author to be Sartre's pupil, but it's impossible not to recall the day when he defended the idea that the play should focus essentially on situations. Which ones? The simple and human ones, universal and extreme. Situations on the edge that reveal a human being in his totality.

We find it all in *Aviso Previo.* The play consists of paradigmatic situations of crises by human beings in their circus-like life: loss of job, loss of love, loss of common sense (madness), loss of youth, and basically loss of life (death). There are only two characters on stage, one man and one woman, that transform into different characters after each lighting change. They can be husband and wife, employer and employee, mother and son, father and daughter, adolescent siblings, an old man and woman, Jesus and Mary, psychiatrist and patient. At the end the male character represents Death in the last beautiful dialogue with the female character. The fragmented form also allows a healthy mixture of realistic and expressionistic moods to accompany the preoccupations of the characters, ranging from the common to vital ones such as the immanency of death or the repression of sexual desires.

From this autonomous, fictional world a female character emerges with incredible dramatic strength. Her trajectory suggests the possible plot-line. As well as extending herself into other characters Ela (she) is basically a woman fired from her position without any warning. She is also fired from her marriage and her life. In the situations of crises in which the characters are located, life seems as risky as the art of a trapeze acrobat or a tight rope walker who has no safety net and doesn't have much chance. This is the way human fragility is symbolized. It presents a human being as impotent against irreparable losses. "What have I done wrong?" ask Ela and Oz in these moments. And the worst thing is that there is no answer because there are no errors. The only thing that there is is life with its immense mysteries. This is where the torment of the characters originates. The characters are caught in the essence of their existence. This is also the reason for the emotion and revolt they transmit in their speeches, specifically Ela in her initial monologues and the dialogue with Death. In spite of this dramatic vision of human existence, a little bit melodramatic, the play is not namby-pamby at any time. The reason is, in the first place, the ability of the characters to entertain us besides being simply emotional. Also the dialogues, even though tense, are very often ironic, biting and good humored. Consuelo knows her profession and she takes her jump without any safety net.

Alberto Guzik: *Jornal da Tarde*, May 7, 1987:

Aviso Previo is the first work in which Consuelo de Castro effectively breaks the parameters of realism and takes a chance in the fantasy world. In the play the character of the woman without a name synthesizes the condition of the woman as such. The man, significantly baptized Oz (any reference to the wizard of the same name is not a pure coincidence), is the father, the lover, the oppressor, the victim. The language is similar to that which we are familiar with from the author's other plays: prolix, plain-spoken, obsessive. But its use has managed to free itself from structural lack of definition and has been endowed with the power of symbol. *Aviso Previo* is an angry statement about the human condition written with passionate strength and impetus. It is an offensive play trying to catch the meaning of life and not the socio-political circumstances.

Existence is seen as a sequence of exacerbating rituals without any nexus and is transposed on stage like a scream of pain and non-conformism. On the other hand, *Aviso Previo* opens a space for the sensorial, the pleasurable, the epidemic. It is a possible announcement of other works where ritual and myth are seen as inseparable from everyday life. It is a pointing mark of a challenging new direction in Consuelo's play writing. It is a text drawn by emotion.

Antônio Abujamra:

Aviso Previo talks about the vital and eternal relationship between man and woman. It is a dual that no stage director should impede, risking otherwise the punishment of being obliged to follow the constant parochial esthetics of some authors that "try to save the world".

WALKING PAPERS

by Consuelo de Castro

translated by
Celina Pinto

CHARACTERS:

ELA (MOTHER, HE/SHE)
OZ   (DOCTOR, DEATH)

SETTING:

Circus music played out of tune. Oz enters wearing a suit and tie. He represents a caricature of the boss. Ela walks tremulously on an imaginary tight rope while Oz, with a whip in his hand, talks like a lion tamer.

OZ: I'm going to be clear and precise as its my habit to do. Short, sweet, and to the point. You're fired.

ELA: But what have I done wrong?

OZ: *(cold deliberation)* What you did was what you didn't do. The non-holidays you took off; the yawns you yawned.

ELA: Yawns? But Dr. Oz, my mouth has been crooked from birth. *(Ela presents her "crooked mouth".)* So it looks like I'm yawning. *(pause)* But I know what's really going on.

OZ: Yes?

ELA: Gossip. It's that big mouth, Evanete. *(Oz tries to cut in but she continues, compulsively.)* I need this job. Evanete doesn't. Her husband has money up his ass accruing interest and her brother-in-law inherited a cattle ranch. I don't have cattle-ranging-in-laws or husbands-with-interest. But Dr. Oz…Just yesterday I finished a 230 page brief that the president of this company called magnificent.

OZ: You've been knitting on duty.

ELA: *(to audience)* Evanete, you bitch! No wonder Evanilde said she'd seen you telling Dr. Oz that I was making a king size bedspread at the office.

OZ: Four yards long!

ELA: God, its too much sonofabitchness for a single person. Evanete, where did you get this 'king sized bedspread' thing, when there was never a bedspread to begin with? Well, its true, I did knit,

333

Dr. Oz, I'll grant you that, but it was only a little vest for my mother-in-law, Dona Berenice. She was constantly catching the flu and when she's floozing she gets a temperature - 104 - and even loses her voice.

OZ: You yourself have been catching colds with an alarming regularity.

ELA: Every single one of my colds was documented by medicare at a notary public. *(pause)* Well I did make a pair of baby shoes for Italian Sonya's new-born...three pull-overs for Cintia, a sweater for Oz, and one for little Oz...But Dr. Oz, I came in with a 104 temperature, laryngitis, and never complained. I have scars - right here on my neck - for every time you sucked my blood through your little straw. Three incarnations couldn't compensate the overtime I've put in at this firm.

OZ: *(yawning the huge Ela-at-the-office-yawn)* You don't say?...

ELA: *(angry)* I told you; its my crooked mouth. Its a birth defect! A birth defect! My mother says its the wrath of God on me for jackknifing her dresses when I was a kid. *(to the audience)* So, it wasn't Evanete? *(perplexed)* Was it Evanilde? Oh, Evanilde, what a little hypocrite you are! Your nose is to the grindstone? Tell me about it. I'm the one who knows what that means. *(Oz does the big yawn and Ela turns to the audience with her crooked mouth.)* I know. My husband knows. Yes, my husband, why not? Judas Tadeu de Oz e Souza: an upstanding citizen. We and Rita, the Scrubwoman. Oh, you don't know Rita, the Scrubwoman? You won't, either; she's dead. She

334

used to clean next door; that's how her nickname got to be Seventh Floor Rita. Rita knew what hard work was.

OZ: …there has been theft…vanishing paper clips…

ELA: …one day, Rita was doing the outside of the window…

OZ: …vanishing pencil erasers…

ELA: …and then it happened. *(embittered)* No, Evanete, no, Evanilde, I'm not saying you should sacrifice yourselves to your work. I'd tell Rita: "You're risking your life." And she would say: "Dona Ela, if I don't do the outside, the boss'll give me my walking papers."

OZ: …wasted or absconded paper…newspapers, carbon papers.

ELA: *(agonizing)*…I saw her body falling through the air…*(pause)* Rita…*(pain)*…fell…*(Slowly her arms describe the arc of Rita's plunge.)*…from the seventh floor. Seventh Floor Rita. *(to Oz)* Are you going to pay attention to gossip? *(to audience)* Evanilde, how hard does she work? Gabbing on the phone all day is work? Oh, you're the operator, are you? For you're men, maybe, not for the company. I'll say what I like. My crooked mouth is mine. *(Her mouth twists; she tries to straighten it, but can't.)*

OZ: You were rude to the representative from that Japanese firm.

ELA: I don't speak Japanese. He greeted me in Japanese and I responded with the only word I knew: sayonara.

OZ: Which means goodbye. So then the guy took off, and with him went a few million dollars...

ELA: ...look, you can shove this job straight up your ass, I know, it's an age of dissidence, you always get that martyred look when there's dissent in the air. *(Imitating a bird, her hand grazes his neck.)* Beware the crow! Watch out for the scare-crow of dissidence, the little birdcock that flies up only to swoop back down chopping off heads. *(Playfully intoning the old carnival ditty, she sings.)* "Heads will roll, oh yeah, oh yeah, oh yeah. Make way for Salome, what's so heavy on her tray? Look, its John the Baptist!" *(to Oz)* Oh my, but you're gonna pay for this − dearly, oh yes − because I'm going to report you to the Labour Relations Board. You'll be sued for damages, Evanete for defamation of character, and Evanilde for libel. And that quack from your subsidized clinic, for criminal negligence. He sent me back to the office with laryngitis and...

OZ: ...a hundred and four degree temperature.

ELA: I'm going to run this bankrupt shit-hole into the ground. That's right, bankrupt. You think I haven't noticed that you count the paper clips? And that you've been speculating and brokering with our payroll money? That's why payday is always 'sometime next week'. I'm tired of the little slips of paper with mysterious black computer stripes that mean 'payable in twenty-four hours or 'its your ass in the can.' Yeah! The Securities and Exchange Commission has your entire board of directors on their shit list. I have a safety net. *(falls to the ground)* I don't need your company. My husband makes enough money to keep me in knit bedspreads as long as I like. To the poorhouse, huh? Ha, ha, ha. *(teetertottering on the tightrope again.)*...Dr. Oz, can't we talk this over calmly like civilized people?

OZ: The last time you even said goodnight to me it was so funereal I thought someone had died.

ELA: It was the flu, Dr. Oz. I think that in your capacity as employer it's your right and duty to complain about anything that's not to your liking, but...my yawn...its my crooked mouth. You can ask my father, my mother, my husband, *(twists it)* I would never yawn on duty. *(Saccharine sweet, she addresses the audience.)* I forgive you, Evanete; you're forgiven, Evanilde. *(slowly)* I know, you just daydreamed that bedspread into my office. Its human nature to imagine things. I do forgive. *(furious raging scream)* I do not hold grudges! *(to Oz, who wrestles away the desk as she desperately clings to it)* You can't do this to me. Just yesterday I wrote a two hundred and thirty page brief the president called magnificent. *(to audience)* I DO NOT HOLD GRUDGES! *(bitterly, deliberately)* For ten years I walked up Reboucas, stopped at the fruit stand, caught the 7:30 bus, punched in at 8:30, sharpened half a dozen pencils, wrote two briefs a day, and took work home from the office. For ten years I walked up Reboucas...

OZ: *(pacing the stage)* For ten years Ela had Evanete punch in for her, while she gossiped at the fruit stand on Reboucas and took the bus in late. For ten years she let my pencils go unsharpened and never once took work home, even when there was enough heat from competitors to demand a little more from all of us! For ten years we were one big happy family and the only black sheep, was Ela.

The circus band is heard; slow and off key. Ela falls off the tight rope, as if in slow motion.

ELA: The window's still there. Rita has turned to dust. Dust the boss don't see.

Light change. Office brouhaha in the background; several screams and perhaps a siren are heard and then romantic muzac. Enter Oz.

OZ: Ela, I need to talk to you.

ELA: Why the solemn tone?

OZ: Because the matter at hand is solemn.

ELA: Who died?

OZ: Our marriage, as a matter of fact. I'm going to be short and dirty *(Ela seems to shiver and starts to walk the tightrope again, sensing imminent disaster in that familiar phrase.)*...straight to the point...as always. I want a divorce.

ELA: *(falls to the ground twitching and twisting her mouth)* What did I do wrong, what did I do wrong?

OZ: *(in the same tone)* Mea culpa, mea culpa, mea maxima culpa. Stay calm, for God's sake.

ELA: *(the now familiar grimace, reflected right down to her feet, tremors)* I'm dead calm.

OZ: And none of this "what have I done wrong" shit. Does everything have to be cause and effect?

ELA: Just yesterday you fucked me, sucked me, ate me.

OZ: So?

ELA: Nobody eats a dead woman. Cause: had nothing to eat. Effect: feeds on corpses.

OZ: So, you're dead?

ELA: *(theatrically)* To you, yes.

OZ: Don't make a scene...

ELA: Just yesterday I wrote a 230 page brief...*(clears her throat realizing she's mixed her cues)* Just yesterday you ate me...the president called it magnificent... Dr...You forget easily, Oz.

OZ: I always knew you were only in it for the money.

ELA: What money? You're penniless scum–just like me.

OZ: Watch your mouth.

ELA: I'll use as much profanity as I please. I've had a 'fuckin a' stuck in my throat since I don't know how long. Fuckin' a, fuckin' a, fuckin' a.

OZ: Well...I'm outta here....

ELA: Its ten years. Three children. A life. *(Oz grabs his suitcase and pulls; Ela hangs onto it, grotesquely, as she did to the desk that her boss pulled away.)* I love you, Oz. We have friends in common, a stove in common, children!

OZ: Nothing is created or destroyed.

ELA: I really love you; I swear to God. Judas Tadeu de Oz e Souza, I swear to God that I love you, Judas. JUDAS! Why did you make love to me last night if you wanted a divorce?

OZ: You are...well, you were...my wife.

ELA: Rape.

OZ: Don't make a scene. You cunt.

ELA: Did you close your eyes and pretend I was the other woman? *(suddenly inspired)* Yes, of course, there's someone else! What else is it, ever? I always fulfilled my obligations as your wife, as homemaker...never once failed in my duties, not even when I had a temperature of 104, laryngitis...

OZ: You catch colds with an alarming regularity. It must be this mania you've got for getting wind on your face...

ELA: ...my office, its so air-tight and claustrophobic, I need to feel the wind on my face...Oz, I made feijoadas for Dona Berenice, took care of her as if she were my mother.

OZ: Leave my mother out of this.

ELA: ...not even my own mother got so much love and attention from me. And I owe my mother a lot: you know, she's deaf because of me, I used to cut her clothes up with a jackknife. And she started to get nerves...'til one day I let out a yell, a primal scream yell I had stuck in my throat...and her ear drum burst...and nowadays, she can't even hear the voice of God...you see: I should have been nicer to my mother, not yours...but Oz, Dona Berenice comes from Agua Verde and turns this house upside down...

OZ: She never asked for anything.

ELA: She asked for the living room furniture and I gave it to her. I almost killed myself working to replace it.

OZ: I killed myself. I bought the new furniture.

ELA: What about the money I brought in, where did that go?

OZ: To pay the cleaning lady that we only needed because you were out working.

ELA: I paid for the geography tutor Ozinho needed, Cintia's piano lessons, and two grocery runs a month came out of my pocket. How dare you?

OZ: Your pay never even covered the scrubwoman.

ELA: They never really clean well anyway. *(to the audience)* What's the use of paying? If you want it done right, you've got to do it yourself. I'd rather do it myself, that way its only my life on the line. Just mine: and that's not worth a damn anyway, *(turns back to him)* right Oz? You know what? I've had it with this relationship anyway. *(Oz starts to leave)* You goddamn bitch, give me back my furniture! And fuck your bronchitis. I hope you die asphyxiated. I want three thousand dollars a month alimony, I'm not a "homemaker". And that screw last night, since it wasn't for love, I'll take the cash. It'll be a hundred for the usual, five hundred in back; half off for students.

OZ: *(bitter and ironic)* I'm not a student anymore, Ela.

ELA: Oh? Have you given up on going to graduate school in "marketing?" Full price it is then. On the nose.

OZ: Aren't we vulgar?

ELA: Vulgar is sticking it to a dead woman, you necrophiliac.

OZ: How rude.

ELA: Did I ever pretend to be anything else?

OZ: I remember your mother talked up your domestic skills to no end.

ELA: My mother wanted me out of the house. Hence the domestic skills. My father was pretty eager to get rid of me too; I used to put disinfectant in his hair goo.

OZ: I...I have to go now...

ELA: *(clinging to him)* Can't we talk it over? Calmly, like civilized people. Talk, just talk. There's no other way...just yesterday I wrote a 230 page brief...just last night you ate me...semen doesn't just flow, you know; its like oil, a sacred thing.

OZ: Our marriage was just a family arrangement. Business, a marriage of convenience.

ELA: I know, our parents were neighbors.

OZ: Our getting married meant a single grocery run, shared servants.

ELA: But for years now we've been in São Paulo.

OZ: We should never have moved...

ELA: Because of your mother? Why doesn't she move to some small town, away from all this? Old ladies get dizzy, spine all out of alignment; they don't understand traffic lights, can't cope with inflation; take the same nickels and dimes to the store that bought them hotdogs in nineteen-o-nothin'.

OZ: Country life is one big rest-home...herb gardens, fresh lettuce, and pigs getting fat. I don't want my mother becoming some kind of farm sow.

ELA: ...I can still hear Dona Berenice telling my mother –

OZ: "If they get married, we'll never have trouble keeping up the two houses"...

ELA: ...We used to play 'doctor'...

OZ: ...Like we were brother and sister.

ELA: As my brother, I beg you: Oz, don't leave. Is it your mother? Has she filed some kind of complaint against me?

OZ: No, my mother's crazy about you. 'Specially after you gave her those twelve vests you made for her last winter.

ELA: ...It's someone else then. Another woman. Oz, think about it: you snore like a buzz saw, your temper's from hell, who's going to bear that cross? I still have the scars, right here on my neck, from all the times you've sucked me dry, drinking the blood from my veins through a straw...

OZ: You're the cross. Dead weight, that's what you are.

ELA: Who saved the bucks, penny by penny, to get the new stove?

OZ: I did.

ELA: Who waited so long to go to the beauty parlour that two inches of black roots grew in?

OZ: By choice, icing on the cake. The old stove was fine.

ELA: Icing, yeah, like the roots, and people thinking I was the cleaning lady, showing me to the back door...Oz, its a lifetime we've spent together. I care about you...yes, I married without love, but you've grown on me. A human being can get used to anything, just about, even a bed of nails. I kidded myself, of course. Thought one day you'd kiss me with your tongue again.

OZ: ...my dental floss, gone; vanished, my bandaids! (*incisive*) Every single thing that's mine in this house disappears...

ELA: ...I thought that with the money situation getting better, you'd have time to be more gentle...

OZ: ...*(malevolently sweet)* Do you remember the faquir from Agua Verde?

ELA: ...*(disappointed)* I was horrified at the blood dripping from his body, and you...*(j'accuse)* ...would just wink at me and say –

OZ: ...*(laughing uproariously)* "Cheap trick, just ink."

ELA: *(furious, deeply hurt)* You didn't even care...

OZ: Its all tricks; illusion!

ELA: Not me. I'm real; I'm basic. I'm meat and potatoes.

OZ: ...cholesterol, starch...

ELA: ...If its another woman, I'd think twice.

OZ: *(laughing heartily)* Women, faquirs...its all the same!

ELA: *(Ela lies on the floor and Oz imitates a faquir lying on top of her playing a flute. Flute sounds are heard.)* All women are alike after ten years of marriage.

OZ: ..."a trick, just ink."

ELA: *(screaming)* But my blood has run. From the wedding night to this...all over the sheets of your life - this shroud!

OZ: How tragic, how dramatic, how melodramatic, how full of it you are!

ELA: Today she is charming, sensual, has long hair and

black designer dresses, french perfume, lace panties, five inch heels, even. But her black roots will grow in too...and, one day, Chanel #5 will...

OZ: ...start smelling like garlic. *(Long pause as he continues tragically, but with a new matter-of-factness.)* I know.

ELA: ...the long hair will lose it's shine...

OZ: Anything will lack luster after ten years.

ELA: Then why change?

OZ: It's all tricks...

ELA: Why, huh? What for?

OZ: All illusion.

ELA: Why? What for?

OZ: ...until the roots grow in, I'm going to find her fascinating.

ELA: Black roots are the history and legacy of lovers become wives.

OZ: Have some respect.

ELA: I control myself, economize, don't even play the little portable radio so I won't get distracted.

OZ: It drove me to distraction, that Roberto Carlos playing all the time...

ELA: It was the cleaning lady's cassette player...every Tuesday...only Tuesdays...she has the jam-box, not me.

OZ: ...I hate Brazilian pop music.

ELA: ...I don't listen to the radio because its distracting, and if I don't pay attention, I pour detergent right down the sink; detergent is so expensive these days!

OZ: *(sarcastic)* Ela speaks little, and her voice is like a nocturne by Chopin!

ELA: You're going to have to work three jobs to keep this slut. You'll have to hire four maids, five. My boss's wife has eight: one's just for opening doors.

OZ: *(threatening to leave)* Well: I'm outta here.

ELA: *(clinging to him)* You've grown on me. I got addicted, just like a faquir to his bed of nails!

OZ: ...tricks, just ink!

ELA: *(to the audience)* Every day I got in the door at seven-thirty, turned the stove on at eight, and the national news at eight-o-five...every day I walked up Reboucas...and for ten years I stopped at the fruit stand...*(slowly now to Oz)* What is my life going to be like without you?

OZ: You don't have to wake up early to make my breakfast anymore. Just the kids'.

ELA: ...libertas quae sera tamem!" My little angels...*(to the public)* Breakfast has been called off! The

'American way of life': everyone makes their own, very practical "Sunnyside? Overeasy?" Yes, we have no more eggs. Lunch? Frozen. From freezer to microwave; do we have an understanding? Make beds? For the little one *(tenderly)* only.

OZ: Did you take the dog to the vet?

ELA: ...He's still lopsided just like I'm going to be after you leave. *(limps around tripping over the imaginary tight-rope)* I'll...open a veggie house, a butcher's shop, second hand clothes outlet, a clothes for fat people store, or for thin people, or a costume shop. *(screaming)* I'm gonna buy seven boxes of valium 80! Drag a jackknife through my entire wardrobe. *(to the audience)* It was Mariquinha, Dad, she has a strangled cry stuck in the soul. *(to Oz)* The 'other woman'; she's my undoing!

OZ: ...vanishing dental floss, bandaids!..

ELA: How do you manage to cut yourself so much?

OZ: *(hatred in his voice)* Every paper clip in this office is rusted.

ELA: *(desperate)* I never once stole your bandaids! I hate lies!

OZ: I hate clips!

ELA: *(savagely)* Evanete *(to the audience)*, Evanilde, have either of you ever seen a single skein of wool in here? Well, have you? *(to Oz)* What do you mean, 'I never do anything?' What about the Lasagna? And the rug? *(hugs Oz, and starts to slide, slowly and painfully, down to his knees)* The mouth that kissed my tongue, tongue that licked my tit, cock that came in me 'till it hurt, hirsute arms that held me when I *(tenderly)*...had nightmares....the kind that make you snore like a chain-saw...cut my head off, but don't leave me! *(suddenly, bitter, still at his feet, she turns to the public and says)* Rita, get away from that window.

Lights change, electronic noises; voices that murmur something in unison, perhaps a prayer. Laughter, whispered arguments...Enter the residents of a nursing home, wearing pyjamas, uniforms, tattered hospital gowns, whatever might identify them.

OZ: What've I done wrong, Ma?

ELA: You put disinfectant in your father's pomade.

OZ: I would never do that. *(desperate, approaching hysteria)* I swear by all that's sacred!

ELA: And what, pray tell, could be sacred to a person who wears – and jackknives – his own mother's clothes?

OZ: It wasn't me who jackknifed your clothes. It was Elinha, or Mariquinha, they have the strangled cry in their souls; you could go to jail for perjury, you know; you should investigate before you point your finger at someone. *(A siren is heard.)* Mom, you didn't?

ELA: It's for your own good. I told you; you'll rest.

OZ: The emergency room at an insane asylum? For your only son?

ELA: I told you. It's for your own good.

OZ: 'For my own good' isn't worth more than striped
                pyjamas?

ELA: You're on the verge of a nervous breakdown.

OZ: Never felt better in my life!

ELA: Just yesterday you told me that you were not
                Ozinho de Souza Filho anymore, instead you
                were —

OZ: ...My name is Ozinho de Souza Filho, I never said
                otherwise.

ELA: What about the cross, huh?

OZ: *(blushing)* It's true.

ELA: What is your real name?

OZ: Jesus. Jesus Christ. *(Agitated, he mimes, struggling to
                get away from someone to whom he's tied.)* Judas, Judas
                Iscariot.

MOTHER: He makes a great fuss, kicks and screams, but later
                he settles down. I know the breed.

OZ: It was all faked. Tricks. The pomade, the clothes,
                all of it. A frame.

MOTHER: For some time now, he's been saying he's Jesus. His
                spine even started to bend, as if he really were
                carrying a cross...

OZ: *(trying to escape by running the stage from end to end, and back, and again, imitating the persecution/hunt of the doctors)* Me, trying to pass entrance exams, engaged to be married.

MOTHER: Married to who?

OZ: Not to you, that's for sure.

ELA: The "fiancee" is the boss's daughter, cross-eyed, rich, just a child, really. And what's worse: 'mental', simple, retarded. *(now generous...)* That's why I called the men in white. Be fair!

OZ: What's wrong with my wife being almost a child and a little retarded? I'm the one who's martyring her, not you!

ELA: He worked at Dr. Jocymar's machine shop. It was Dr. Jocymar that got this job for Ozinho, as a favour, because of an old family connection. Ozinho went into appliance maintenance. But he didn't move a straw.

OZ: They say I started to follow her around...that I grabbed her behind the washing machine once...that was broken...

MOTHER: I get him a job, a favour, and not only does he not work...*(ashamed)* Dr. Jocymar collects rent on a house, has a butcher's shop, this appliance thing is just a hobby. If you had only worked, you might have ended up in one of his bigger businesses. He even owns a gas station, did you know that? But if even a broken blender is too much for you...

OZ: I know perfectly well how to fix a broken blender.

MOTHER:	...He asked the washing machine to do a waltz with him...when it turned him down...he started to kick...Brought the meat grinder home. And...(*blushing*)...he would talk to it...sing lullabies.
OZ:	(*Oz sings. Pause.*) I hate lies. (*to the audience*) I hate lies.
MOTHER:	I hate meat grinders. (*pause, to the audience*)...the girl was cross-eyed, poor thing, she's more cross-eyed than ever now, after he...
OZ:	I never raped Dr. Jocymar's daughter.
MOTHER:	What happened behind that goddamned washing machine then?
OZ:	I just put my thing in her hole!
MOTHER:	And what is that?
OZ:	A fuck. That's all.
MOTHER:	To make a long story short...(*points to two imaginary characters*) Tell the boys about your crucifixion.
OZ:	(*Suddenly excited and ingenuous, he turns to the audience and starts slurring his words.*) I walked...thief...Judas...thirty pieces of silver... calvary...Jesus, the Nazarene...Rex Ideorum... Pilate...mother (*He throws himself on her lap; she sobs dramatically, playing Mary.*)
MOTHER:	Father, to purge the stigmata of all mankind have you stigmatized your son!

OZ: Free me, mother, from this agony.

MOTHER: I can't. It's history.

OZ: Change it, turn the page; say it isn't so.

MOTHER: *(giving him the cloth)* Here, take it; wipe your face. *(putting the cross on his back)* Carry it, all the way to the top. *(change of tone)* You can't expect me to do it for you.

OZ: My back stings from carrying it...

MOTHER: Taaaaaaake it! All the way...open your arms... *(Screaming, Oz stretches out his arms.)*...and let it bleed.

OZ: Stigmata don't hardly sting when they're on someone else's wrists.

MOTHER: I wanted him to be a lawyer, wear a class ring with a ruby, own property...a gas station, maybe.

OZ: Jesus, king of the Jews, son of God, Jesus. It's you who lead me to calvary *(to the audience)*. And then wash your hands...

MOTHER: Deflowered a minor, a cross-eyed minor!! My son! A monster!

OZ: Take this and drink from it; this is my blood.

MOTHER: Behind the washing machine, blood from a virgin sacrificed.

OZ: I went to work, with a fever, laryngitis, working sun to sun, my guts turned inside out; there was no way to fix that machine; I swear to God.

MOTHER: *(In slow motion, she arranges herself around him, forming the composition of the Pieta.)* Since birth, he's been strange...I'd give him my left breast, he'd go for the right; if I gave him the right, he'd want the left. And when the milk ran dry, he bit me 'til I bled.

OZ: Look, I'll marry her if you want.

MOTHER: ...Born with teeth. Just like a vampire!

OZ: ...She wanted to fuck me, Mom, she was the one who thought of going behind the washer...

MOTHER: ...blood of my blood...

OZ: Drink...

MOTHER: ...*(to the audience conspiratorially, getting it off her chest)* At ten, he set fire to the chemistry teacher's lab coat. At thirteen he was caught in the cemetery smoking dope. At seventeen he almost died playing Russian roulette. At eighteen, got his first job, but I think he took some of that angel dust stuff...because...he insisted that...the earth was a giant ferris wheel...*("Somewhere Over the Rainbow" is heard as they slowly dance around one another, still as the Pieta.)* and that all household appliances had a soul!...the blender, he loved as a son...the...meat grinder, too...but the broken washing machine... *(almost in tears)*...he was certain was...

OZ: ...Dona Berenice, that old whore!

MOTHER: Your own grandmother! Your father's mother.

OZ: My father is 'God,' the father, our Lord'!

Lights change. The mother is also wearing a nursing home uniform now. The two of them walk the imaginary tight rope, euphoric music is heard.

ELA: How wonderful that you should be a trapeze artist! What else do you do?

OZ: I know how to tame lions, and I can clown, too.

ELA: Are you funny enough?

OZ: Hilarious. Always have been.

ELA: Clowning is so hard. How much do they pay you?

OZ: We haven't come to terms, yet.

ELA: I do it for free.

OZ: Hilarious.

ELA: Art for art's sake.

OZ: Right. Come on; with your talent and know-how?

They stop walking the tight-rope and start performing some other circus act.

ELA: ...for the love of art.

OZ: Isn't it scary up there?

ELA: No. There's a safety net.

OZ: It's better without one.

ELA: You're joking.

OZ:	It's more exciting.
ELA:	You might fall. Splat!
OZ:	The crowd likes it that way. When there's a net, they don't clap.
ELA:	I'd rather do it with a net, even if they don't clap.
OZ:	Now the Romans, they were hard core. They'd go into the arena and fight lions, hand to hand. For real, no tricks: no tame lions; no doped lions. One on one, two animals.
ELA:	But that was an execution, not a show!
OZ:	Tell me another. What a load of crap! The Romans loved to risk their lives. *(biting her)* They got a kick out of it, the lion's teeth, the breath of death.
ELA:	*(points to her hickey; barely concealed pride)* Ooooouuuuuuucccchhh! You hurt me!
OZ:	Come on, don't make such a big deal out of it!
ELA:	It's bleeding. I'll tell Dr. Oz. He owns this circus. He's the boss! And he...he...*(furious)* can't abide his crew being bitten!
OZ:	He's much too busy to listen to gossip from the employee pool. And if you tell on me, I'm telling him everything you did to me!
ELA:	You wouldn't!!!!!
OZ:	Um...Um...

ELA: What was it anyway? I can't seem to remember.

OZ: Tweezed my beard off, hair by hair; covered me in ribbons head to foot, and told me I'd have to turn into a woman to be a ballerina.

ELA: So?

OZ: SO? That's incredibly violent, that's what. And a symptom of your ignorance, 'cause there are zillions of very macho male dancers that dance better than women. Baryshnikhov, for example.

ELA: My mother always said that any man who would prance around in tights was queer.

OZ: Your mother's an ass.

ELA: Hey, you can't say that about my mother, *(whispering)* she's a saint!

OZ: *(totally taken in)* A saint? You mean a real saint?

ELA: Levitates...does healing work: leprosy, even cancer.

OZ: *(in awe)* What's her name?

ELA: I can't say, it's a Vatican secret.

OZ: Aw, go on, say it...

ELA: If you tell I told, I'll be burned on the pyres of the Inquisition.

OZ: I'm as silent as the grave.

ELA: Saint Ela of the Drowning, patron saint of those at sea!

OZ: Oh, my God! I've heard of her so often!

ELA: Did they give you shock treatment?

OZ: God forbid.

ELA: Then what are those marks on your temples? *(He hides them with his hands.)* I'm sorry…I forgot.

OZ: They're stigmata from the crucifixion. But you could be more subtle about it.

ELA: Ladies and Gentlemen…I have the pleasure *(to the audience)* of introducing to you now, the newest addition to our fabulous circus of wonders: Jesus Christ!

   Applause in the background.He bows, casting off the cross. She claps. Lights change. She appears wearing pomade in her hair, a moustache, and a man's suit and tie.

he/she ELA: I'm terribly sorry, Mr. Tadeu. But I'm going to have to make this short and dirty to get right to the point: you're fired

OZ: Fired? Me? But what have I done? *(On voice-over, an echo from the beginning of the play. His voice sings the refrain, 'what have you done?' Facing the audience, he speaks as an automaton.)* I tear my hair out working sun to sun, my blood pouring into this business like fuel, worked over-time for free and never once complained…you are a vampire, Sir…took work home with me from the office 'til it got to be routine…you owe me twelve vacations…I never took a single one because if it weren't for me, this whole thing would've gone down the tubes long ago. I'm sick to death of seeing my family take off for Agua Verde in July, December, carnival, labour day, Easter week, and me, stuck here, turning green with envy! The cleaning lady sewing up her carnival costume, the wife buying sun tan oil…and me, stuck here, green.

he/she ELA: You turned green on purpose, to justify all the sick days you took…tricks, lies…*(to the audience)* "just ink".

In a raging fury, Oz addresses the audience and he/she Ela, articulating almost every letter.

OZ: The clips in this office are all rusted over. I'm always cutting myself on clips in this place.

he/she ELA: Libel is punishable by imprisonment.

OZ: …One of these days my hands'll start rusting and drop off.

he/she ELA: …The clips at this firm are all first class. Grade A. Good enough to steal, in fact, as you well know…

OZ: *(winks at the audience conspiratorially and stage whispers)* Fascist son of a bitch. Nazi, leprous spy.

he/she ELA: What did you say? I don't think I quite caught that…

OZ: *(awkwardly)* I said…I mean…The old saying, life's a bitch and then you die.

he/she ELA: Ah...

OZ: I have a speech impediment.

he/she ELA: And a strangled cry in your throat, I'll bet.

OZ: Since I was a kid.

he/she ELA: Howl, if you're a man! *(Oz does a silent scream, pause)* You, sir, have been stirring up trouble in the ranks, sloughing off your work on assistants, disrespecting the wishes of your immediate superior, coming in late, and what's more, your immediate wife calls you fourteen to eighteen times a day, and this line is for business use only.

OZ: My wife feels lonely since she lost her job. But, Dr. Oz, can't we talk this over calmly, like civilized people?

he/she ELA: There's no more time for 'talk'. You've gone soft. The firm needs new blood.

OZ: Mine rotted and rusted...on your clips...*(looks at the audience then delivers the line both to them and Ela)* Drink this...this is my blood. *(pause)* I have a wife, children, at my age...well...it's twelve years of loyalty...if I did something wrong, we can...I don't hold grudges...

he/she ELA: We can dispense with...the painful period of legal 'notice'. You can just take your papers and go home right now, that way the firm can feel free to...to...replace you...

OZ: ...*(hurt and suspicious)* Is it Evanir??? Is Evanir going to take my place, huh? *(shakes Ela by the lapels)*

he/she ELA:	Yes!
OZ:	(*long pause as we see Oz looking painfully perplexed*) Now…(*backing away from Ela and turning to the audience*) I understand…It's Evanir! (*accuses the audience, sub-machine gunning them with his index finger*) Judas!
	Ela becomes herself again, knitting anxiously. Oz approaches her humbly, stooping, and sits. Lights change.
ELA:	Well, you don't have to be that way about it.
OZ:	What do we do now?
ELA:	We'll make ends meet, one way or another.
OZ:	Living under some bridge?
ELA:	I asked my Mom for some money.
OZ:	You told her? Didn't I tell you not to tell her? Is she here?
ELA:	She's in Agua Verde. Why?
OZ:	And how could you have told her if she can't even hear the voice of God anymore?
ELA:	When it's an emergency she can can hear a little.
OZ:	What?
ELA:	I put it this way: (*screaming*) "Mom, could you lend us some dough? Oz lost his job and there isn't even a banana in the fridge."

OZ: And do you know what. I'm not going back; I'm not going back to work ever again.

ELA: Huh? Say what? But how will...?

OZ: I'm going to stay home and knit. What's more, I haven't told you yet, but *(affecting gay speech)* I was born to be a housewife.

ELA: You, who used to talk so macho...

OZ: ...It's true, I married you under false pretences. Impersonation, assumed identity. It's in the civil code. Crack it and read.

ELA: ...You lied to me then!

OZ: Always!

ELA: *Anxious and disappointed, she addresses the audience.)* Does someone want to take the case? He swore up and down he was straight. *(to Oz)* Carry your own damned cross.

OZ: *(throwing her the imaginary cross)* You carry it. I've had it. *(to the audience)* When you get married as one thing, and turn out to be another, your case comes under the jurisdiction of the civil code, *(to Ela)* for "malicious impersonation". You tricked me too, Ela.

ELA: How? When? What? How...

OZ: Said you could handle anything. And that you loved soccer!

ELA: *(laughing)* What about you, who believed in Our Lady of Aparecida...

OZ: *(yells)* Did you at least open the vegetarian restaurant you always used to talk about? Huh? Did you do anything?

ELA: *(walking slowly and speaking melodramatically)* Since no one wants to carry the cross, *(throws her knitting clear away and addresses the audience)* I suggest we get moving to that bridge we're going to live under!

Lights change. Ela takes up the cross.

ELA: God, its heavy.

OZ: Go on, stretch your arms and let it bleed.

ELA: But I'm a woman.

OZ: For that very reason.

ELA: You lied. You've betrayed me...You said you would carry this fucking thing!

OZ: We're all God's children. Every one of us has to carry it sooner or later.

ELA: *(throws the cross clear, then thinks better of it)* Do you think its broken?

OZ: *(to the audience)* Forgive her father, for she knows not what she does.

"Somewhere Over the Rainbow" is heard again. Circus atmosphere and children's voices.

ELA: The one from 354 said she doesn't want to sell popcorn anymore.

OZ:	*(takes up his cross again)* What about the dwarf? Have you made the deal with him yet?
ELA:	He says being the dwarf just isn't him. He wants to be the fire-eater, or the magician.
OZ:	What a pain!
ELA:	And Marieta Tavares said she is a SEAMSTRESS, that she's never been a trapeze artist in her life, that she hates the circus, that she thinks we're nuts and doesn't even want to talk to us at the park. Said she doesn't fraternize with the likes of us.
OZ:	*(humiliated and enraged by this last revelation, trembles and quakes)* When that asshole comes around asking for her props again…when she comes to her senses…Give her the iron fist in the kid glove treatment. Tell her we cut the number. That now there's only the "Globo of Death".
ELA:	*(charitably)* She can't ride a motorcycle!
OZ:	Just to piss me off. *(pause)* My boss came to see me.
ELA:	What did he want?
OZ:	Said he thinks of me as his own son, that he's sorry for me, and that he had come for old time's sake, the twelve years I worked with him. Brought me some saltines! *(extends his hand)* Want one?
ELA:	It could be poisoned. What if he put disinfectant in it?
OZ:	…Thinks I lost my mind after he fired me…even has nightmares. Every day…

ELA: And you just ate it up, didn't you?

OZ: (*Whispers in her ear; she can't stop laughing; he addresses the audience.*) Isn't it great?

ELA: ...(*to the audience*) Would you have the nerve to put a baggie full of shit in the breast pocket of your boss' jacket??? (*pause*) My boss didn't come to see me.

OZ: (*disappointed*) Of course he did, you just didn't notice.

ELA: What do you mean I didn't notice?

OZ: Your boss is the same as mine, silly.

ELA: Yeah?

OZ: Yeah!

ELA: Then...(*Oz hums "Somewhere over the Rainbow;" slowly Ela comes to understand.*)...All the bosses in the world are called Oz.

OZ: Every one.

ELA: My husband's called Oz, too!

OZ: What a strange coincidence!

ELA: Does your boss have green eyes and red hair?

OZ: No, he's dark, with dark eyes and no hair at all. Totally bald.

ELA: So how could they be the same person?

OZ: It's only a matter of being disguised. Haven't you ever read a detective story?

ELA: How did you find out?

OZ: When they crucified me the thief who was on the cross next to me...he got my attention and whispered it to me...

ELA: His cross was so far away from yours...how could he have whispered it to you?

OZ: Insignificant details for a story of such magnitude!!...so then he said: "Come closer". I did. And he said: "you know the name of the guy that put the finger on us?" And I say: "Frankly, no." And he said: "Oz". *(Ela is shocked.)* If you survive, if you get out of this mess, spread the word: "Oz".

ELA: What's 'God' then?

OZ: A nickname.

ELA: So, are these Wizards of Oz everywhere at the same time? With stone tablets and everything?

OZ: Fully equipped with standard boss equipment!

ELA: So, what if he puts another cross on your back for the little bag of shit?..

Lights change. "Für Elise" plays in the background. They take up adolescent poses.

ELA: Mom's been saying I cut up her clothes. Would you do me the favour of turning yourself in?

OZ: You did do it. Or Mariquinha did. It certainly wasn't me.

ELA: And what about Dad's hair goo?

OZ: You put the disinfectant in it. EVERYBODY KNOWS THAT!

ELA: What everyone does know, is that my mother cut almost all my hair off one time because of these false accusations. And I was trying to grow it out to be like Sissy, the Empress! It was Mariquinha, Mariquinha, and Mariquinha!

OZ: Don't be such a bitch. Just because Mariquinha's going out with Jocymar, and you're not, doesn't give you any right to crucify her.

ELA: Me??? I want to go out with Jocymar??? What bullshit! Where did you get that idea, huh?

OZ: EVERYBODY KNOWS.

               Lights change. They are man and wife.

ELA: *(fiercely)* What everyone knows...is that you, Oz, my husband, were feeling up Seventh Floor Rita's ass when she was cleaning the outside of the window. *(Off stage voice: a woman screaming. Ela covers her eyes. Oz buries his face in his hands. Very faintly, "Somewhere Over the Rainbow".)* The window is still there. Sparkling. Rita turned to dust. *(to the audience)* Dust the boss don't see.

               Lights change; mood change. Ela is knitting; Oz comes in with a suitcase.

ELA: How's life been treating you, Oz.

OZ: My, but you're cold.

ELA: What about Rosaly, how's she?

OZ: I came to bring the child support money.

ELA: Why didn't you just deposit it?

OZ: Because I wanted a chance to reconsider.

ELA: Is your little suitcase part and parcel of this 'reconsidering'?

OZ: I want to come back, Ela. I can't stand living without a home anymore. Without our kids, our stove, our house. You were right. Rosaly and I just don't jive.

ELA: ...And her french perfume turned into 'Eau de Chives'. And three inches of black roots came unto Rosaly, too.

OZ: *(setting down the suitcase)* May I?

ELA: No. *(Oz picks up his bag again.)* Our marriage is what I don't 'jive' with. I found another man.

OZ: What? Who? When? Where?

ELA: Jocymar.

OZ: Jocymaaaaaaaar?

ELA: Jocymar.

OZ: You two are living here together, under my roof, on my money?

ELA: We're getting things together slowly. To be honest...*(dreamy and sensuous)*...I've dreamed of being with Jocymar since I was a girl... EVERYBODY KNOWS...*(to the audience)* I only married Oz because our families arranged it that way. We grew up in the same yard. Deflowered one another...got stalled in math over...the same theorems...

OZ: *(to the audience)*...if we got married, the two families would save money, joint shopping, shared servants. One fine day, without our even noticing...

ELA: *(to him)*...we were saying I DO...at the foot of the altar...

OZ: ...with a 'no' stuck in our throats.

BOTH: That's why Oz suffers of bronchial asthma; Ela, of heartburn and shortness of breath.

ELA: ...And that's why my mouth gets more crooked every day...

OZ: With a 'no'...stuck. And a 'yes'...

ELA: Stuck in there like a wart.

OZ: Jocymar is an illusion...a ghost...an episode of madness...every marriage goes through these things. Jocymar is an adventure. I am meat and potatoes.

ELA: Cholesterol and starch. *(digresses)* Jocymar screws like an angel. Something you haven't done since our honeymoon...in Agua Azul. *(picking up knitting)* Can I finish my bed spread now?

OZ: Why the rush?

ELA: Its for Jocymar's mother.

OZ: What about the one I saw in the living room?

ELA: Its for our—the king sized—bed.

OZ: HERE?

ELA: Jocymar is getting us a split level with pool out on Town Lake. Don't worry.

OZ: *(giving her a check)*...the child support...

ELA: Please don't bother. I know you're unemployed.

OZ: *(furious and humiliated)* Did you finally open the veggie house?

ELA: Jocymar won't let me. He hates the idea of my going to work.

OZ: Is he still a butcher?

ELA: No, he's turned vegetarian. Thinks eating meat's a crime.

OZ: A crime?

ELA: ...The animal we eat...a steak...for example: is a piece of dead cow, isn't it?

OZ: Not of a live one, that's for sure.

ELA: ...When it was killed, the cow was probably pissed as shit, wasn't she?

OZ: Naturally.

ELA: So it was a crime, wasn't it?

OZ: That depends...

ELA: ...A steak is a crime with revolt built in.

OZ: Come to think of it, it does violate the civil rights of a cow, being turned into a steak like that...

ELA: ...That's it...

OZ: *(comes to, nauseated)* So then I eat a crime with a protest inside it every day...But...*(restless and inquisitive)* Jocymar...what does he do about the crimes committed when he had the butcher's shop?

ELA: There were extenuating circumstances. He bought them from a slaughter-house; he wasn't the immediate assassin. Your mother called collect three times. I wish you would tell her that you don't live here anymore and that it isn't you who pays the phone bill anymore.

OZ: You know what else? I think it's a joke, this bit about rebellious cows...*(to the audience)* That cow, Rosaly...*(to her)*...kicked me out on my rear when I ran out of money. *(to the audience)* She was that pissed off...black roots...*(to Ela)*...and no money to buy new stockings...*(to the audience)*...and runs

in her nylon nightgown...*(to Ela)* She got real
mad. In the beginning, we screwed night and day.
Then I couldn't get a job, no way no how, so I
bought into a barbecue place with a friend of mine
from Agua Verde who wanted to get something
going here. But the barbecue joint didn't take. *(to
the audience)* Because...that son-of-a-bitch Jocymar
got into being some kind of Indian guru and
started preaching against the slaughter of the
animals right in front of the restaurant. The
customers started to feel ill, nauseous. Then one
day they started singing hymns and one of them
turned the tables over onto the floor, doing some
kind of mystic chant about the souls of the animals
haunting humans...Anyway, the fact is...my
partner and I went bankrupt. The severance pay
money, I lost on medical costs, mother's bronchial
asthma...and when the last of the dough finally
made itself scarce...Rosaly said to me: *(imitating
"Rosaly")* "Oz, I am not—

ELA: ...*(picks up where he left off, imitating "Rosaly")*...not
accustomed to running around in flip-flops".

OZ: ...and I said, "Why don't you chill out for a while
'til I get a gig with some multinational or
something."

ELA: ...*(laughing)*...And she said, "Say what? You don't
even speak English."

OZ: *(Infuriated, he slaps her then addresses the audience.)*
That did it. *(IN THE PORTUGUESE ORIGINAL
OZ SPEAKS THE NEXT SECTION IN ENGLISH
TRANSLATED FOR THE AUDIENCE INTO
THEIR NATIVE PORTUGUESE BY ELA.)*
Struck her upside the head three times and showed

her my certificate from Berlitz. She packed her bags and took off, taking five bottles of Chanel #5 that another friend of mine from Agua Verde had brought me from another smuggler friend of mine from Agua Azul that I was going to sell to help put the kids through school....*(to her now, with tenderness.)* Let's give it another go, Ela?

ELA: I'll bet you think I went for Jocymar because he's rich.

OZ: I don't even think you're with him at all. You've been dreaming about the guy since you were a kid, but he's engaged to your sister.

ELA: Was engaged to Mariquinha! Almost fifteen years ago! But he blew her off, at which point she lost at least thirty pounds and contracted tuberculosis, at which point she healed herself by marrying Dr. Adenir Francisco da Costa Neves, a specialist in diseases of the lungs and heart, cuckold's heart!

OZ: Well, in any case, I think it's in poor taste that you're going out with the guy who almost killed your sister.

ELA: And I think, that what's 'in poor taste' is that— that all kinds of things—that you refuse to pay child support. That you yawn in public. That you screwed Rosaly while I was pregnant. That you provoked your own dismissal, knowing full well that an entire family depended on your salary. Forcing your wife to let three inches of black roots grow in...*(scream)* Scrimped on detergent, climbed onto and into your spouse on the very eve of dismissing her. Harassed the cleaning women, your hands all over their backsides when they leaned out to clean the outsides of the windows. *(with each phrase, accusing more fiercely...)* Ate the flesh of dead cows...ate a crime...a crime with a sob stuck inside it...

OZ: Rita teased me!

ELA: ...*(in pain)* She would scream sometimes, "Dr. Oz, leave me alone, sir, please sir, I'm scared of falling out when you do that..."

OZ: *(gravely)* The window is still there.

ELA: ...gleaming...Rita turned to dust. Dust the boss don't see.

Lights change. They are at the nursing home, old. Circus music.

ELA: Hey, is this a nursing home or an insane asylum?

OZ: Rest home. Our children put us here.

ELA: No gratitude.

OZ: You give them a hand, they take the whole arm.

ELA: You carry them in your arms, in the stroller, on your back...

OZ: Like a cross.

ELA: ...so then they crucify you. How long have we been here?

OZ: Since we got old.

ELA: I didn't even notice, did you?

OZ: I caught on when soup started to linger on your chins.

ELA: Come to think of it, I was catching on too. That trick you had of letting a whole cigarette turn to ash, still hanging on its filter. Forgetting to tap your ashes...

OZ: It's Alzheimer's.

ELA: Old age. Same thing.

OZ: Cynthia told me you wore her wedding dress to bed once.

ELA: What lies they tell, these children. Remember me pregnant with Ozzie?

OZ: *(tenderly)* Every night, that 'craving' for passion fruit. Didn't care where I'd have to go to get it.

ELA: ...Then came Cynthia, and then Tadeuzinho.

OZ: And me at the fruit stand on Reboucas...Every night. Chasing passion fruit.

ELA: *(laughter from both)* I'd rather be home.

OZ: What difference does it make. We were more alone each day.

ELA: It was our house.

OZ: A rest home. Like this one.

ELA:	All because soup fell in my lap.
OZ:	...Because my ashes weren't in the ash tray.
ELA:	*(screaming)* It's an insane asylum. I know it; I know it, Oz!
OZ:	*(holding her forcefully, screams)* Nursing home, rest home, insane asylum; its all the same crap.
ELA:	...just like home; the same crap!
OZ:	*(striking her)* Watch your mouth!

Lights change. Oz is the shrink now; Ela, the patient.

OZ:	What is the last thing you recall before arriving here?
ELA:	*(as a youth)* I was working overtime. Had two briefs done, two hundred thirty pages each...as a matter of fact...one of them was touted as "magnificent" by the office of our president...I was...alone...it was real late at night...I was all alone...Me, the Xerox machine and this moth flying around the lamp.
OZ:	So then...?
ELA:	So then I realized, that I , the Xerox machine, and the moth were all one thing.
OZ:	And why's that?
ELA:	Because we spun around and copied, and never left the spot.

OZ: Copied?

ELA: *(puzzled, also caricaturing amazement)* Yeah, copied.

OZ: Copied what, exactly?

ELA: Our own spinning for a start.

OZ: Is there anything else you can recall?

ELA: Only my name.

OZ: And what is your name?

ELA: *(to the audience)* Rita.

               Lights change. Now she is the psychiatrist and Oz,
               the patient. From off-stage, screams and sirens.

ELA: And what is the last thing you remember before
               coming here?

OZ: Well, I was waiting in line to take the
               pharmaceutical products sales test. I'd made quite
               a few drawings already; this would be the last test
               that day. It was going well, I was going to get the
               job. Then I looked at the rest of the people in line
               to take the same test and I noticed…*(hesitates,*
               fearing that what he says may be used against him)

ELA: And you noticed????

OZ: …that they all had the same face, the same clothes,
               the same tie. There.

ELA: *(prompting)* Anything else?

OZ: Nothing.

ELA: Wasn't there something at all strange about what you were all wearing?

OZ: Not at all. I know you're trying to trap me. You want to crucify me with electro-shock, I know...

ELA: Think about it: the clothes. Huh??

OZ: *(screaming)* Yes, there was something strange...the clothes were glued on their bodies like tattoos...like your skin, your own skin. It was *(pain)* a graffiti gray, the suit, with black shoes and tie and the shirt...white, pure white.

ELA: About the stars, who do you talk to about the stars?

OZ: I refuse to talk about them at all. Its a personal matter, exclusively.

ELA: Do they...answer?

OZ: *(animated)* Yes, of course, and sing, too... lullabies...when I feel really...alone... *(Laughs pitifully.)*

Lights change. From off-stage we hear a lullaby mixed into the screams and sirens. The two of them are man and wife as youths again, watching T.V.

ELA: Could you change channels so I can watch my soap?

OZ: The news isn't over yet.

ELA: I miss the best part of my soap every day because of the news.

OZ: Switch soaps.

ELA: Switch channels.

OZ: I have to know what's going on in the world.

ELA: I have to know what's going on in my soaps.

OZ: *(terrified and furious)* This thing in Libya's got me scared shitless!

ELA: *(They mime a tug of war over the remote control.)* Simone's possibly real death has got me scared shitless, too.

OZ: Watch your mouth!

ELA: *(They roll on the floor, still struggling for the 'control'.)* Ozinho flunked out in geography, again. And you with your damned Libya.

OZ: Flunked out? How come?

ELA: Didn't know where Somalia was.

OZ: *(watching something on the screen)* Huh. And if a third world war comes?

ELA: He needs private tutoring.

OZ: Private tutor in this house? Only for math. Which is the most difficult thing on earth.

ELA: *(romantic, on seeing something of her soap)*...She didn't die! *(he switches channels)* So geography is easy?

OZ: (*watching, completely absorbed*) Just rote memorization.

ELA: So's math. Everything's rote.

OZ: Sell your mother's pearls and buy another set, goddamnit, and not one more appliance in this house with my goddamned money, goddamnit, 'cause I'm not the fucking treasury, goddamnit.

ELA: Fascist! Goddamnit!

OZ: First, watch your lip. Second: you wanna know what's fascist??

ELA: Fascist is a guy who will watch only one single channel because of one single war.

OZ: When she made you, your mother broke the mold.

ELA: And yours broke the saint with the feet of clay. Why don't we just put them away somewhere, both of them?

OZ: Put your own away. Mine's a very personal problem.

ELA: Personal problem? Your mean the way she dribbles soup all over herself? (*stammers*)...God, she's unnerving, your mother. Makes me want to scream!

OZ: Holler, if you're worth your salt.

After a silent scream and a change of lights, we hear circus music and high spirits. Oz is euphoric.

OZ: Marieta Tavares said that…she isn't a seamstress. She's out of the closet as a trapeze artist and agreed to rehearse the number. She'll be here this very day.

ELA: *(fearful, concerned)* Will the boss install a net?

OZ: No. He won't compromise. *(pause)* You know the lion, the one that was sick? He died.

ELA: What of?

OZ: He bit a sick guy.

ELA: Sick with what?

OZ: *(whispering)* He'd eaten red meat.

ELA: *(to the audience)* The cow is standing there, nice and quiet—real calm—when suddenly, some Judas Iscariot, in the name of some racial supremacy or other, comes along and…*(Oz imitates the cow at the slaughter-house, doubled over moaning and screaming.)*…and then the crime is cut up into pieces and we…eat…steaks with muffled cries inside them…anger can be poisonous.

OZ: *(to the audience, painfully)* My name is Rita, doctor; you can verify that.

       Change of lights, thud of a falling corpse, screams, electronic music. The new lighting should suggest a tunnel along which Ela walks toward a distant corner to get away from the doctor. Music fades out. White light onstage as Oz, wearing a lab coat over the gorgeous tuxedo 'Death' will wear, comes on and begins to speak.

DOCTOR: I'm sorry. *(He hands Ela some papers which she considers opening to read, but holds out instead, frightened. He then turns away and begins abruptly, afraid that he might not have the courage to tell her at all.)* I'm going to go straight to the point; that's my way. Ms. Ela, you have very little time left to live.

ELA: *(with self control)* How long?

DOCTOR: Two months at best. *(Now he turns to her with compassion.)* If you would like me to communicate this to your family...

ELA: *(Screaming and laughing, hysterical, she throws the medical papers up in the air.)* Communicate what? That you've made a grievous error? That these test results have been mislabeled because of your incompetence? Its obvious...I've seen it in my soaps...Obviously these papers don't really pertain to me...Obviously...*(waltz)* I...*(as Oz in the mother and son scene.)* I've never felt better in my life. *(Suddenly she comes to, walks down center and slumps.)* Is it true?

DOCTOR: *(quietly)* Yes.

ELA: *(screaming)* Go ahead, scum! Break my eardrums like I did my mother's.

DOCTOR: *(screaming)* Its true, Ms. Ela. *(desperate)* And if I were you I'd stay at home...with your relatives. Hospitalization would be both painful and pointless.

ELA: ...If you were me?! And how would you know what that's like.

DOCTOR: Ms. Ela, I think I do know. I deal with terminal cases daily…

ELA: *(interrupting rudely)* STOP SAYING THAT WORD. Stop it! *(whispering)*…terminal patient…right on the brink. *(to the doctor)* Are you sure?

DOCTOR: Absolutely. Unfortunately.

ELA: *(falling slowly to the ground as from the tight rope)* But, what have I done to deserve this?

> *Off-stage sound. The bridge from Oz's song,…What you have done…"Somewhere Over the Rainbow" comes on in a cross fade. In slow motion to dream-like lighting, the doctor takes off his white coat and shows off in his elegant tux of Death. Oz is referred to as Death henceforth, and as such, is always elegant and sensuous, seductive as a man of the world. Ela feels strongly attracted to him, drawn towards Death. And I would like this entire section of the play to vacillate between hatred and desire, even when it might not suit the action.*

ELA: Who are you?

DEATH: Death.

ELA: Dressed like that?

DEATH: I haven't got a crooked nose or a scythe if that's what you mean.

ELA: I didn't call you.

DEATH: Nonetheless, I remain entirely at your service.

ELA: (*She looks into the eyes of Death, suddenly, as if struck by an extraordinary vision. Death smiles. Ela holds her face in her hands, ambivalent, between fascination and fear...Looks long, then murmurs.*) Rita. (*Terrorized, she slinks back, but Death follows.*)

DOCTOR: ...Every Tuesday, remember?

ELA: (*her back to him*)...She'd scour my floors and at the end of the day, she'd clean the outsides of the windows. (*Slowly with bitterness, she addresses the audience, enunciating each syllable distinctly.*) EVERY TUESDAY!

DEATH: (*fiercely, to the audience*) Ladies and Gentlemen, I have the privilege of introducing to you now, Seventh Floor Rita's boss: Ela!!

ELA: (*embarrassed and despairing*) On my knees, I beg you: forgive. (*to Death*) On my knees, I implore you, give me more time. (*persuasive*) Look, I planted some things in the window box...Let me live to see them grow? Please?

DEATH: Two months are more than enough for you to see the growth of the basil that you fertilized with Rita's fear!

ELA: I planted it thinking that it wouldn't take. It was really old soil, you know, it didn't look fertile, but the little shoots are coming along, looking pretty...Just a little more time and I could...

DEATH: ...Not even one minute more. Why didn't you let Rita leave at six?

ELA: *(to the audience)*...In fear and trembling she'd hop out onto the ledge with the pail full of soapy water. She'd yell back in to me, "Ms. Ela, I'm allergic to heights. Can't we let it go 'til next Tuesday?" Then one day she let out a yelp that was sheer terror...like...a cow at slaughter...*(screams, running back and forth across the downstage area)* "Ms. Ela, I feel my head spinning like a moth around a lamp."

DEATH: ...Judas!

ELA: *(embarrassed)* I pretended not to hear the scream. I thought, "I'm paying for over time..." *(to Death, after a pause)* Just one more month?

DEATH: I don't do over time. I can't let it go 'til next Tuesday!

ELA: *(resigned)*...So I thought, next Tuesday she'll make up something about a stomach ache and the window will still be dirty. But she screamed so loud that I went over to her. And laughed, because her ass was way up in the air just like it was when Oz...put his hands on her! . .I always laugh when I'm nervous...I laugh and twist the corners of my mouth...and her eye was sparkling like a cow's eye...and she let out another yell, worse than before...just like the one I let out at my mother when she cut all all my hair...That strangled cry in my throat...and Rita's hand started to slide...and she still had time to ask, "Ms. Ela, hold my hand, pull me?" And I screamed back, "If I hold you, I'll go with you." Because...*(slowly)*... her hand...was heavy... like...the hands...of the drowning...And I closed my eyes. And the cries got louder. Then softer...

DEATH: *(painfully)*...7, 6, 5...

ELA: *(still more painfully)*...4, 3, 2, 1 *(thud, she stops;
           suddenly, to Death)* I need time to take care of some
           things, really, besides the basil, I swear, serious
           things. Let's talk in a civilized sort of way. I know
           you have several counts against me, but its only by
           talking about things that we can come to a
           conclusion, don't you think?

DEATH: *(with a sad ironic smile)* The window is there.
           Sparkling. Rita turned to dust. Dust the boss don't
           see.

ELA: You know, I never really lived.

DEATH: ...never even born, really...

ELA: So?

DEATH: No deal.

ELA: *(suggesting bribery by miming a bill fondled between
           thumb and fingers)* How much?

DEATH: Two months is all I've got for you. Your quota.

ELA: And what if I told you that my daughter and my
           son have been held back a whole year in geography
           and that the only way I can make them learn the
           names of all the oceans...

DEATH: You know the names of the seas?

ELA: ...the youngest is doing so poorly at Math...

DEATH: Not one more second. I told you.

ELA: …And that my Mom's gone deaf because of me and we invented a dialect all our own, and that I'm the only one who can understand what she says, and that I'm the only one she can understand? If I go…

DEATH: Well, if that's your worry, I can take her, too.

ELA: …My father's worse every day from Alzheimer's… been letting burning stubs fall on the floor… Someone's got to take care of him…and there's this dog with a lame leg at Berenice's place in the country that won't let anyone else treat him, but me…

DEATH: You've had forty years for all that.

ELA: You think that's a lot???

DEATH: The average life span for humans is 70 years. Actually, a good long time! Did you know that the light from the star Beta Andromeda, of the Andromeda constellation, takes 75 years to get to earth?

ELA: Are light years different from Earth years?

DEATH: That depends on the intensity of the light and the luminosity of the year.

ELA: And what is a light year, really?

DEATH: Its a measure of distance. *(approaches her; she backs away.)*

ELA: I thought it was a matter of time. I taught it wrong to little Oz.

DEATH: The speed of light is 300 thousand kilometers a year! *(Grabs her by the waist; she escapes.)*

ELA: There's so much I could do in a year!!

DEATH: ...75 years for the luminosity of a star to reach you, so you can see it twinkle. And if it explodes, goes out, extinguished...only 75 years later would you begin to understand.

ELA: Why are you more generous to stars?

DEATH: Because they really sparkle. *(pause)* Let's go. Take care of everything you need to take care of: mother-in-law, mom...dad, theorems, kids, Somalia, everything. I don't have time to waste.

ELA: I am not, nor have I ever been, in the slightest hurry.

DEATH: That's why you can't understand what a light year is: 300 thousand kilometers per second, not for your lame dog rate of march.

ELA: For the love of God then...Five months? Huh?

DEATH: How you beg. What grievous indignity is in this groveling...All right, so be it: three months, done.

ELA: A pittance.

DEATH: No deal then.

ELA: Cheapskate!

DEATH: Cheap? Me? *(furious)* Who was sore at Rita for days on account of her 'stomach-aches'? And kept little

Oz home from the playground because of his geography? Who made her husband sell his T.V. for a mere pittance, missing the best plays of the conflict in Libya? And, what's worse, who is it that denied herself the pleasure of looking at the sun as it rose and set?

ELA: I had duties, obligations...*(seriously aggrieved)*... When I wasn't at home, I was at the office. One time...*(Tenderly she smiles and leans on Death's shoulder, forgetting for a moment that he is her enemy.)*...I did overtime until eight p.m. And when the sun started to go down...I went out on the balcony at work...but my boss looked out and scowled...so I went back inside to my desk.

DEATH: The Sun is a beautiful Star.

ELA: *(tries to be engaging)* Very beautiful. The best in all the cosmos!

DEATH: Not quite that. Mediocre one, at best.

ELA: *(tries to be increasingly tolerant)* Well, yes, that's true. *(half-hearted smile)*

DEATH: There are many stars brighter than the sun. Many! But it's useless to discuss the sun with you now. The light that you...hide with a bushel. Come on, let's go.

ELA: *(Backing away fearfully, she shows him her hair.)* Look, see? Three inches of black roots. I can't die like this!

DEATH: In one afternoon, you can do your nails and dye your hair.

ELA: ...I wanted *(dreaming romantically)* to sunbathe until I had a tan like Candice Bergen had in that Western. And I *(finding a sort of loophole)* always dreamed of letting it grow like Romy Schneider in Sissy, the Empress. To the waist.

DEATH: *(laughing, kisses her on the forehead)* Do I look like a sucker, huh? To the waist, indeed.

ELA: ...I wanted...to dance with Jocymar on the beach...in a black dress...fluttering, diaphanous ...to music by Glenn Miller...he'd be in beige, a blazer...and then...a rain would fall...and then...the rainbow...

DEATH: ...remember that day, at Berenice's place in the country?

ELA: *(nostalgic)* It rained. And there was a rainbow. But I ran back to the house to darn socks for Oz.

DEATH: You could never understand the speed of light.

ELA: There was a day...*(aglow)* with Jocymar...when I let my face lie on his chest...its been a long time...

DEATH: You were teenagers...

ELA: ...He was going to go out to the movies with my sister, Mariquinha. She went home suddenly, because of a stomach ache. And he looked at me, while she was in the bathroom, and said, "Ela, its you I like." Then I felt a warming between my legs...heart about to leap right out of me...I was breathless...voiceless...feverish...and he took my hand, and brought me close to him...to his chest...

DEATH: *(doing everything she has told him Jocymar did that day)* And he kissed you. *(Death tries to kiss her, but she comes to her senses just in time and slinks away from him.)*

ELA: My sister had opened the bathroom door; what did you expect me to do?

DEATH: *(grabs her and speaks mouth to mouth, in a quasi-kiss)* Why didn't you just say, "I love you"?

ELA: *(to Death)* "I love you." *(They kiss. Pause.)*

DEATH: Would you like to make love to Jocymar before coming with me?

ELA: Of course.

DEATH: Arrange it then.

ELA: If you could give me a year...Look, I can't just march up to Jocymar, after all these years, and say, "let's fuck." Unless, of course, I say, "Jocymar, I'm dying, fuck me, for Christ's sake."

DEATH: You know it doesn't work that way.

ELA: The ends justify the means.

DEATH: Enough bullshit, already; just go and do it.

ELA: Either its like I said or I need a year. To get everything ready. Small incidents, coincidences, moods...and I have to lose wight...get a tan...hair long and silky...*(teasing him)* Loooooooooong...

DEATH: *(smiling)* Unnecessary rigmarole.

ELA: ...I'm going to...plan it all...slowly...in copious
                detail...and then I'll have him. *(relieved)* Orgasm.
                The supreme orgasm. Then its Hollywood! Then,
                its Glenn Miller...its...the rainbow, and the heat
                of that kiss...what a turn on...those meaty lips,
                that fleshy mouth...biting mine...so then you
                plaster on your "The End" over it and that's all.
                (all atremor) Uh, oh!! Jocymar's from the same
                town as Oz. There's gonna be one hell of a
                hullabaloo...

DEATH: Underground there is no civil code. Or 'assumed
                identities.' No 'breach of promise'; no ethics.
                Nada.

ELA: *(thoughtfully, looking for another argument)*
                Death,...let's give it another go, huh?...Be a pal,
                give me a break? If you can't give me a
                year...seven months then...You can't or you
                won't?

DEATH: I can't. I too, have a boss.

ELA: *(sympathetic)* You mean you punch a time clock
                too?

DEATH: *(assenting)* Uh huh.

ELA: *(increasingly astonished)* And write up reports?

DEATH: ...Just yesterday I wrote one up, 230 pages long
                that the office of the president thought
                commendable.

ELA: I've always been a good mother, good wife, good
                neighbor, good sister, good colleague...I did
                everything right...paid my dues. Why, why me,

why, why? Why not the kids' geography teacher, or Rosaly?

DEATH: I am not someone's revenge.

ELA: *(Death puts his hands on her; tugging, pushing.)* Don't push me like that; your hand is heavy like the hands of drowning men.

DEATH: ..."Ms. Ela, I feel my head spinning like a moth around a burning lamp..."

ELA: Let go of me. Let me go.

DEATH: The pomade? The bedspread? Your mother's dress?

ELA: Mea culpa, mea culpa, mea maxima culpa.

DEATH: That's where you're mistaken. I'm not after culpas or maximas culpas. And by the way, you can chuck the cross...otherwise its going to be hell carrying you off.

ELA: *(chucking it)* Have it your way.

DEATH: *(laughing and applauding—Ela is mystified...)* Bravoooooo! Now we can deal...five months!

ELA: I don't get it. Well anyway, profit is profit. How about we settle at seven.

DEATH: So you can wash windows?

ELA: *(Ela holds her guts, terrified, and tries to explain.)* It wasn't me who killed her. It was the boss they forced me to be. Isn't that what its all about? The roles we're forced to play? Isn't that what life is, after all; a circus, a stage...huh?

DEATH: ...Or a rest home...a lunatic asylum...an Intensive Care Unit...a kindergarten...

ELA: ...a bus at 6:00 p.m....a cellar...a sewer...a Somalia and a second degree equation.

DEATH: ...Marieta Tavares...

ELA: *(panicking, long pause, retreats, then pushes Death, breathless)* What about Marieta Tavares, huh? Have you come for her, too? Have you? You son of a bitch!

DEATH: No, she's just been released from a mental home.

ELA: *(relieved)* As a trapeze artist or as a seamstress?

DEATH: As Marieta Tavares.

ELA: And what do you mean by that?

DEATH: As a person, a point, a speck of dust in the middle of the cosmic cloud. Of the great glass! The other side of the glass...The infinite glass of which the earth is only a speck of dust itself.

ELA: You lost me.

DEATH: The earth, our planet, is one of the billions of planets and grains of dust and stars of one single galaxy, you know?

ELA: And what has that got to do with Marieta Tavares?

DEATH: One day you'll understand.

ELA: A year from now??

DEATH: I still don't understand what you want with one
            more year, really.

ELA: To spend New Year's Eve on the beach dancing
            with Jocymar...

DEATH: *(jealous)* Jocymar, always Jocymar...From now 'til
            New Year's you don't need a year, stupid!

ELA: *(counting on her fingers, teasing; aware of his jealousy)*
            At the end of the year I'll go with you. Seven
            months!

DEATH: *(looking into her eyes, fascinated by the damsel in
            distress)* I'll think about it, O.K.?

ELA: My proposal should interest you. You yourself said
            that I wouldn't need...a full...year... until New
            Year's...*(laughs)* I've never been good with
            numbers...*(Death smiles tenderly.)*

DEATH: You can say that again!! Jocymar lived in the next
            house down from Oz. If your family wanted to
            make this business deal, sharing servants and
            shopping trips, why Oz and not Jocymar, who also
            lived in the neighborhood? If you had gone just
            one step further, you would have been right at the
            doorstep of your greatest love.

ELA: My sister took that step before me. She's always
            been rather forward. *(pause)* But, look...I couldn't
            stand not knowing about all the things that'll
            happen that I won't hear about! The national news
            team will be covering shitloads of stuff, and me,
            ignorant!

DEATH: *(imitating the anchorman from Globo Network News)*
             "Good evening, ladies and gentlemen. The God-
             forsaken rat poison poisoners have been brought to
             trial at last."

ELA: *(on recognizing the item...)* That I cannot and will
             not miss. Dead or alive.

DEATH: That you will miss; unfortunately, you must.

ELA: *(j'accuse)* You came for those children, didn't
             you...You act like you're such an fine upstanding
             gentleman, but deep down, you're nothing but a
             full-fledged asshole...

DEATH: *(finally feeling the weight of his responsibility, his guilt)*
             I'm only a servant...I follow orders, that's all...

ELA: You know about stars. *(laying on the guilt
             trip)*...about poetry...about feminism...but you
             threw rat poison out in the open where small
             children would be hurt by it. Follow orders, huh?
             You buffalo chip bureaucrat!...

DEATH: The guy whose poison it was, was the only one
             responsible. Them and the shitheads who threw
             the stuff on the surface instead of in the cracks. I
             just signed the papers.

ELA: ...You don't deserve the job you've got. You've got
             no initiative, no platform, no project. I cannot
             possibly miss their trial and condemnation. Don't
             even ask it of me...I'll give up Jocymar, but not
             that...

DEATH: Don't torture me...I can't give you more time. I
             can't!

ELA: ...I have to watch the execution of these Judasses. I have to see the sun rise and fall so many times. *(laughing openly)* I have to study the progress of of the oceans...travel the winds...count the stars...and shout to my boss, "Take this job and stuff it, you fucking vampire." And how I need to tear that cry out of my soul. That frozen sob...I need to administer strychnine with an eye-dropper to the owners/distributors of that god-damned rat poison...I need...to see something other than this enormous patio of a lunatic asylum we live in...something like the light of a rainbow falling on Jocymar's face...and his skin next to mine on a warm, white beach...*(near death's body now, holding, squeezing, scratching him painfully as they embrace)* It's been confirmed by scientists, darling. The owners of that rat poison...were not human...

DEATH: ...they were rats.

ELA: ...*(coldly, to the audience)* Plague-carrying rats.

DEATH: I would so much like to give you more time, Ela, but...

ELA: ...You make mistakes, get confused, embarrass yourself, just like me. You, too, forget the speed of light, because you're not free. If you were, if you knew what its like to fly at three hundred thousand kilometers per second...you wouldn't have signed the death warrant of those children.

DEATH: *(humiliated, defeated)* All right! You've got the seven months!

ELA: Two years! To wade through the protracted machinery of justice and then participate in the

397

	lynching and…to denounce my boss, that rat, for having exploited me for the past twelve years!
DEATH:	You let him exploit you. Got addicted to the blood-letting like the mistresses of Count Dracula.
ELA:	Oh, go to hell! A year and a half then.
DEATH:	Seven months and not a particle of a second more. Seven months will take you right to New Year's. On the nose.
ELA:	Is it right that this chair should last longer than me? And what about the rocks? The trees?
DEATH:	*(smiling)* There are fossilized trees that have lived for trillions of years…born way before botany. They don't even have names!
ELA:	How come you're so soft on nature?
DEATH:	I only come for humans. I admit…that sometimes I get…disgusted…as in the case of the children and who ate the strychnine, for instance…or like the case of Che Guevara, Sophocles, Einstein. So many humans that had the light of the stars, who could have lit up this dungeon a little! There is, at least, one small consolation.
ELA:	*(uprighteously indignant)* What consolation can there be for a creature who would throw rat poison out in the open to kill small children? Judas!
DEATH:	…Sophocles traveled with me twenty-five centuries ago. There isn't even dust of him left…Nonetheless, Oedipus Rex lives on to this day on stages all over the earth.

ELA: *(cynical)* Dust the boss don't see.

DEATH: ...The theory of relativity explains— even to this day—the souls of stars!

ELA: I've got no use for posthumous works. I don't want to leave tracks. *(suddenly)* Now I get it! *(screaming)* This is a convocation...

DEATH: ...to the speed of light. The light that's bigger than a lamp's...to...the larger spin, larger than the spin of a moth copying its own movements.

ELA: *(Suddenly their rapport is one of infantile complicity.)* And...if I had eaten peaches instead of passion fruit? . .(much laughter)*

DEATH: ...And if instead of taking the bus on Reboucas you'd gotten into Jocymar's car? *(laughs)*

ELA: ...I'd have gone to a motel room with him and had the ultimate orgasm!

DEATH: ...*(suddenly furiously jealous)* To have the ultimate orgasm, you have to leave your compass behind and...tear the first communion veil to shreds...and chew up the holy host—all the holy hosts!

ELA: What have you got against Jesus? Huh? *(Once more nonplussed, she attacks him, aggressive again.)* Useless bureaucrat!

DEATH: *(abruptly to the audience)* Ladies and gentlemen...I have the pleasure of announcing that the Great Circus of Wonders no longer includes the number on "Passion and the Cross"...because the employee who once performed it...Mr. Jesus Christ...has been fired!

ELA: Ooohhh, him too?

DEATH: *(to the audience)*...His crimes? Grievous injury to the progress of justice! Criminal Abuse of Authority! Medical Negligence! *(to Ela)* Tear off the cross he plastered on you like a tattoo ...Be naked...and put out the light so the moth can be at peace!...*(a scream of hatred)* Oh, why didn't you just break that goddamned Xerox machine? That was the secret...Ela.

ELA: ...*(anguish)* What about the Xerox?

DEATH: Life is an original without copies. *(to her, irascible)* And cut the crap, 'cause this you can't just get with the 'sweat of your brow'...because... *(ironically)*...I hate "Sweats of the Brow"...guts turned inside out...and people who go to work with temperatures of 103 and laryngitis!

ELA: *(slowly as she disrobes, speaks to herself, gets almost naked or wears a black nightgown that becomes suitable underwear for the outfit Death will give her; she walks along a corridor of light, vague, unselfconscious, long pause.)*...When I was a girl...I loved to say dirty words. My father would say...

DEATH: *(sympathetic)*..."Nice girls don't curse."

ELA: I loved to play soccer. But my Dad would say...

DEATH: ..."Nice girls don't play soccer."

ELA: ...and sometimes I wanted to lock myself in the
                  bathroom to make believe I was Sissy, the
                  Empress, and Pop would say...

DEATH: *(doing her father)* "Masturbation makes a young
                  lady of quality turn pale."

ELA: And I would say, "I hate piano; can I study Ballet
                  instead?"

DEATH: "Young ladies of quality don't open their legs."
                  (laughs) And he'd also say, *(pulling her to him)* "If a
                  man touches you here! *(caressing the back of her neck)*
                  That man will be your undoing"...*(kisses her neck,
                  back and front, as he speaks - Ela in ecstasy)*...the life
                  sentence of a woman is traced by the back of the
                  neck...because here, *(squeezes her neck)* is a woman's
                  greatest weakness...a shivering can start right here
                  that will take her straight to the gutter! This is
                  where X marks the spot! *(Even as he speaks he
                  conjures—as if out of thin air—a black diaphanous
                  dress that flutters around Ela as she dons it resplendent
                  with vanity.)*...well...'til New Year's then!

ELA: *(smiling as she puts on the finishing touches)* "Straight
                  to the point, as usual." *(They both laugh.)*

DEATH: Exactly. Consider yourself fired.

ELA: A counter offer. Take it or leave it. An entire year.
                  Just a few months past New Year's...A light
                  year...

DEATH: *(holding her tenderly, thinks better of it and kisses
                  her...on the forehead—Death in love.)* Then, would
                  you come come with me, peacefully?

ELA: *(assent)* Uh, huh...*(approaches him sensuously and touches the face of Death as one who discovers the truth)* You're a man!! A sexy turn-on of a man like Jocymar...

BOTH: I love you! *(They kiss at great length. "Somewhere Over the Rainbow" is heard once more.)*

ELA: *(She walks slowly to a corner of the stage speaking almost as if to herself.)*...Death's not your name...You are...

DEATH: Beta Andromeda! *(Ela turns to him. They walk slowly towards one another.)*...wind on your face...

ELA: ...kites in the park...passion fruit...

DEATH: ...a kiss from Jocymar...deep tanned skin... rainbow...

ELA: ...the secret drawer where the most beautiful dresses live!

DEATH: ...waist-length hair...Viennese waltz...candle-lit ballroom.

ELA: ...Sissy, the Empress...

DEATH: ...*(extending his arms in a grand gesture)* Trapeze artist! Contortionist! Magician!

ELA: ...THE OTHER SIDE OF THE GLASS!

DEATH: *(Cross-fade from "Somewhere Over the Rainbow" to Glenn Miller's "Magic Moment". The volume will creep up and the lighting change, creating an increasingly romantic climate for Death's invitation.)* Let's dance, my love. I am dance! *(They dance, then suddenly she stops and Death goes on alone.)*

ELA: *(Twirling around the stage slowly, euphoric, she speaks to the audience with "Magic Moment" as her sound-track.)* One Year. One lightyear of life. Its like I've just been born. From now on, everything is free. Life, the initial capital. Life, in the cash register. Fruit of my womb. The no I had stuck in my throat, become YES. Now, our accounts can be settled, Rita. Somalia is located on some corner of this earth's dust, on the road to Beta Andromeda. Mom...can you hear me? Then listen: I LIKE you, Mom! Jocymar, my love...that...that whisper shivering on the back of my neck...*(shows her neck.)* Dad...this is where life begins. And I'm going to dance through the whole galaxy, Dad. In my silver slippers...all the way to Beta Andromeda! Me, the moth—now free!!...and throughout the Cosmos...will be heard...that No! that was stuck in my throat turning into a YES. *(imitates the clanging of bells)* Ringing: Yesssssss! *(turns to Death and beckons him to dance again)* Yes, it has been a pleasure meeting you.

They dance romantically, in love. Glenn Miller's "Magic Moment" gets louder and louder, but stops when the scientist begins his off-stage speech. After the speech, the song is heard again; and again it seems to grow almost to apotheosis as they continue dancing and dancing. The lights change, making the stage seem to get round and blue until it looks like the planet earth as seen by astronauts.

Light travels very fast. But space is very empty in the depths of the Cosmos and the stars are very distant from one another. Thirty thousand lightyears separate the Sun from the center of the earth. A light year is a measure of distance, not time. Hence, thirty thousand light years are thirty thousand voyages of light in the space of just one year.

The End

AVISO PRÉVIO

Consuelo de Castro

PERSONAGENS:

ELA (MÃE, ELE/ELA)
OZ (MÉDICO, MORTE)

CENARIO:

Banda desafinada de circo. Entra Oz de terno e gravata, caricaturado de alguma forma como patrão. Enquanto ele fala, em tom de domador de leõs, eventualmente chicote em pinho, Ela caminha trémula numa fictícia corda bamba.

OZ: Eu vou ser simples e direto como é do meu temperamento, dona Ela. A senhora está demitida.

ELA: Mas o que foi que eu fiz de errado?

OZ: *(cantarolando)* O que você fez, foi o que não fez, os feriados que emendou, os bocejos que bocejou.

ELA: Bocejo? Mas Dr. Oz, eu tenho boca torta de nascença. *(entorta a boca)* Por isso parece que tô bocejando. Ah, mas eu sei muito bem o que foi.

OZ: Sim?

ELA: Futrica da Evanete. *(Oz tenta apartar, mas ela fala compulsivamente.)* Eu preciso desse emprego. A Evante não. O marido dela tem dinheiro a juro e o cunhado recebeu de herança uma fazenda de gado. Eu não tenho cunhado a gado nem marido a juros. Mas Dr. Oz...*(humilde)* Ontem mesmo eu fiz um relatório de 230 páginas, que a presidência da firma achou magnífico!

OZ: A senhora andava tricotando durante o expediente.

ELA: *(para a platéia)* Evanete, sua filha da puta, a Evanilde bem que me contou que te viu contando a Dr. Oz que eu estava fazendo uma colcha de casal na minha sala...

OZ: De quatro metros!

ELA: ...mas é muita filhadaputice pra uma pessoa só. Evante, onde você viu colcha de casal, se nunca têve colcha? Bom, eu tricotei, sim Dr. Oz, confesso: mas foi só um coletinho pra dona Berenice, minha sogra. Ela estava pegando gripe em cima de gripe, e quando ela gripa, fica com febre de quarenta graus e afônica.

OZ: A senhora também vem pegando gripes com uma frequência irritante.

ELA: Todas as minhas gripes têm firma reconhecida em cartórios atestados do INAMPS. *(pausa)* Bom, fiz um sapatinho pro nenê da Sônia Italiana...três blusas pra Cintia, um capote pro Oz e outro pro Ozinho...Mas Dr. Oz, eu vim trabalhar com febre de quarenta graus, afônica, e nunca reclamei. Aqui no meu pescoço tem marcas do sangue que o senhor me chupou de canudinho. O que eu dei de hora extra nessa firma nem três reencarnações vai dar pra resgatar.

OZ: *(bocejando caricaturalmente)* ÉEE?

ELA: *(irritada)* Já disse: é boca torta. De nascença! De nascença! Minha mãe até diz que é castigo porque eu navalhava a roupa dela, quando eu era pequena. *(para a platéia)* Ah, não foi a Evanete? *(perplexa)* Foi a EVANILDE? Mas Evanilde como você é falsa! Você dá duro? Ah, duro, sim eu que sei o que é dar duro.

OZ: *(Bocejando caricaturalmente outa vez.)* Sabe?

ELA: *(Para a platéia entortando a boca.)* Eu sei, meu marido sabe. Meu marido, sim, por quê? Judas Tadeu de Oz e Souza: um homem honrado. Nós e a Rita Faxineira. Ah, não conhece a Rita Faxineira. Nem podia. Ela morreu. Faxinava o apartmento da minha vizinha, daí que o apelido dela era Rita do Sétimo. A Rita sabia o que era dar duro.

OZ: ...houve sumiço de clips...

ELA: ...um dia, a Rita tava limpando o vidro do lado de
                 fora...

OZ: ...sumiço de borrachas e de lápis...

ELA: ...e aí aconteceu. *(amarga)* Não, Evanete, não
                 Evanilde, eu não estou dizendo pra dar a vida pelo
                 serviço. Eu dizia pra Rita: "Você está arriscando a
                 vida". E ela dizia: "Dona Ela, se eu não limpar do
                 lado de fora, a patroa me demite".

OZ: ...sumiço de papel...jornal e de papel sulfite.

ELA: ...*(muita dor)* Eu vi o corpo desabando no
                 ar...*(pasma)* A Rita...*(dor)*...caiu...*(Lentamente faz
                 um gesto com os braços.)*...do sétimo. Rita do Sétimo.
                 (para Oz) O senhor...vai dar ouvido a futrica? O
                 senhor, tão justo? *(para a platéia)* Como trabalha,
                 Evanhilde? Ficar pendurada no telefone é trablhar?
                 Ah, você é telefonista! Mas telefonista da firma, e
                 não dos seus homens. Falo o que eu quiser. Quem
                 manda na minha boca sou eu. *(entorata a boca, tenta
                 desentortar)*

OZ: ...a senhora tratou mal o representante da firma
                 japonesa.

ELA: Não sei falar em japonês. Ele me cumprimentou
                 em japonês e eu respondi a única palavra que
                 conheço nessa língua: sayonara.

OZ: E isso quer dizer: adeus. E aí o japonês se mandou
                 e com ele se foram alguns milhares de dólares...

ELA: Ah, enfia esse emprego no rabo, eu sei, é época de dissídio, toda época de dissídio o senhor fica com essa cara de vítima. *(imitando pássaro, passa a mão raspando pelo pescoço de Oz)* Olha o passaralho! Olha o passarinho do dissídio, o passarinho do caralho, o cortador de cabeças. *(contarola)* "Cabeças vão rolar" Olha Salomé com baixela, olha o João Batista! *(para Oz)* Mas o senhor vai pagar caro, ah, se vai, sim, porque eu vou dar queixa na Justiça do Trabalho. O senhor será acusado de perdas e danos. A Evanete de calúnia. Evanilde por injúria grave. E o médico fajuto daquele convênio baratinho da firma...por negligência médica...me mandou trabalhar afônica e...

OZ: ...com febre de quarenta graus.

ELA: ...Vou afundar essa merda falida. Merda falida, sim. Pensa que não sei que vocês contam clips? E que jogam no Open com o salário da gente? Por isso atraza tanto a bufunfa. Tô cansada de ver aqueles papelzinhos riscados de preto. Sei que lá dentro tá escrito: "se não pagar em 24 horas tás em cana". ÉEE! E o Serviço de Proteção ao Crédito não pode nem ouvir o nome do senhor e de ninguém da presidência da firma. Eu tenho rede protetora. *(caindo ao chão)* Não preciso da sua firma. Meu marido ganha o suficiente pra eu fazer quantas colchas de tricô eu quiser. Pra debaixo da ponte? Ah, ah ah. *(volta a cambalear na corda bamba)* Dr. Oz...vamos conversar civilizadamente...

OZ: O último boa noite que a senhora me deu foi tão fúnebre que pensei que alguém tinha morrido.

ELA: ...era o resfriado, Dr. Oz. Eu acho que na qualidade de patrão *(dôce)* o senhor pode e DEVE

410

reclamar de tudo o que não estiver do seu gôsto, mas...o meu bocejo...é boca torta, ah, isso o senhor pode perguntar ao meu pai, à minha mãe, ao meu marido, *(entorta)* Eu jamais bocejaria em horário de trabalho. *(para a platéia, dulcíssima)* Eu te perdôo, Evante, eu te perdôo, Evanilde. *(lentamente)* Eu sei que vocês imaginaram uma colcha de casal na minha sala. Faz parte da natureza humana imaginar coisas. Eu perdôo, sim. *(grita com ódio)* Eu não guardo rancor! *(Oz puxa a mesa , ela se agarra à mesa, para Oz.)* O senhor não pode fazer isso comigo, ontem mesmo eu fiz um relatório de 230 páginas que a presidência da...*(para a platéia)* **EU NÃO GUARDO RANCOR** *(amarga e lenta)* Por dez anos eu subi a Rebouças, parei na barraca de frutas, peguei o ônibus das sete e meia, bati o ponto às oito e meia, apontei meia dúzia de lápis, fiz dois relatórios por dia, levei serviço pra casa. Por dez anos eu subi a Rebouças...

OZ: *(caminhando pelo cenário)* Por dez anos Ela pediu à Evanete pra bater o ponto em seu lugar, porque ficava fofocando com o fruteiro na barraca da Rebouças e pegava o ônibus atrasada. Por dez anos ela deixou sem pontas os meus lápis e jamais vestiu a camisa da firma, se omitindo de levar serviço pra casa mesmo quando tivemos...uma concorrência que exigiu um pouco mais de todos nós! Por dez anos, fomos uma grande família! E a única ovelha negra, foi Ela.

          Banda desafina lentamente. Ela cai em câmara lenta da corda bamba para o chão.

ELA: O vidro tá lá. A Rita virou pó. Pó que ninguém limpa. Pó que patrão não vê.

Reversão de luz. Ruídos de conversa de escritório.
Alguns gritos. Sirene talvez. Música romântica
muito cafona. Entra Oz, agora na figura de
marido, outra gravata, outa expressão.

OZ: Ela, preciso falar com você.

ELA: Por que esse tom solene?

OZ: Porque é um assunto solene.

ELA: Alguém morreu?

OZ: O nosso casamento. Aliás, eu vou ser simples e
direto *(Ela se arrepia e começa a caminhar na corda*
bamba sentindo a aproximação de um desastre que essa
frase significa.)...como é do meu temperamento: eu
quero o divórcio.

ELA: *(caindo ao chão, tremendo e entortando a bôca)* Que fiz
de errado, que que eu fiz de errado, que que eu fiz
de errado?

OZ: *(no mesmo tom)* Mea culpa, mea culpa, mea máxima
culpa. E fica calma, pelo amor de Deus.

ELA: *(Ela treme e entorta a boca e os pés.)* Tô calmíssima!

OZ: Não tem essa de "que que eu fiz de errado". Será
que tudo tem que ter causa e consequência?

ELA: Ontem mesmo você me comeu.

OZ: E daí?

ELA: Ninguém come uma mulher morta. Causa: não
tinha o que comer. Consequência: se alimenta de
cadáveres.

OZ: Você tá morta?

ELA: *(melodramática)* Pra você, sim.

OZ: Chega de melodrama.

ELA: Ontem mesmo eu fiz um relatório de 230
           páginas...*(Tosse, percebe que errou o script.)* Ontem
           mesmo você me comeu...a presidência da firma
           achou magnífico...o senhor...você esquece fácil as
           coisas, Oz.

OZ: Eu sempre achei que você estava comigo por
           interesse.

ELA: Interesse do que, se você é um fodido como eu?

OZ: Olha a boca.

ELA: Eu falo quantos palavrões eu quiser. Eu tenho um
           puta merda encalhado na boca que não é de hoje.
           Puta merda, puta merda, puta merda.

OZ: Bom, eu vou...indo...

ELA: São dez anos. Três filhos. Uma vida. *(Oz simula
           idêntica ação à do patrão puxando a mesa, puxando uma
           mala. Ela também repete o gestual se agarrando à mala
           de Oz, grotescamente.)* Eu te amo, Oz. Temos amigos
           em comum, fogão em comum, filhos!

OZ: Nada se cria, tudo se transforma.

ELA: Eu te amo mesmo, juro por Deus. Judas Tadeu, de
           Oz e Souza, eu juro por Deus que eu te amo, Judas.
           JUDAS! Porque me procurou ontem à noite se
           queria o divórcio?

OZ: Você é...aliás, era...minha mulher.

ELA: Foi estupro.

OZ: Não dramatiza, saco.

ELA: Ou você fechou o olho e pensou na OUTRA? *(descobrindo)* ah, claro, tem outra. Só pode ser. Eu sempre cumpri com meus deveres de mulher, dona de casa e...jamais larguei minhas obrigações, nem com febre de quarenta graus, afônica...

OZ: ...Você pega gripe com uma frequência irritante. Deve ser essa mania de vento no rosto...

ELA: ...o escritório é muito fechado, eu preciso de vento no rosto...Oz, fiz feijoada pra dona Berenice, cuidei dela como se fôsse minha mãe.

OZ: Larga minha mãe em paz.

ELA: ...nem a minha mãe eu tratei com tanto desvêlo e carinho. E olha que eu devo muito à minha mãe. Você sabe: ela é surda por minha causa, eu cortava a roupa dela com navalha. E ela foi ficando nervosa...até que um dia eu dei um grito, um grito que eu tinha encalhado na boca...e ela ficou de tímpano rompido...e hoje ela não ouve nem a voz de Deus. Você vê: eu devia tratar minha mãe muito melhor do que a tua...mas Oz, Dona Berenice vem de Agua Verde e vira essa casa de ponta cabeça...

OZ: Ela nunca pediu nada.

ELA: Pediu os móveis da sala e eu dei. Depois me matei pra comprar outros novos.

OZ: EU me matei. EU comprei os móveis novos.

ELA: E o dinheiro que eu punha nessa casa onde ia?

OZ: Pra pagar a empregada que só precisava porque você trabalhava fora.

ELA: Eu pagava a aula de geografia do Ozinho, a aula de piano da Cintia e duas feiras por mês saíam do meu bôlso. Você tem coragem?

OZ: O teu dinheiro não dava nem pra pagar a faxineira.

ELA: Elas nunca limpam direto mesmo. *(para a platéia)* Que adianta pagar? Quem quer faz, quem não quer, manda. Eu prefiro fazer, assim não arrisco a vida de ninguém. Só a minha que não vale grande merda. *(para Oz)* Não é mesmo, Oz? Quer saber? Eu tava mesmo de saco cheio dessa relação. *(Oz vai saindo)* Velha filha da puta, devolve os meus móveis! E foda-se a sua bronquite! Que asfixie de uma vez! Quero uma pensão de dez milhões por mês, escola paga pras crianças e a faxineira de volta, que eu não sou do lar. E aquela trepada de ontem à noite, já que foi sem tesão, pode pagar...cem na frente, quinhentos atrás. Estudante paga meia.

OZ: *(amargo e irónico)* Não tô mais estudante, Ela.

ELA: ...Desistiu da Escola Superior de Marketing? Paga inteira, então: no cacau!

OZ: Que vulgaridade.

ELA: Vulgaridade é um homem trepar com uma mulher morta. Necrófilo.

OZ: Grossa!

ELA: Eu algum dia disse que era fina?

OZ: Sua mãe fez a maior propaganda das suas prendas
               domésticas.

ELA: Minha mãe queria se ver livre de mim por isso
               inventou esse negócio de boa esposa. E o meu pai
               também tava louco pra eu desinfetar lá de casa
               porque eu punha desinfetante no gumex dele.

OZ: Eu...eu quero ir...

ELA: *(agarrando-se a ele)* Oz, vamos conversar
               civilizadamente? É conversando que a gente se
               entende. Ontem mesmo eu fiz um rela...ontem
               mesmo você me comeu, porra, não jorra de graça,
               porra, é que nem petróleo, uma coisa sagrada.

OZ: Nosso casamento foi um negócio de família.

ELA: ...eu sei, nossos pais eram vizinhos...

OZ: ...e a gente casando, era uma feira só, uma
               faxineira só.

ELA: Mas há séculos estamos em São Paulo.

OZ: Não deviamos ter vindo nunca.

ELA: Por causa da sua mãe? E por que ela não fica no
               interior? Velho tem que ficar no interior. Eles não
               tem pique pra cidade grande. Fica tudo tonto,
               espinha curvada, não entendem sinal de trânsito,
               não entendem inflação, levam os mesmos mirréis
               na padaria pra comprar a mesma salchicha que
               compravam em mil novecentos e nada!

OZ:	O interior é um grande asilo, com hortas de erva-cidreira, alface e porcos engordando. Eu não quero minha mãe virando uma porca do interior...
ELA:	...me lembro até hoje de dona Berenice falando com a minha mãe...
OZ:	..."Se eles casarem, a gente não vai mais ter o menor problema com a manutenção das duas casas"...
ELA:	...a gente brincava de médico...
OZ:	...como dois irmãos.
ELA:	...e como irmão que eu imploro: Oz, não me deixa. É por causa da sua mãe? Ela deu queixa de mim?
OZ:	Não. Minha mãe te adora. Principalmente depois que você fez os doze coletes de lã do inverno passado.
ELA:	...É outra, então. Outra mulher. Oz, pensa bem: você ronca feito serrote, você tem um gênio de cão. Ninguém vai carregar essa cruz. Tenho marcas no meu pescoço do sangue que você me chupou de canudinho...
OZ:	Você é uma encostada, isso é que você é.
ELA:	Encostada?
OZ:	...uma cruz nas minhas costas.
ELA:	Quem foi que economizou centavo por centavo pra comprar um fogão novo?

OZ: Eu.

ELA: Quem deixou o cabelo com três dedos de raíz preta?

OZ: Deixou porque quis.

ELA: ...andei três meses de lenço amarrado, com três dedos de raíz preta pra comprar um fogão.

OZ: Luxo seu. O fogão velho tava ótimo.

ELA: Luxo foi a cara de faxineira que eu fiquei com aquela raíz preta...Oz, é uma vida! Eu gosto de você...sim, eu casei sem amor, mas acabei amando. A gente se acostuma até com cama de faquir. Claro, eu me iludí. Pensei que com o tempo você ia voltar a me beijar na língua.

OZ: ...some meu fio dental, some meu esparadrapo! *(incisivo)* Some tudo que é meu nessa casa...

ELA: ...Pensei que com a situação de grana melhorando você ia ficar mais delicado...

OZ: *(cínico, terno)* Lembra o faquir de Agua Verde?

ELA: *(decepcionada)* Eu horrorizada olhando o sangue escorrer do corpo dele e você...*(acusadora)* ...piscava o olho e dizia...

OZ: ..."Mentira é tinta". *(gargalhada, ela furiosa, ofendida)*

ELA: Você nem ligava...*(piedosa)*

OZ: Tudo é ilusão!

ELA: Eu sou pão pão, queijo queijo.

OZ: Pão engorda e queijo incha.

ELA: ...se é outra mulher...pensa bem.

OZ: (*rindo muito*) Mulher e faquir é tudo igual!

*Ela deita-se no chão, Oz deita por cima e imita
faquir tocando flauta. Ruídos de flauta.*

ELA: TODAS AS MULHERES DO MUNDO SÃO
           IGUAIS DEPOIS DE DEZ ANOS DE
           CASAMENTO!

OZ: ..."mentira é tinta"...

ELA: (*gritando*) Mas o meu sangue escorreu, da noite de
           núpcias ao dia de hoje, em cima dos lençóis da sua
           vida, essa mortalha!

OZ: Ah, que trágica, que dramática, que
           melodramática, ah, que merda!

ELA: ...Hoje ela é charmosa, sensual, tem cabelo
           comprido, vestido preto de corte, perfume francês,
           calcinha de renda, salto oito até. Mas o cabelo dela
           vai ficar com três dedos de raíz preta...um dia o
           Chanel número cinco vai...

OZ: ...virar cheiro de alho. (*pausa longa, trágico-fatídico*)
           EU SEI.

ELA: ...o cabelo vai ficar sem brilho...

OZ: Tudo fica sem brilho depois de dez anos.

ELA: Então pra que mudar?

OZ: Tudo é tinta...

ELA: (*desesperada*) Pra que, hein, pra quê?

OZ: Tudo é ilusão.

ELA: Pra quê, pra quê?

OZ: ...enquanto a raíz preta não crescer eu vou achar essa mulher fascinante.

ELA: Raíz preta é o destino histórico das amantes que viraram esposas.

OZ: Não seja despeitada.

ELA: Eu me controlo, eu faço economia, nem rádio de pilha eu escuto pra não me distrair...

OZ: Não aguentava mais aquele Roberto Carlos...

ELA: ...era o toca-fitas da faxineira, toda terça...só terça...ela tem toca-fitas, eu não.

OZ: ...detesto música popular brasileira.

ELA: ...eu não ouço rádio (*para a platéia*) porque a gente se distrái muito, e aí entorna odd, e como o odd tá caro!

OZ: Ela fala pouco e sua voz é suave como o noturno de Chopin!

ELA: ...você vai ter que trabalhar em três empregos pra manter essa sirigaita. Vai ter que botar quatro empregadas. Cinco. A mulher do meu patrão tem oito: uma só pra abrir a porta.

OZ: *(ameaçando sair)* Bom, eu vou "puxar".

ELA: *(se agarrando a ele)* Eu me acostumei, eu viciei em você, que nem faquir em cama de prego!

OZ: ...MENTIRA É TINTA!

ELA: *(para a platéia)* Todos os dias eu abri essa porta às dezenove e meia, liguei o fôrno às vinte horas, e o jornal nacional às vinte horas e cinco minutos...todos os dias eu subí a Rebouças...e por dez anos eu parei na barraca de frutas...*(para Oz, lenta)* Que vai ser da minha vida sem você?

OZ: ...você não precisa mais levantar cedo pra fazer o meu café. Só o das crianças.

ELA: *(abrindo os braços libertada)* "libertas quae sera tamem" *(pausa longa professoral)* Meus anjinhos...*(para a platéia)* Está eliminado o café da manhã! American way of life: cada um faz o seu e tudo muito prático. "Ovo mole, duro?" Não tem ovo, fim. Almoço? Congelado. Compro um freezer e tamos conversados. Camas? Arrumo só a do pequeno. *(ternura)*

OZ: ...Você levou o cachorro ao veterinário?

ELA: Continua manco que nem eu vou ficar quando você fôr embora. *(manca e começa a tropeçar na fictícia corda bamba)* Vou abrir um restaurante vegetariano,... açougue, uma ponta de estoque, uma loja de roupas pra pessoas muito gordas ou pessoas muito magras, ou de fantasias...*(grita)* vou tomar sete caixinhas de Valium 80! Vou navalhar toda a minha roupa...*(para a platéia)* Foi a Mariquinha, pai, ela tem uma revolta encalhada na alma. *(para Oz)* Foi "ela"...*(ciúme)*...a minha desgraça!

OZ: ...Some fio dental, some esparadrapo!

ELA: ...E por que você corta tanto esse dedo?

OZ: *(com ódio)* Todos os clips daquele escritório estão enferrujados.

ELA: *(desesperada)*...nunca   jamais   roubei   seu esparadrapo! Odéio calúnia!

OZ: ODEIO CLIPS! *(para a platéia, mostrando o dedo)*

ELA: *(feroz)* Evanete...*(para a platéia)* Evanilde, algum dia alguma de vocês viu um novelo de lã aqui, hein? *(para Oz)* Como que não faço nada? E a lasanha? E o carpete? *(abraça Oz, e vai descendo lentamente, dolorosamente até o joelho dele)* Boca que me beijou de língua, língua que chupou meu seio, pau que entrou em mim até doer, braço peludo que me   apertou   quando   *(terna)*   eu   tinha pesadelo...pesadelo que dá ronco de serrote...corta minha cabeça, mas não me larga!

De súbito, amarga, ainda aos pés de Oz, ela vira para a platéia e fala.

ELA: Rita, larga esse vidro.

Reversão de luz, ruídos eletrónicos, vozes murmurando em unissono qualquer coisa, talvez uma oração. Gargalhadas. Discussão cochichada.

Personagens vestem pijamas ou uniformes que os identifiquem como internos em hospício.

OZ: (*amedrontado*) Que foi que eu fiz de errado, mãe?

ELA: Pôs desinfetante no gumex do seu pai.

OZ: Eu jamais faria isso! (*alucinador, desesperado*) Juro por tudo quanto é sagrado!

ELA: E o que é sagrado para uma pessoa que veste e navalha roupas da própria mãe?

OZ: Não fui eu que navalhei sua roupa. Foi a Elinha ou a Mariquinha, elas têm uma revolta na alma, calúnia dá cana, investiga antes de acusar. (*sirene*) A senhora teve coragem?

ELA: É pro seu bem, já disse. Você descansa...

OZ: O pronto socorro do hospício? Pro seu próprio filho?

ELA: Pro seu bem, repito!

OZ: Nunca estive tão bem! (*simula uma valsa, agônico*)

ELA: Ontem mesmo você disse que não se chamava mais Ozinho de Souza Filho e sim...

OZ: Eu me chamo Ozinho de Souza Filho, eu nunca disse o contrário.

ELA: E a cruz, hein, e a cruz?

OZ: É verdade. (*envergonhado*)

ELA: Qual é seu verdadeiro nome?

OZ: Jesus. Jesus Cristo. *(Oz entra em agitação fazendo por mímica um "ser amarrado" por alguém.)* Judas. Judas Iscariotes.

MÃE: *(para a platéia)* Ele esperneia, grita, esmurra, mas depois amansa. Conheço a raça.

OZ: Foi tudo forjado: o gumex, a roupa, tudo. Isso é uma cilada.

MÃE: *(para a platéia)* E algum tempo pra cá ele começou a dizer que é Jesus. Sua espinha começou a curvar, como se carregasse mesmo uma cruz, e...

OZ: *(Tentando escapar correndo de um lado de outro do palco e simulando a ação da perseguição caça dos médicos.)* Eu fazendo vestibular, eu noivo pra casar...

MÃE: Casar com quem?

OZ: Com senhora é que não seria.

MÃE: A "Noiva" é filha do patrão, vêsga, rica, e menina. E o que é pior: "passada" da cabeça. Abobada. *(piedosa)* Por isso, chamei os enfermeiros. Justiçaaa!

OZ: Que que tem que minha noiva é quase menina e é abobada? Não sou eu que vou casar?

ELA: *(para a platéia)* Ele trabalhava na oficina do Dr. Jocymar. Dr. Jocymar que arrumou essa boca pro Ozinho, por caridade e por uma amizade de família. O Ozinho foi pra oficina consertar eletrodomésticos. Aí não movia palha.

424

OZ: Dizem que comecei a perseguir a moça...que agarrei ela atrás de uma máquina de lavar roupa...uma que tava quebrada...

MÃE: Eu arranjo emprego pra ele, por caridade, e além de não trabalhar, ele...*(envergonhada)* O Dr. Jocymar tem casa alugada, acougue, essa oficina é só um bico. Se você tivesse trabalhado direito, podia acabar num dos negócios importantes do Dr. Jocymar. Até posto de gasolina ele tem, sabia? Mas se nem consertar um liquidificador você sabe...

OZ: Eu sei perfeitamente bem consertar liquidificadores.

MÃE: *(para a platéia)*...Tirou a máquina de lavar pra dançar valsa. Como ela não aceitou...desembestou a dar pontapés...Trouxe o moedor de carne pra casa. E...*(envergonhada)*...com...ele conversava...e cantava "nana nenê" *(Oz canta.)*

pausa

OZ: Odeio calúnia. *(repete para a platéia)*

MÃE: Odeio moedor de carne *(pausa, para a platéia)*...a moça era vesga, todinha, tá mais vêsga do que nunca depois que ele...

OZ: Eu nunca estuprei a filha do Doutor Jocymar.

MÃE: Que foi que aconteceu atrás daquela maldita máquina de lavar roupa, então?

OZ: Eu apenas pus o meu pau no buraco dela!

MÃE: E isso o que é?

OZ: Uma trepada, nada mais!

MÃE: Pra simplificar...*(aponta as duas figuras fictícias)* conte aos rapazes como foi a sua crucificação.

OZ: *(Estimulado e ingênuo de repente, para a platéia, enrolando as palavras.)* Andei...monte das oliveiras...ladrão...Judas...trinta moedas... Monte do Calvário...Jesus Nazareno...Rex Ideorum...Pilatos...MAMÃE *(Se joga no colo dela, que chora dramática como Maria.)*

MÃE: Pai, para limpar as chagas do homem chagaste o teu filho!

OZ: Me liberta desse suplício, mãe.

MÃE: Não posso. É a história.

OZ: Muda, vira a página. Desmente. Conta outra!

MÃE: *(dando o pano)* Limpa teu rosto, toma. *(pondo a "cruz" no ombro dele)* Carrega, vai até o fim. *(noutro tom)* Não joga pra cima de mim, não.

OZ: Minhas costas tão aredendo...

MÃE: Carregaaa! Vai até lá...abre os braços...*(gritando, de braços abertos)*...e deixa sangrar.

OZ: Chaga no pulso dos outros não arde.

MÃE: *(para a platéia)* Queria que ele fôsse advogado com anel de rubi, que tivesse posses. Posto de gasolina, talvez.

OZ: Jesus, rei dos judeus, filho de Deus, Jesus. Vocês me conduzem ao Calvário. *(para a platéia)* Depois lavam as mãos...

MÃE: Tirou a virgindade de uma menor, uma vêsga menor! O meu filho! Um monstro!

OZ: *(para a platéia)* Esse é o meu sangue. Bebei.

MÃE: Atrás daquela máquina de lavar tem sangue da virgem sacrificada.

OZ: Trabalhei com febre, afônico, de sol a sol, das tripas coração, não tinha conserto aquela máquina, eu juro por Deus.

MÃE: *(Como Pietá. Ela em câmara lenta começa a compôr com ele a estátua)* Desde pequeno ele era esquisito...eu dava o peito esquerdo, ele pegava o direito, eu dava o direito ele pegava o esquerdo. E quando acabava o leite...mordia até sangrar.

OZ: Se você quiser eu caso com ela, mãe.

MÃE: ...Já nasceu de dente, feito vampiro!

OZ: ...Ela quis trepar comigo, mãe, foi ela que me levou pra detrás da máquina...

MÃE: ...sangue do meu sangue...

OZ: Bebei...

MÃE: ...*(para a platéia, tom de cumplicidade e desabafo)* Com dez anos pôs fogo no avental do professor de química. Com treze foi pego no bosque do cemitério puxando fumo. Com dezesete quase

427

morreu fazendo roleta russa. Com dezoito arrumou o primeiro emprego, mas acho que tomou aquele tal pico...porque...cismou que...a terra era uma roda gigante...*(Música. "Over the Rainbow". Da Pietá vão rodopiando os dois)* e que todos os eletrodomésticos tinham uma alma! Do liquidificador, gostava como de um filho...do... moedor também...mas a máquina de lavar roupa quebrada...*(quase chorando)* cismou que era...

OZ: ...Dona Bernice, aquela velha filha da puta!

MÃE: ...Tua avó! Mãe do teu pai.

OZ: ...Meu pai é Deus, Nosso Senhor!

Reversão de luz. A Mãe agora também veste um uniforme. Os dois caminham numa fictícia bamba. Eufóricos. Música.

ELA: Que bom que você é trapezista! Que mais vôce faz?

OZ: Eu sei domar leões e posso fazer o palhaço também.

ELA: Você é engraçado o suficiente?

OZ: Gozadíssimo. Sempre fui.

ELA: Eu acho dificílimo fazer o palhaço. Quanto você ganha?

OZ: Não acertei ainda.

ELA: Eu não ganho nada.

OZ: Não? Uma bailarina com o teu talento?

Param de caminhar na "corda bamba". Simulam outra ação circense.

ELA: Eu trabalho por amor à arte.

OZ: Você não tem medo do trapézio?

ELA: Não, porque tem rede protetora.

OZ: O bom é quando não tem.

ELA: Credo!

OZ: É mais excitante.

ELA: A gente pode espatifar lá embaixo.

OZ: A platéia gosta assim. Se tiver rede, eles não aplaudem.

ELA: Eu perfiro com rede. Mesmo que a platéia não aplauda.

OZ: Os Romanos é que eram do cacête. Eles entravam na arena corpo a corpo com os leões. E não era de mentirinha, não, não tinha leão domado nem leão dopado. Era ali, na raça.

ELA: Mas isso era castigo! Não era show!

OZ: Que nada! A história tá mal contada. Os Romanos adoravam arriscar a vida. *(Dá uma dentada nela.)* Eles curtiam os dentes do leão e a proximidade da morte.

ELA: *(mostrando com exagêro a dentada)* Aiiii! Você me machucou!

OZ:	Exagerada!
ELA:	Tá saindo sangue. Vou dar queixa ao Dr. Oz. Ele é o proprietário do circo. O nosso chefe! Ele...ele... *(furiosa)* não admite dentadas na equipe!
OZ:	Ele vive ocupado demais pra fofocas de empregados. E se você fôr se queixar eu conto tudo o que você me fez!
ELA:	Você tem coraaaaagem?
OZ:	Hum...hum...
ELA:	Que foi mesmo, que eu nem me lembro?
OZ:	Tirou minha barba à pinça, me enche de laços de fita e disse que eu tinha que virar mulher pra ser bailarina.
ELA:	E daí?
OZ:	Daí que isso é pura violência. E pura ignorância sua, porque tá cheio de bailarinos muito machos, que dançam melhor que mulher. O Boryshnikhov, por exemplo.
ELA:	Minha mãe sempre disse que homem dançando ballet, dá jacaré.
OZ:	Sua mãe é uma babaca.
ELA:	Não fala assim da minha mãe. *(cochichando)* Ela é Santa!
OZ:	*(acreditando)* Santa? Santa mesmo?

ELA: Levita...cura doença de chagas, até câncer.

OZ: Como é o nome dela? *(pasmo, deslumbrado)*

ELA: Não posso falar. É segredo do Vaticano.

OZ: Ah, fala, vai...

ELA: Se você contar que eu contei eu vou pra fogueira da Inquisição.

OZ: *(para a platéia)* Sou um túmulo. *(Mímica, ele imita túmulo.)*

ELA: Santa Ela dos Afogados!

OZ: Meu Deus! Conheço muito de nome!

ELA: Te deram choque?

OZ: Nem imagino.

ELA: E que são essas manchas aí nas têmporas? *(Ele põe as mãos.)* Desculpe...esqueci.

OZ: São as chagas da purificação. Mas a senhora podia ser mais delicada.

ELA: Senhoras e senhores...tenho o prazer *(para a platéia)* de apresentar-lhes o novo funcionário do nosso fabuloso circo de maravilhas: Jesus Cristo! *(Aplausos em BG. Ele se curva para agradecer deixando de lado a fictícia cruz. Ela aplaude.)*

                        Reversão de luz. Agora Ela tem gumex no cabelo, bigode, se veste como homem antigo de terno e gravata.

ELA/ELE: Sinto muito, Sr. Tadeu. Mas eu vou ser simples e direto, como é meu temperamento: senhor está demitido.

OZ: Demitido? Eu? MAS O QUE FOI QUE EU FIZ DE ERRADO? *(Eco desedobra-se na própria voz de Oz no início da peça, cantarlolando o refrão "O Que Você Fez" De frente para a platéia Ele fala automaticamente.)* Das tripas coração, trabalho de sol a sol, aqui tem sangue meu, dou hora extra de graça e nunca reclamei, o senhor é um vampiro...cansei de levar serviço pra Agua Verde em julho, dezembro, carnaval, semana da pátria, Páscoa, e eu aqui, esverdeando. A faxineira fazendo fantasia de carnaval, a mulher comprando bronzeador...e eu AQUI ESVERDEANDO!

ELA/ELE: O senhor esverdeia de propósito, pra justificar as gripes que inventa. O senhor esverdeia...de... mentira *(para a platéia)* "É tinta"!

OZ: *(Furioso, com ódio fala para a platéia e para Ela/Ele, soletrando.)* Os clips desse escritório estão todos enferrujados. Eu vivo cortando minhas mãos com os clips desse escritório.

ELA/ELE: Calúnia dá cana.

OZ: ...qualquer dia minha mão enferruja, apodrece.

ELA/ELE: ...os clips da firma são todos de primeiríssima qualidade. O senhor tanto sabe disso que os rouba.

OZ: *(Cúmplicemente, pisca para a platéia, e vocifera.)* Fascista nojento. Fascista leproso.

ELA/ELE: Que foi que o senhor disse, que não ouvi direito?

OZ: *(sem jeito)* Eu disse...quer dizer...eu disse: que dia medonho. *(riso amarelo)* Que dia horroroso.

ELA/ELE: Ah!

OZ: Eu tenho língua presa.

ELA/ELE: E um grito encalhado na boca, aposto.

OZ: Desde menino.

ELA/ELE: Grita, se fôr homem!

OZ: Grita sem som

pausa

ELA/ELE: O senhor anda fazendo futrica entre os funcionários, encostando corpo no seu funcionário imediato, desrespeitando o seu chefe imediato, chegando atrasado e tem mais: sua esposa imediata telefona de quatorze a dezoito vezes por dia, e esse telefone é para uso dos negócios da firma.

OZ: Minha esposa se sente sozinha, depois que perdeu o emprego. Mas Dr. Oz...vamos conversar civilizadamente?

ELA/ELE: Não tem conversa. O senhor se acomodou. A firma precisa de sangue novo.

OZ: O meu apodreceu, enferrujou...no teu clips *(olha para a platéia e divide a frase entre a platéia e Ela)* Tomai...esse é o meu sangue. *(pausa)* Eu tenho mulher, fidelidade...se eu fiz alguma coisa errada, a gente pode...não guardo rancor...

ELA/ELE: ...não será necessário o doloroso período do aviso prévio. O senhor pode pegar suas coisas e ir embora hoje mesmo, assim a firma fica moralmente à vontade para...para...substituí-lo...

OZ: *(desconfiado e dolorido)* O EVANIR? O Evanir vai pro meu lugar, hein? *(sacode Ela)*

ELA/ELE: VAI!

Longa e dolorosa perplexidade em Oz.

OZ: AGORA...*(recuando) (para a platéia)* eu entendo: O Evanir! *(acusa a platéia, "metralhando" com o dedo)* Judas!

Ela volta a ser Ela mesma tricotando ansiosa. Ele chega curvo e humilde, senta-se. Reversão de luz.

ELA: Também não precisa ficar assim.

OZ: E agora?

ELA: A gente se vira.

OZ: Embaixo da ponte?

ELA: Pedi uma grana pra minha mãe.

OZ: Você falou com ela? Eu não falei pra não falar? Ela tá aqui?

ELA: Tá em Agua Verde. Por quê?

OZ: E como que você valou com ela, se ela não ouve nem a voz de Deus?

ELA:	Em situação de emergência ela escuta.
OZ:	Como?

ELA: Eu falo assim *(grita)* "Mãe, me empresta algum que o Oz perdeu emprego e não tem banana na geladeira?"

OZ: Sabe do que mais? Não vou mais trabalhar.

ELA: Como, o que, como que...

OZ: Vou ficar em casa, fazendo tricô. Aliás, não te contei, Ela...mas...*(imita homosexual)* nasci para as prendas do lar...

ELA: E dizia-se machão...

OZ: ..."êrro essencial de pessoa". Está no Código Civil. Abre e lê.

ELA: ...você mentiu, então.

OZ: Sempre!

ELA: *(agitada, decepcionada, ansiosa para a platéia)* Alguém quer pegar essa causa? Ele jurava que era macho. *(para Oz)* Carrega tua cruz até o fim!

OZ: *(jogando uma fictícia cruz para Ela)* Carrega você. Eu cansei. *(para a platéia)* Quando a gente casa dizendo que é jacaré, e é lagartixa, a gente pode ser enquadrado no Código Civil *(para Ela)* por "êrro essencial de pessoa". Você também me engrupiu, Ela.

ELA: Como quando, o que, quanto...

OZ: Disse que segurava tôdas, *(pausa)*...e que *(com ódio feroz)*...gostava de futebol!

ELA: *(rindo)* E você, que acreditava em Nossa Senhora Aparecida.

OZ: *(gritando)* Pelo menos abriu o restaurante vegatariano que ia abrir? Hein? Fez alguma coisa?

ELA: *(caminhando lentamente, melodramática)*...já que ninguém quer carregar a cruz. *(joga o tricô longe)* *(para a platéia)* Vamos pra debaixo da ponte!

Luz muda. Ela carrega a cruz.

ELA: Ai, como pesa.

OZ: Vai lá, abre os braços e deixa sangrar.

ELA: Mas eu sou mulher.

OZ: Por isso mesmo.

ELA: Você mentiu, você me traiu...você disse que carregava essa merda!

OZ: Somos todos filhos de Deus. Filho de Deus tem que carregar isso mais dia, menos dia.

ELA: *(joga a cruz longe e se arrepende)* Será que quebrou?

OZ: *(para a platéia)* Perdoai, pai, Ela não sabe o que faz.

"Over the Rainbow". Clima de circo. Vozes infantis.

ELA: A do 354 disse que não quer mais ser pipoqueira.

OZ: *(retoma sua cruz)* E o anão, acertou com ele?

ELA: Ele disse que não tem vocação pra anão. Quer ser o comedor de fogo ou o mágico.

OZ: Saco!

ELA: E a Marieta Tavares, disse que é costureira que jamais foi trapezista na vida, que odeia circo, que acha que nós estamos doidos mesmo e não quer mais nem conversa com a gente no parque. Disse que não se mistura.

Oz furioso, humilhado, revoltado. Chega a tremer. A revelação de Marieta Tavares o humilhou profundamente.

OZ: ...Quando essa filha da puta vier pedir a boca pro trapézio...quando ela cair em si...Você dá um "tapa de luva". Diz que abolimos o número. Que agora só tem o "Globo da Morte".

ELA: *(piedade)* Ela não sabe dirigir motocicleta!

OZ: Só pra encher. *(pausa)* O meu patrão veio me visitar.

ELA: Que que ele queria?

OZ: Diz que gosta de mim como um filho, que tem pena de mim, e que veio em respeito aos doze anos que eu trabalhei com ele. Me trouxe bolacha de água e sal! Quer? *(oferece)*

ELA: Pode estar envenenada. E se ele pôs desinfetante aí?

OZ: ...acha que eu endoidei por causa da demissão, tá tendo até pesadelo comigo. Todo dia...

ELA: E você acreditou nas ladainhas desse Judas?

OZ: *(Cochichando, marôto, ao ouvido dela. Ela ri sem parar.)* Não é fantástico?

ELA: *(para a platéia)* Você teve coragem de colocar um saco plástico com merda, no paletó do teu patrão? *(pausa)* O meu patrão não veio me visitar...

decepção

OZ: Claro que veio. Você é que não percebeu.

ELA: Como veio, se eu não vi?

OZ: O teu patrão é o mesmo que o meu, boba.

ELA: ÉÉÉÉÉ?

OZ: ÉÉÉÉÉ! *(Oz entoa "Over the Rainbow".)*

ELA: Então...*(entendendo)*...então...todos os patrões do mundo se chamam Oz.

OZ: Todos.

ELA: O meu marido também se chama Oz!

OZ: Coincidência esquisita!

ELA: O teu patrão tem olho verde e cabelo ruivo?

OZ: Não. É moreno, olho castanho e cabelo nenhum. É careca total.

ELA: E como é possível que sejam a mesma pessoa?

OZ: Questão de disfarce, simplesmente. Nunca leu livro de detetive?

ELA: Como você descobriu?

OZ: Quando me crucificaram, o ladrão que tava comigo no Monte do Calvário...me chamou e falou ao pé do ouvido...

ELA: A cruz era tão longe da dele...como que deu pra falar ao pé do ouvido?

OZ: Detalhes insignificantes para uma grande história! ...Aí, ele disse: "Chega mais!" E eu cheguei. E ele disse: "sabe como é o nome do cara que ferrou a gente?" E eu disse: "pra ser sincero, não". E ele disse: "Oz". *(Ela se assusta)* Se você sobreviver, se sair dessa, espalha: "Oz."

ELA: E Deus, qual é?

OZ: Apelido.

ELA: Esses mágicos de Oz estão em todos os lugares ao mesmo tempo? Fazem táboas de mandamento e tudo o mais?

OZ: Tudo a que têm direito como chefes!

ELA: E se ele te puser outra cruz nas costas por causa do saquinho de merda?

Reversão de luz. "Pour Elise", em BG. Eles ficam em postura de adolescentes.

ELA: Mamãe tá achando que eu que cortei a roupa dela. Faça o favor de se entregar.

OZ: E foi você mesmo. Ou a Mariquinha. Eu é que não fui.

ELA: E o gumex do papai?

OZ: Você botou desinfentante lá. TODO MUNDO SABE!

ELA: O que todo mundo sabe, é que mamãe me cortou o cabelo a zero por causa dessas calúnias. E eu queria ficar que nem a Romy Schneider em "Sissi, a Imperatriz"! Foi a Mariquinha, a Mariquinha e a Mariquinha!

OZ: Não seja filha da puta. Só porque a Mariquinha namora o Jocymar e você não, não vem crucificando ela.

ELA: Eu? Eu quero namorar o Jocymar? Que calúnia! De onde você tirou isso, hein?

OZ: TODO MUNDO SABE!

Reversão de luz. Agora são marido e mulher.

ELA: *(feroz)* O que todo mundo sabe...é que você, Oz, meu marido, passou a mão na bunda da Rita Faxineira, na hora em que ela estava limpando o vidro do lado de fora. *(Grito de mulher em off: Ela tapa os olhos. Oz cobre o rosto com as mãos. Toca bem baixinho, "Over the Rainbow".)* O vidro tá lá. Limpinho. A Rita virou pó. *(para a platéia, entredentes, febril)* Pó que patrão não vê.

Clima muda. Reversão de luz. Ela está tricotando, Oz chega com mala.

ELA: Como tem passado, Oz?

OZ: Que frieza.

ELA: E a Rosaly, tudo bem?

OZ: Eu vim trazer a mesada das crianças.

ELA: Por que não depositou no banco?

OZ: Porque eu queria reconsiderar.

ELA: A malinha faz parte da reconsideração?

OZ: Quero voltar, Ela. Não aguento mais viver sem meu lar. Sem nossos filhos, nosso fogão, nossa casa. Você tinha razão. A Rosaly não tem nada a ver comigo.

ELA: ...E o perfume francês vioru cheiro de cheiro verde. E a Rosaly também adquiriu três dedos de raíz preta no cabelo.

OZ: *(depositando a mala)* Posso?

ELA: Não. *(Oz retoma a mala.)* Nosso casamento é que não tem nada a ver. Eu tenho outro homem.

OZ: O que? Quem? Quando? Onde?

ELA: O Jocymar.

OZ: O JOCYMAAAAR?

ELA: O Jocymar.

OZ: Vocês estão vivendo juntos, aqui na casa que eu sustento?

ELA: Estamos ajeitando devagarinho as coisas. Pra ser honesta...*(sonhadora e sensual)*...eu sonho com o Jocymar desde menina...TODO MUNDO SABE...*(para a platéia)* Casei com o Oz por um negócio de família. Crescemos no mesmo quintal. Nos desvirginamos. Ficamos em segunda época em matemática pelos...mesmos teoremas...

OZ: *(para a platéia)*...a gente casando, nossa família economizava na feira e na empregada. Um belo dia, sem que a gente percebesse...

ELA: ...*(para Ele)*...estávamos dizendo SIM ...ao pé do altar...

OS DOIS: Por isso Oz sofre de bronquite asmática, Ela de gazes e falta de ar...

ELA: ...e por isso minha boca cada vez entorta mais...

OZ: ...com um não encalhado. E um sim...

ELA: ...grudado feito verruga.

            Oz começa a repetir o mesmo tipo de discurso de Ela quando é Ela quem "Pede as Contas".

OZ: O Jocymar é uma ilusão...um fantasma ...uma crise...todo casamento passa por essas crises. O Jocymar é uma aventura. Eu sou pão, pão, queijo, queijo.

ELA: Pão engorda e queijo incha. *(devaneio)* Jocymar trepa maravilhosamente bem, coisa que você não faz desde a nossa lua de mel...em Agua Azul. *(pega o tricô)* Posso terminar minha colcha?

OZ: Pra que a pressa?

ELA: É para a mãe DO JOCYMAR.

OZ: *(enciumado)* E aquela outra que eu vi na sala?

ELA: É pra nossa cama de casal.

OZ: AQUI?

ELA: O Jocymar está providenciando um duplex com piscina nos Jardins. Sossega.

OZ: *(dando um cheque)*...a mesada...

ELA: Eu dispenso, sei que você está desempregado.

OZ: *(furioso e humilhado)* Você abriu o tal resturante vegetariano?

ELA: O Jocymar não quer. Ele detesta que eu trabalhe fora.

OZ: Ele ainda tem açougue?

ELA: Aderiu ao vegetariasmo. Acha que comer carne é crime.

OZ: Crime?

ELA: ...o animal que a gente come...um bife ...por exemplo: é um pedaço de vaca morta, não é?

OZ: Viva é que não seria.

ELA: ...Ao morrer, a vaca na certa ficou puta da vida, não ficou?

OZ: Lógico.

ELA: E foi um crime, não foi?

OZ: É relativo...

ELA: ...um bife é um crime com revolta dentro.

OZ: ...pensando bem, é uma violação dos direitos da vaca, transfomá-la em bife...

ELA: ...Isso...

OZ: *(descobrindo, enojado)* Então, eu como crime com revolta todos os dias...Mas...*(inquieto e inquisidor)* O Jocymar...como é que ele faz com os crimes já cometidos no tempo do açougue?

ELA: Ele tem atenuantes. Comprava no matadouro. Não foi o assassino imediato. Ah, tua mãe ligou a cobrar três vezes. Eu gostaria que você contasse logo a ela que não mora mais aqui e que quem paga a telefônica não é mais você.

OZ: Sabe do que mais? Acho uma piada isso de vaca revoltada...*(para a platéia)* A vaca da Rosaly ...*(para Ela)*...me chutou a bunda quando eu fiquei sem grana. *(para a platéia)* De tanto ficar com...raíz preta no cabelo...*(para Ela)*...e sem dinheiro pra comprar meia nova...*(para a platéia)*...e de comisola de nylon desfiada...*(para Ela)* Ela ficou revoltada. No começo a gente trepava dia e noite. Aí, eu não arranjei emprego de jeito nenhum e entrei de sócio de uma churrascaria de um amigo meu de Agua Verde, que estava tentando a vida aqui. Mas a churrascaria não pegou. *(para a platéia)* Porque...o filho da puta do

Jocymar começou a dar uma de guru indiano, e a pregar contra a morte das vacas, bem na porta do resturante. Os fregueses sentiam ânsia de vômito. Começaram, um dia, a cantar música sacra, e um deles virou a mesa no chão, fazendo um discurso místico sobre a alma do animal que paira sobre a alma humana ...e o fato é que...eu e meu sócio falimos. O dinheiro do fundo de garantia do outro emprego...eu torrei com a bronquite asmática da mamãe...e quando a grana começou a despintar...a Rosaly me disse: *(imita)* "Oz, eu não estou..."

ELA: *(continuando imitando Rosaly)...*"acostumada a usar chinelo havaiano."

OZ: ...e eu disse: dá um tempo pra eu arranjar um bom emprego numa multinacional.

ELA: *(rindo)* E ela disse *(imita Rosaly)* "Como, se você não fala inglês?"

Oz, furioso, dá um tapa em Ela.

OZ: *(para a platéia)*...Foi a conta. *(Fala em inglês e Ela traduz.)* Dei três murros na cara dela e mostrei meu diploma de Yasigi. Ela fez as malas e voou, levando junto cinco frascos de Chanel n° 5 que um outro amigo meu de Agua Verde tinha trazido de um contrabandista de Agua Azul e que eu ia vender pra pagar a escola das crianças...*(para Ela com ternura)* Vamos tentar de novo, Ela?

ELA: Aposto que você tá achando que eu fiquei com o Jocymar por interêsse.

OZ: Eu nem acho que você está com ele. Você sonha com ele desde menina, mas ele é noivo da tua irmã.

445

ELA: Foi noivo da Mariquinha! Há quinze anos atrás! Mas deu-lhe o fora, ocasião na qual ela perdeu quinze quilos e ganhou uma tuberculose, ocasião na qual ela se curou, casando com o doutor Ademir Francisco da Costa Neves, médico especializado em doenças de pulmão, doenças venéreas e dores de côrno!

OZ: De qualqer forma, acho o fim você correr atrás de um cara que foi a desgraça da tua irmã.

ELA: Eu acho o fim uma porção de coisas: negar mesada de filho. Bocejar em serviço. Trepar com Rosaly na minha gestão. Provocar demissões, sabendo que a família vive do teu salário, obrigar a esposa a ficar com três dedos de raíz preta no cabelo...*(grita)* ...vigiar o DDD, comer a própria esposa na véspera de demití-la e demití-la sem aviso prévio. Perturbar a vida das faxineiras, passando a mão na bunda delas quando elas estão do lado de fora do vidro! *(A cada frase Ela acusa mais e mais a Oz. E fica mais e mais agressiva.)*...comer bife de vaca... devorar um crime...uma revolta...

OZ: A Rita me provocava!

ELA: *(dolorida)*...Ela gritava: "Dr. Oz, me larga em paz! Tenho medo de cair. Quando o senhor brinca desse jeito..."

OZ: *(grave)*...O vidro tá lá.

ELA: ...limpinho...Rita virou pó. Pó que patrão não vê. *(curva se)*

Reversão de luz. Os dois no hospício novamente. Música circense.

446

ELA: *(Curva como uma velha.)* Afinal, isso aqui é um asilo ou um hospício?

OZ: *(Igualmente curvo e envelhecido.)* Um asilo. Nossos filhos nos internaram.

ELA: Que ingratidão.

OZ: A gente dá a mão, eles querem os pés.

ELA: A gente carrega no colo, no "bebê conforto", nas costas...

OZ: ...como uma cruz.

ELA: ...e então eles crucificam a gente. Faz tempo que estamos aqui?

OZ: Desde que envelhecemos.

ELA: Eu nem percebi, você percebeu?

OZ: Quando você começou a deixar cair sopa pela boca, eu comecei a desconfiar.

ELA: Pra dizer a verdade, eu estava desconfiando também. Aquilo de deixar a cinza do cigarro inteirinha no tôco, de esquecer de pôr cinza no cinzeiro...

OZ: É arterioesclerose.

ELA: Velhice, dá na mesma.

OZ: A Cintia disse que você usou o vestido de casamento dela como camisola.

ELA: Como jogam calúnia essas crianças. *(sonhadora)* Lembra eu, grávida do Ozinho?

OZ: *(terno)* Toda noite você tinha "desejo" de goiaba. E eu que me virasse pra achar.

ELA: ...depois vieram Cintia e Tadeuzinho.

OZ: ...e eu na barraca de Rebouças. Toda noite procurando goiaba.

Riem muito.

ELA: Eu preferia estar lá em casa.

OZ: Que diferença faz? Cada dia a gente ficava mais sozinho.

ELA: Mas era a casa da gente.

OZ: Era um asilo como aqui.

ELA: ...tudo por causa de uma sopa que eu deixei cair.

OZ: ...e de uma cinza que eu não joguei no cinzeiro!

ELA: *(gritando)* Aqui é hospício, Oz, eu sei, eu sei!

OZ: *(gritando, desesperado, segurando ela com força)* Asilo, hospício, é tudo a mesma merda.

ELA: Que nem a casa da gente: a mesma merda!

OZ: *(batendo nela)* Olha a boca!

Reversão de luz. Oz agora é o psiquiatra, Ela, a paciente.

OZ: Qual é a última coisa que a senhora se lembra, antes de vir pra cá?

ELA: *(como jovem)* Eu tava fazendo hora extra. Tinha dois relatórios de 230 páginas cada um...por sinal...um deles, a presidência da firma achou magnífico...eu tava...sozinha...era muito tarde de noite...eu tava sozinha *(lenta)*...Eu, a máquina xerox, ...tinha uma lâmpada acesa bem em cima da xerox e uma vêspa girava em volta da lâmpada.

OZ: Então?

ELA: ...então eu percebi que eu, a vêspa e a xerox éramos uma coisa só.

OZ: E por quê?

ELA: Porque a gente girava, copiava e não saia mais do mesmo lugar.

OZ: Copiava?

ELA: *(perplexa, boquiaberta, careta de perplexidade)* É, copiava.

OZ: O que, exactamente?

ELA: O próprio giro da gente, oras.

OZ: A senhora se lembra de mais alguma coisa?

ELA: Só o meu nome.

OZ: E qual é o seu nome?

ELA: *(para a platéia)* Rita.

> *Reversão de luz. Agora ela é psiquiatra e Oz o*
> *paciente. Gritos em off. Sirene de ambulância nesta*
> *passagem e nessa mudança de luz.*

ELA: E qual é a última coisa de que o senhor se lembra, antes de vir pra cá?

OZ: Bom, eu tava na fila do teste pra vendedor de produtos farmacéuticos. Já tinha feito um monte de desenhos e aquele era o último teste do dia. Eu estava indo bem. Ia pegar a vaga. Aí eu olhei pra fila dos que estavam esperando o último teste e percebí que...

> *Com medo de estar falando algo que o comprometa,*
> *ainda mais com a música.*

ELA: Percebeu?

OZ: ...que todos tinham a mesma cara, a mesma roupa e a mesma gravata, pronto.

ELA: *(estimulando)* Alguma coisa mais?

OZ: Nada.

ELA: Não havia qualquer coisa de estranho na roupa que vocês vestiam?

OZ: De jeito nenhum. Eu sei que a senhora está me armando uma cilada, a senhora quer crucificar no eletrochoque, eu sei...

ELA: Pense bem: e roupa, hein?

OZ: *(gritando)*...sim, tinha uma coisa esquisita...a roupa estava colada ao corpo feito tatuagem...feito

450

a pele da gente. Era *(dolorido)* um terno grafite, uma gravata preta, sapato preto e a camisa...branquinha, branquinha...

ELA: Sobre as estrelas com quem o senhor conversa?!

OZ: Sobre isso eu me recuso a falar. É uma questão de fôro íntimo.

ELA: Elas...respondem?

OZ: *(animado)* Sim, claro, e cantam...nana nenê...quando eu me sinto muito...sozinho...*(ri, patético.)*

Reversão de luz, "nenê" misturado a gritos de sirene. Oz e Ela voltam a ser marido e mulher vendo TV.

ELA: Dá pra mudar de canal pra eu ver a minha novela?

OZ: O jornal ainda não acabou.

ELA: Perco o principal da novela, todos os dias, por causa do jornal.

OZ: Muda de novela.

ELA: Muda de canal.

OZ: Eu tenho que saber o que acontece no mundo.

ELA: Eu tenho que saber o que acontece na novela.

OZ: *(apavorado e com ódio de Ela)* Ando me cagando de medo desse drama de Líbia!

Eles simulam violenta luta por um fictício controle remoto.

ELA: Ando me cagando de medo de Simone estar morta de verdade!

OZ: Olha a boca!

Rolam no chão brigando com o controle remoto.

ELA: O Ozinho tirou zero em geografia de novo, e você aí com essa Líbia.

OZ: Zero por quê?

ELA: Não sabia onde fica a Somália.

OZ: *(vendo alguma coisa na TV)* Ah, e se vier a terceira guerra?

ELA: Tem que pôr professor particular.

OZ: Professor particular nessa casa, só de matemática. Que é a coisa mais difícil sobre a terra.

Ela faz um ar romântico vendo uma cena da novela.

ELA: ...Ela não morreu! *(Ele muda de canal.)* Geografia por acaso é fácil?

OZ: *(vendo a TV alheio)* Questão de decorar.

ELA: ...matématica também. Tudo é questão de decorar.

OZ: *(gritando)* Vende o colar de pérola da tua mãe e compra outra tv, porra, e não se compra mais um único eletrodoméstico nessa casa, porra, com o meu dinheiro, porra, eu não sou o Banco do Brasil, porra.

ELA: Fascista, porra.

OZ: Primeiro, olha a boca. Segundo: sabe o que é
           fascismo?

ELA: Facismo é, um sujeito assistir a um único canal por
           causa de uma única guerra.

OZ: Tua mãe quebrou a vaca indiana.

ELA: E a tua quebrou o santo barrôco. Por que não
           internamos as duas?

OZ: Interna a tua. A minha é uma questão de
           fôro...íntimo!

ELA: "Fôro íntimo" que derruba sopa pela boca,
           gagueja...ah, como irrita, a tua mãe. Que vontade
           de gritar!

OZ: Grita, se fôr mulher.

           *Após um grito sem som, reversão de luz, Euforia de
           circo e música cirsense.*

OZ: *(absolutamente eufórico)* A Marieta Tavares disse
           que...não é costureira, assumiu que é trapezista, e
           topou a ensaiar o número. Hoje mesmo ela vem.

ELA: *(pánico e piedade)* O chefe vai pôr rede protetora?

OZ: Não. Ele é radical. *(pausa)* Sabe o leão, aquele que
           tava doente? Morreu.

ELA: Do quê?

OZ: Mordeu um cara doente.

ELA: Doente do quê?

OZ: *(cochichando)* Comia carne de vaca.

ELA: *(para a platéia)* A vaca tá lá, quietinha, calminha, e
            de repente um Judas Iscariotes qualquer, em nome
            de uma superioridade racial fascista qualquer, vem
            e *(Oz imita a vaca sendo morta e se curva e geme e
            grita.)*...aí o crime é repartido em bifes e a gente...
            come...bife com revolta. Revolta envenena.

OZ: *(para a platéia, dolorosamente)* Meu nome é Rita,
            doutora. Pode conferir.

            *Reversão de luz. Ruído de corpo batendo no chão,
            grito, música eletrônica, iluminação sugere um
            corredor de luz enquanto a figura de Ela caminha
            para um canto de cenário, como que fugindo da
            figura do Médico. Música some. Luz geral. Oz de
            avental de médico por sobre o smocking belo da morte
            fala.*

MÉDICO: *(entregando papéis a Ela)* Sinto muito.

ELA: *(tensa, pensa em abrir, mas se contém, temerosa)* Então?

MÉDICO: *(de costas, falando abruptamente, com medo de não ter
            coragem de anunciar a má notícia)* Eu vou ser simples
            e direto, como é o meu temperamento: Dona Ela,
            a senhora tem pouquíssimo tempo de vida.

ELA: *(ainda se contendo)* Quanto?

MÉDICO: Dois meses no máximo. *(agora ele se volta, piedoso e
            terno)* Se a senhora preferir que eu comunique à sua
            família...

ELA: (*gritando, rindo, histérica, jogando para o alto o diagnóstico*) Comunicar o quê? Que o senhor cometeu um êrro grave? Que estes diagnósticos foram trocados pela sua negligência? Claro...eu vi isso numa novela...claro que não são meus esses diagnósticos...claro...(*valsa*) Eu...(*como Oz na cena Mãe/Filho*) Nunca me senti tão bem quanto hoje. (*de repente Ela cai em si, vai para a boca de cena e se curva*) é verdade?

MÉDICO: (*falando baixo*) É.

ELA: (*gritando*) Grita, arrebenta os meus tímpanos, como fiz com minha, mãe!

MÉDICO: (*gritando*) É verdade, dona Ela. (desesperado) E em seu lugar eu ficaria em casa...cercada de familiares. Seria penosa e inútil uma internação.

ELA: No meu lugar?! E o senhor pode se colocar no meu lugar?

MÉDICO: Dona Ela, acho que posso. Convivo com pacientes terminais...

ELA: (*intrrompendo a frase abruptamente*) PÁRA COM ESSA FRASE. Pára! (*cochichando*)...paciente terminal...o que está na boca do fôrno. (*para o Médico*) Tem certeza?

MÉDICO: Absoluta. Infelizmente.

ELA: (*caindo lentamente no chão, como caiu da corda bamba*) Mas o que é que eu fiz de errado?

                Em off, o estribilho de Oz: "O que você fez..."mixar o refrão de Oz com "Over the Rainbow". Em câmara lenta,

*numa iluminação de sonho, Médico tira o avental branco
e ostenta seu smocking elegante de Morte. Daqui por
diante Oz passa a ser chamado de Morte por Ela. E
daqui por diante também o comportamento dele é sempre
muita elegância, envolvência e sensualidade. Há uma
forte atração da parte de Ela, impelindo-a à Morte.
Neste trecho do final há uma alternância de ódio e desejo
sexual entre os dois personagens, mesmo quando a ação
não solicite tal marca.*

ELA: Quem é você?

MORTE: A morte.

ELA: Como "assim"? *(aponta o traje)*

MORTE: Não tenho nariz adunco, nem ando por aí de foice,
se é isso que você pensa!

ELA: Não te chamei.

MORTE: Mas estou ao seu inteiro dispôr.

ELA: *(Olhando nos olhos da Morte, de repente como quem vê
uma aparição fantástica. Morte sorri. Ela segura o rosto,
entre fascinada e apavorada, olha muito e depois
murmura aterrada, recuando. Morte a persegue.)*

ELA: Rita!

MORTE: ...Toda terça-feira, lembra?

ELA: *(de costas)*...ela faxinava meu apartamento e no
finzinho da tarde limpava o vidro do lado de fora.
(lenta e amarga, para a platéia, soletrando com dor)
TODA TERÇA-FEIRA!

MORTE: *(feroz, para a platéia)* Senhoras e senhores, tenho o prazer de lhes apresentar a patroa da Rita do Sétimo: Ela!

ELA: *(envergonhada e desesperada)* De joelhos imploro: perdão. *(para a Morte)* De joelhos imploro a você: me dá mais tempo. *(tentando convencer)* Olha, eu plantei umas coisinhas no parapeito do meu apartamento...deixa pelo menos eu viver pra ver, hein?

MORTE: Dois meses dá e sobra pra você ver a erva cidreira que adubou com o pavor da Rita!

ELA: Plantei aquilo pensando que não ia vingar. Era uma terra VELHA, sabe, não parecia fértil. Mas as folinhas estão nascendo, bonitas...Um tempinho a mais e eu podia...

MORTE: *(irónica)* Nem um minuto a mais. *(cobrando, acusadora)* Por que não deixou a Rita sair às seis?

ELA: *(para a platéia)*...Tremendo de medo, ela pulava o murinho e ia pro parapeito com o balde cheio de agua e sabão. Gritava do lado de fora: "Dona Ela, tenho alergia de altura! Deixa pra terça que vem?" E um dia ela gritou um grito de pavor...feito...vaca no matadouro...*(grita correndo pela boca de cena)* "Dona Ela, tô sentindo a cabeça girar feito vêspa em volta da lâmpada!"

MORTE: ...Judas!

ELA: *(envergonhada)* Eu fingi que não ouvi o grito. Pensei: "Tô pagando hora extra." *(para a Morte após uma pausa)* Só mais um mês?

MORTE: Eu não faço hora extra. Eu não deixo "pra terça que vem"!

ELA: *(desistindo)*...E eu pensei: Terça que vem ela inventa uma dor de barriga, e o vidro continua sujo. Mas ela gritava tanto que fui lá. E ri, porque ela tava empinando a bunda do jeito que empinava quando o Oz...passava a mão nela!...e eu sempre rio quando tô nervosa...eu rio e entorto a boca...e o olho dela brilhava feito olho de vaca...e ela deu outro grito mais pavoroso ainda...que nem o grito que eu dei com minha mãe quando ela me cortou o cabelo a zero...aquele grito encalhado na boca...e a mão da Rita escorregou...e ela ainda pediu: "Dona Ela, segura minha mão, me puxa". E eu gritei: "Se eu te puxar eu vou com você". Porque...*(lentamente)*...a mão dela...pesava... como...a mão...dos afogados. E eu fechei o olho. E o grito ficou mais forte. Depois foi diminuindo.

MORTE: *(dolorosamente)*...7, 6, 5...

ELA: *(mais dolorosamente ainda)*...4, 3, 2, 1 *(Ruido de corpo batendo no chão. Ela pára. Abruptamente fala com a morte.)* Eu preciso de tempo pra ajeitar umas coisas, juro, além da erva cidreira, coisa séria, juro, questão de conversar civilizadamente, eu sei que você tem várias acusações contra mim, mas é conversando que a gente se entende, não é?

Morte sorri com ironia e mágoa.

MORTE: O vidro tá lá. Limpinho. Rita virou pó. Pó que patrão não vê.

ELA: ...Você sabe muito bem que eu não vivi direito...

MORTE: ...talvez nem tenha nascido...

ELA: Então?

MORTE: Não tem acerto.

ELA: Quanto? *(Faz gesto de subôrno.)*

MORTE: Dois meses é o que tenho pra você. Tua conta.

ELA: E se eu te dissesse que minha filha e meu filho estão de segunda época em geografia e que só eu consigo fazê-los decorar o nome dos mares...

MORTE: ...Você conhece o nome dos mares?

ELA: ...o mais novo, tá mal em matemática...

MORTE: Nem um segundo a mais: já disse.

ELA: ...E que minha mãe é surda por minha causa e inventamos um dialeto só nosso, e que só eu entendo o que ela fala, e só a mim ela entende? Eu indo embora...

MORTE: Por isso não: levo as duas.

ELA: ...Meu pai tá cada vez pior da arterioesclerose...tá deixando cigarro aceso cair no chão...tem que alguém tomar conta dele...e tem um cachorro manco no sítio de dona Berenice, e só eu sei cuidar dele também...

MORTE: Você teve quarenta anos pra providenciar tudo isso.

ELA: Você acha 40 anos um bom tempo?

MORTE: A média da vida humana é 70 anos. Aliás, um ótimo tempo! Sabia que a luz da estrela Beta Andrômeda, da constelação de Andrômeda, leva 75 anos pra chegar à Terra?

ELA: Anos-luz é diferente de anos-Terra?

MORTE: Uma medida de distância. *(Aproxima-se dela. Ela recua.)*

ELA: Pensei que fôsse uma medida de tempo. Ensinei errado pro Ozinho.

MORTE: Um ano-luz é a distância percorrida pela luz no período de um ano.

ELA: *(Iluminada por uma idéia)* Me dá um ano, hein, um ano-luz?

MORTE: A velocidade da luz é de 300 mil km por segundo! *Agarra-a pela cintura. Ela escapa.*

ELA: Ah, quanta coisa eu podia fazer em um ano!

MORTE: ...75 anos demora a luz de uma estrela pra que você a veja brilhando. E se ela explodir, se apagar, se morrer...só daqui a 75 anos você vai ficar sabendo.

ELA: Por que você é mais complacente com as estrelas?

MORTE: Porque elas brilham de fato. *(pausa)* Vamos. Providencie tudo o que tem que providenciar: sogra, mãe...pai, teoremas, filhos, Somália, tudo. Não tenho tempo a perder.

ELA: Eu não tenho nem nunca tive a menor pressa.

MORTE:	Por isso não pode entender o que é um ano-luz: 300 mil km por segundo não é pro teu passo de cachorro manco.
ELA:	Pelo amor de Deus, então...Cinco meses? Hein?
MORTE:	Como implora, que mendicância indigna ...vá lá que seja: três meses, pronto.
ELA:	Uma miséria.
MORTE:	Nada feito, então.
ELA:	Mesquinha!
MORTE:	Mesquinha, eu?

Começa uma espécie de agressão física. Morte pega Ela pelo ombro e encaram-se nos olhos.

ELA:	Que custa de esticar de dois pra cinco?
MORTE:	Mesquinha, eu! *(furiosa)* Quem se remoia dias inteiros de ódio da Rita, por causa das dores de barriga dela? E proibia o Ozinho de ir ao playcenter, por causa da geografia? Quem fez o marido vender o único TV que tinha por uma bagatela, fazendo o perder os principais lances do conflito da Líbia? E o que é pior: quem é que negou a sí mesma olhar o sol nascer e se pôr?!
ELA:	Eu tinha deveres a cumprir...*(revoltada sinceramente)*...e quando não era em casa, era no escritório. Uma vez...*(terna, sorri, encostando-se no ombro da Morte, esquecendo-se por alguns momentos de que ela é sua inimiga)*...eu fiz hora extra até as oito da noite. E quando o sol começou a se pôr...fui até

a veranda da firma...mas o meu patrão olhou feio
e...voltei pra sala.

MORTE: O Sol é uma estrela bonita.

ELA: Lindíssima! A mais bonita do Cosmos! *(tentando ser*
           simpática)

MORTE: Nem tanto assim. Uma estrela medíocre.

ELA: *(tentando ser cada vez mais tolerante)* Lá isso é
           verdade. *(riso amarelo)*

MORTE: Há muitas estrelas mais brilhantes que o Sol.
           Muitas! Mas é tarde pra discutir o Sol que você...
           tapou com paneira. Vamos.

           Ela recua, pânico.

ELA: *(mostrando o cabelo)* Olha, tá vendo? Três dedos de
           raíz preta. Eu não posso morrer nesse estado!

MORTE: Numa tarde você tinge o cabelo e faz as unhas.

ELA: Eu queria...*(romântica e sonhadora)* tomar sol até
           ficar bronzeada como Candice Bergen naquele
           bang-bang. E *(achando uma brecha)* sempre sonhei
           em deixar o cabelo crescer como a Romy Schneider
           em "Sissy, a Imperatriz". Até a cintura.

MORTE: *(rindo, beijando a testa de Ela)* Você pensa que eu sou
           trouxa? Hein? Até a cintura...

ELA: ...queria...dançar com o Jocymar numa praia...de
           vestido preto...esvoaçante...ao som de Glenn
           Miller...ele, de blazer beige...aí...caia uma
           chuva...e depois vinha o arco-iris...

MORTE: ...lembra aquele dia, no sítio de dona Berenice?

ELA: Um dia...*(iluminada)*...encostei o rosto no peito do Jocymar...faz muito tempo...

MORTE: Vocês eram adolescentes...

ELA: ...Ele estava indo ao cinema com minha irmã, Mariquinha. Ela voltou pra trás por causa de uma dor de barriga súbita. E ele me olhou, enquanto ela tava no banheiro, e disse: "Ela, é você que eu gosto." Aí, eu sentí um quentinho no meio das pernas...o coração parecia que ia pular...fiquei sem ar...sem voz...com febre...e ele pegou a minha mão e trouxe juntinho do peito dele...

MORTE: *(fazendo o que Ela diz que Jocymar teria feito, já muito próximos)* E ele te beijou. *(Morte vai beijá-la, mas Ela se toca a tempo e se recua.)* E você saiu correndo...

ELA: Minha irmã tinha aberto a porta do banheiro, quê você queria que eu fizesse?

MORTE: *(agarrando-a e falando boca a boca num quase-beijo)* Por que não falou apenas: "eu te amo"?

ELA: *(para a Morte)* "Eu te amo".

Beijam-se. Longa pausa.

MORTE: Você gostaria de trepar com o Jocymar antes de ir comigo?

ELA: Claro!

MORTE: Então providencie isso.

ELA:	Se você me der um ano...veja só. Não posso chegar pro Jocymar, depois de toda uma vida, e dizer: "quero trepar com você". Só se eu falar: Jocymar, tô morrendo. Trepa comigo, por caridade.

MORTE: Você sabe que isso não funciona.

ELA: Os fins justificam os meios.

MORTE: Não enche. Vai e fala.

ELA: (*malandramente*) Ou é assim como eu disse ou preciso de um ano. Pra preparar tudo com calma. Pequenos incidentes, pequenas coincidências, climas...eu preciso estar mais magra...mais bronzeada...o cabelo sedoso e longo...loooongo!

MORTE: (*sorrindo*) Não precisa tanto nheco-nheco.

ELA: ...eu vou...planejo tudo...lentamente... longamente...e então trepo com ele. (*aliviada*) Gozo. O gozo supremo. Aí é Hollywood! Aí é Glenn Miller...É...arco-iris e o tesão daquela boca...carnuda...mordendo a minha...e então, você coloca o teu "the end" por cima e pronto. (*temor*) Chi! A família de Jocymar é da mesma cidade que a minha e a do Oz. O rebu que vai dar...

MORTE: Debaixo da terra não tem código civil. Nem êrro essencial de pessoa. Nem ética.

ELA: (*pensando e achando outro argumento*) Morte...enche mais o meu copo, dá um chorinho...se não der um ano...que sejam...sete meses...você não pode...ou não quer?

MORTE: Não posso. Eu também tenho um chefe.

ELA: *(perplexa e solidária)* Você também bate ponto?

MORTE: *(consentindo)* Hum, hum.

ELA: *(cada vez mais animada e solidária)* E faz relatório?

MORTE: ...ontem mesmo eu fiz um de 230 páginas que a presidência da firma achou magnífico.

ELA: Eu sempre fui boa mãe, boa esposa, boa vizinha, boa irmã, boa funcionária...fiz tudo direitinho... paguei minhas dívidas. Por que, por que eu, por quê? Por que não o professor da geografia das crianças ou a Rosaly?

MORTE: Eu não sou uma vingança.

Morte começa a puxá-la.

ELA: Não me puxa assim, tua mão é pesada, como a mão dos afogados...

MORTE: ..."Ela, tô sentindo a cabeça girar feito vêspa em volta da lâmpada acesa"...

ELA: Me solta! Me solta!

MORTE: O gumex? A colcha? O vestido da sua mãe?

ELA: Mea culpa, mea culpa, mea maxima culpa.

MORTE: Aí é que você se engana. Eu não quero culpas e máximas culpas. Aliás, joga essa cruz fora...senão vai ser duro te carregar.

ELA: (*jogando*) Pronto, saco.

MORTE: (*ri e bate palmas, Ela perplexa*) Bravooo! Agora eu te concedo...cinco meses!

ELA: Não entendi. Em todo caso, lucro é lucro. E se a gente acertasse nos sete?

MORTE: Pra você limpar vidro?

              Ela aperta a barriga de pavor, tentando se justificar com a Morte fala.

ELA: Não fui eu que matei a Rita. Foi a patroa que me obrigaram a ser. Não é assim a vida? A gente representando papéis? Não é tudo um circo, um palco, hein?

MORTE: ...Ou um asilo...um hospício...uma UTI...um jardim da infância...

ELA: ...um ônibus às seis da tarde...um porão...um esgoto...uma Somália e uma equação do segundo grau.

MORTE: ...A Marieta Tavares...

ELA: (*em pánico, longa pausa, recua e empurra a Morte, bufando pergunta*) Que que tem a Marieta Tavares? Hein? Você veio buscar ela? Veio? Sua filha da putaaaa!

MORTE: Ela apenas saiu do hospício!

ELA: (*aliviada*) Como trapezista ou como costureira? ·

MORTE: Como Marieta Tavares.

ELA: E que que você quer dizer com isso?

MORTE: Como uma pessoa, um ponto, uma poeirinha no
               meio da poeira cósmica, do grande vidro, do outro
               lado do vidro...o vidro infinito do qual a Terra é
               apenas uma poeirinha também.

ELA: Não entendi.

MORTE: A Terra, nosso planeta, é um dos bilhões de
               planetas e poeiras e estrelas de uma galáxia, sabia?

ELA: E que que isso tem a ver com a Marieta Tavares?

MORTE: Um dia você entende.

ELA: Daqui um ano?

MORTE: Eu até agora não entendi pra que você quer um
               ano. Sinceramente.

ELA: Pra passar o reveillon na praia, dançando Glenn
               Miller com Jocymar...

MORTE: *(enciumada)* O Jocymar, sempre o Jocymar...daqui
               até o reveillon não precisa de um ano, sua burra!

ELA: *(contando nos dedos, malandra, percebendo o ciúme da
               Morte)* Na virada do ano...eu vou com
               você...SETE MESES!

MORTE: *(olhando nos olhos de Ela, muito fascinada por aquela
               mulher em desespero)* Eu vou pensar, OK?

ELA: Minha proposta é interessante. Você mesma disse
               que eu não precisava...de...um ano até
               reveillon...*(ri)* eu nunca fui boa de conta.

MORTE: *(sorri com ternura)* Não mesmo. O Jocymar morava numa casa depois da família de Oz. Se tua família queria fazer um negócio juntando feira com feira e faxineira com faxineira, por que o Oz e não o Jocymar, que também era vizinho? Se você tivesse dado um único passo adiante, teria parado na porta do teu grande amor.

ELA: Minha irmã deu esse passo antes de mim. Ela sempre teve o passo maior que a perna. *(pausa)* Mas olha...eu não vou suportar saber que coisas acontecem no mundo sem eu saber! O Jornal Nacional vai dar um monte de notícias e eu nem aí!

MORTE: *(imitando repórter do Jornal da Globo)* "Senhoras e senhores, boa noite. Justiçados os proprietários do raticida maldito."

ELA: *(ao ouvir a frase)* Isso eu não quero e não vou perder. Nem morta.

MORTE: Infelizmente, vai perder, sim.

ELA: *(acusadora)* Você veio para aquelas crianças...Você dá uma de bacana mas é uma grandisíssima filha da puta...

MORTE: *(finalmente acuada e agora sentindo sua própria culpa)* Eu sou apenas uma empregada...Eu cumpro ordens.

ELA: Entende de estrelas...*(acuando cada vez mais a Morte)*...de poesia...de feminismo...mas joga raticidas no descampado pras criancinhas comerem. Cumpre ordens, é, sua burocrata de bosta?

MORTE: O proprietário do raticida é que é o culpado. Ele e os PUTOS que jogaram aquilo na superfície em vez das calhas. Eu apenas assinei os papéis que me deram.

ELA: ...você não merece esse cargo. Não tem independência. Não tem um projeto. Não quero perder o julgamento e a punição deles. Não vem que não tem. Eu até abro mão do Jocymar, mas isso...

MORTE: Não me tortura...não posso te dar mais tempo. Não posso!

ELA: ...eu preciso assistir à malhação desses Judas. Eu preciso ver o sol nascer e se pôr muitas vezes. *(rindo abertamente)* eu preciso estudar o movimento dos mares...viajar pelos ares...contar estrelas...e gritar ao meu patrão: "Vai tomar no seu cú, seu vampiro"...ah, eu preciso arrancar ESSE NAO da garganta. E esse grito encalhado. Eu preciso dar raticida em gôtas aos proprietários do raticida maldito...eu preciso...ver alguma coisa como a luz do arco-iris no rosto do Jocymar...e a pele dele na minha pele, numa praia morna e branca...*(agora, próxima ao corpo da Morte, agarrada, abraçada e unhando, machucando)* Confirmado pelos cientistas, minha cara. Os proprietários do raticida...não eram humanos.

MORTE: ...eram ratos.

ELA: *(para a platéia, friamente)*...os ratos que trazem peste.

MORTE: Eu queria tanto te dar mais tempo, Ela, mas...

ELA: Você erra, você se embanana, você se humilha como eu. Você também não conhece a velocidade da luz porque não é livre. Se fôsse, se conhecesse o que é voar a 300 mil kilômetros por segundo...não teria assinado a morte daquelas crianças.

MORTE: *(constrangida e vencida)* Te dou sete meses! Pronto!

ELA: Dois anos! Pra esperar o famigerado processo e participar do linxamento deles, e...pra denunciar o rato do meu patrão que me explorou, doze anos!

MORTE: Você se deixou explorar. Viciou em dar o sangue. Como as amantes do Conde Drácula.

ELA: À merda! Um ano e meio, então.

MORTE: Sete meses e nem um átomo do segundo a mais. Sete meses dá até o reveillon, certinho.

ELA: Tá certo essa cadeira durar mais que eu? E as pedras? As árvores?

MORTE: *(sorrindo)* Há árvores fossilizadas que vivem há trilhões de anos...nasceram muitíssimo antes da botânica. Nem nome têm.

ELA: Por que com a natureza você é tão mole?

MORTE: Eu só venho buscar os humanos. Confesso ...que algumas vezes eu fico...revoltada...como no caso das crianças do raticida...como...com Che Guevara...Sófocles...Einstein...Tantos humanos que tinham a luz das estrelas, que podiam ter iluminado um pouco mais esse porão...!Pelo menos eu tenho um consôlo.

ELA: *(revoltada)* Que consôlo pode ter uma criatura que joga raticida no descampado para matar criancinhas? Judas!

MORTE: ...Sófocles viajou comigo há vinte e cinco séculos. Nem poeira dele há mais...No entanto, Édipo-Rei ainda vive nos palcos de toda a Terra.

ELA: *(cínica)* Pó que patrão não vê!

MORTE: ...a teoria de relatividade explica até hoje a alma das estrelas!

ELA: Não quero obras póstumas. Não quero deixar pegadas. *(subitamente)* Agora eu entendiii! *(grita)* Você veio me convocar...

MORTE: ...para a velocidade da luz. A luz maior que a de uma lâmpada. Para...o giro mais largo que o de uma vêspa copiando a sí mesma...

De repente o clima entre as duas fica um clima de cúmplice infantilidade.

ELA: E...se eu tivesse comido pêssegos em vez de goiabas? *(ri muito)*

MORTE: ...e se em vez de pegar o ônibus da Rebouças... tivesse entrado no carro de Jocymar? *(ri muito também)*

ELA: ...Eu ia no motel com ele e então era o gozo supremo!

MORTE: ...*(furiosa de repente e enciumada)* Pra chegar ao gozo supremo você tem que mandar à merda a bússola, e...rasgar o vestido de primeira comunião...e mastigar a hóstia, todas as hóstias!

ELA: (*perplexa e desesperada outra vez*) Que é que você tem contra Jesus? Hein?

        Clima fica agressivo outra vez.

MORTE: (*para a platéia*) Senhoras e senhores...tenho o prazer de lhes comunicar que o Grande Circo das Maravilhas já não conta mais com o número da Cruz e da Paixão...porque o funcionário que o executava...o senhor Jesus Cristo...foi demitido!

ELA: OHHHH, ele também?

MORTE: (*para a platéia*)...Seus crimes? Injúria grave! Abuso da autoridade! Negligência médica! E êrro essencial de pessoa! (*para Ela*) Arrancasse a cruz que ele te colou nas costas feito tatuagem...ficasse nua...e apagasse a luz para a vêspa descansar! (*gritando com ódio*) Ah, por que você não quebrou aquela maldita máquina xerox? Esse era o segredo...Ela.

ELA: (*angustiada*) Que que tem a xerox?

MORTE: A vida é um original sem cópias. (*para Ela, irritada*) E chega de papo, que esse negócio você não ganha com suor do teu rosto...porque (*irónica*) ...eu detesto "suores de rosto"...tripas que viram coração...e gente que trabalha com febre de quarenta graus e afônica!

        Ela, enquanto lentamente vai tirando roupa, falando consigo mesma, vai ficando ou nua ou com uma camisola negra. Ela caminha pelo corredor de luz, vaga, alheia. Pausa longa. Morte com piedade.

ELA: ...quando eu era menina...adorava falar palavrão. Mas meu pai dizia:...

MORTE: ..."Moça fina não fala palavrão."

ELA: Eu adorava jogar futbol. Mas meu pai dizia:...

MORTE: ..."Moça fina não joga futbol"...

ELA: ...e às vezes eu queria me trancar no banheiro pra sonhar que era Sissi, a Imperatriz, e papai dizia:

MORTE: *(imitando o pai)* "Masturbação deixa a moça passada."

ELA: E eu dizia: "odeio piano. Posso aprender ballet?"

MORTE: ..."Moça fina não fica de perna aberta." *(Ri)* E ele dizia também: *(Agarrando-se a Ela)* "Minha filha...se um homem te pegar AQUI!" *(Acaricia a nuca de Ela)*...esse homem quer a tua desgraça...*(Beija a nuca e o colo, sempre falando. Ela em êxtase de desejo.)*...a tua sentença se traça pela nuca...porque AQUI *(Aperta a nuca)*...é a perdição de uma mulher ...aqui começa um arrepio que acaba na sarjeta! Aqui é o tesão! *(Morte, enquanto fala, pega um vestido que lhe vem de algum lugar, de modo fantástico e mágico, dá o vestido a Ela, que o veste iluminada pela vaidade.)* ...bem...então, até o reveillon!

ELA: *(vestindo e sorrindo)*..."Simples e direta, como é do teu temperamento." *(Riem os dois.)*

MORTE: Exatamente, considere-se demitida.

ELA: Uma contraproposta. É pegar ou largar. Um ano inteirinho, alguns meses DEPOIS do reveillon?! Um ano-luz!

MORTE: (*Abraçando-a. Piedade/Morte pensa e beija-lhe a testa.*)
           E aí você vem comigo, numa boa? (*Morte apaixonda*)

ELA: (*Consentindo*)Hum...hum...(*Aproxima-se sensualmente toca o rosto da Morte como que descobrindo a verdade*) Você é homem! Um homem tesudo como Jocymar...

MORTE E ELA AO MESMO TEMPO:
           Eu te amo! (*Beijam-se longamente.*)

           Começa a tocar "Over the Rainbow". Ela caminha lentamente para um canto oposto ao cenàrio falando quase consigo mesmo.

ELA: Você não tem esse nome...Você é...

MORTE: Beta Andrômeda!

           Ela se volta e agora caminham ambos lentamente para um canto oposto ao cenário falando quase consigo mesmo.

ELA: ...Você não tem esse nome...Você é...

MORTE: Beta Andrômeda! (*Ela se volta e agora caminham ambos lentamente em direção um do outro.*)...vento no rosto...

ELA: ...papagaio no parque...goiaba...

MORTE: ...beijo do Jocymar...pele bronze...arco-iris...

ELA: ...a gaveta onde se escondem os vestidos mais lindos!

MORTE:	...cabelo na cintura...valsa vieneze...salão iluminado...
ELA:	...Sissi, a Imperatriz...
MORTE:	...*(abrindo os braços)* Trapezista! Equilibrista! Mágica!
ELA:	O OUTRO LADO DO VIDRO!

Mixar "Magic Moment", por Glenn Miller, a "Over the Rainbow". Fica só "Magic Moment" após a mixagem. E cada vez mais alto o volume a música cria, junto aos efeitos de luz, um clima muito romântico. Morte tira Ela pra dançar.

| MORTE: | Vamos dançar, meu amor, eu sou dança! |

Dançam, e de repente Ela solta-se da Morte, que dança sozinha. Ela rodopia lentamente com muita euforia enqunto fala para a platéia tendo como fundo "Magic Moment".

| ELA: | Um ano. Um ano-luz de vida. Acabei de nascer. Daqui por diante é lucro certo. Vida em caixa. Esse é o meu parto. O meu não não encalhado na boca. Meu SIM. Rita, agora a gente acerta as contas. A Somália fica em algum ponto da poeira da Terra, no caminho de Beta Andrômeda. Mamãe...você está me ouvindo? Agora...você pode me ouvir? Então ouça: Eu GOSTO de você, mamãe! Jocymar, meu amor...aquele sussurro na minha nuca...*(mostra a nuca)* Pai...é aqui que começa a vida! E por toda a galáxia eu vou dançar, pai. Com minha sapatilha prateada ...no caminho de Beta Andrômeda! Eu, a vêspa libertada!! Eu: Marieta Tavares!...e por todo o Cosmos...há de...se ouvir |

o meu não encalhado virando SIM. *(Faz ruido de sino.)* Tinindo: SSSSSIM! *(vira-se para a Morte e faz gesto de voltar a dançar)* Sim, foi um prazer conhecê-la.

Dançam muito românticos e apaixonados, o "Magic Moment" de Glenn Miller cujo volume vai subindo até a fala em off do cientista. Após a fala, a mùsica sobe apoteóticamente. E eles continuam dançando, dançando. Efeitos de luz fazem com que o cenário se "arredonde" e fique azuldo como o planeta Terra visto pelos astronautas.

VOZ DE CIENTISTA:

> *(Off Voz fria e didática)* A luz viaja muito rápido. Mas o espaço é muito vazio no escuro do Cosmos e as estrelas são muito distantes umas das outras. Do Sol ao centro da Terra há uma distância de 30 mil anos-luz. Um ano-luz é uma medida de distância, não de tempo. 30 mil anos-luz, portanto, são 30 mil viagens da luz pelo espaço de um ano.

Fim.